"目前金融危机引发了财政赤字和公共债务的大量增加。由于经济复苏任务迫在眉睫，财政清算的时间越来越近。考虑到调整幅度较大，有效财政政策的实施至关重要，但可能会遇到十分棘手的技术和政治问题。这本书对这些问题展开了深入、均衡的讨论，作者包括著名的学者和从业人员，分析范围从理论延伸到案例研究。对于想要在财政政策辩论中遥遥领先的人，这本书提供的材料是非常有价值的。而且，对于关注相关财政问题的公共管理课程而言，这本书也是必不可少的。"

——吉列莫·卡沃，哥伦比亚大学国际与公共事务学院，经济学教授

"越来越多的观察员（包括我在内）认同，财政政策前进的道路既不是刚性的规则，也不是灵活的相机抉择，而是独立的机构。乔治·科彼茨为我们提供了帮助。他组织了一批著名专家，并让这些专家为上述观点提供了合适的理由。在众多国家都面临财政问题的时刻，这本书的出现非常及时。"

——巴里·埃森格林，加州大学伯克利分校，经济学与政治科学 George C. Pardee and Helen N. Pardee 教授

"远在正式的财政机构变成现实之前，乔治·科彼茨就率先提出建立这些机构。他对相关的大部分研究进行汇编，其中一些研究的作者在机构成立后真正参与了机构的运作。对于保持长久的财政纪律，这些机构是重大创新，也是未来发展的方向。这本书将前沿研究和最新的实践讨论（其中一些实践实际上失败了）相结合，对于关注财政纪律的学者和决策者而言，它是一本必读读物。"

——查尔斯·维普洛斯，日内瓦高等国际发展研究院，国际经济学教授

PPP与公共财政创新丛书

Restoring Public Debt Sustainability

The Role of Independent Fiscal Institutions

恢复公共债务的持续性

独立财政机构的作用

George Kopits

乔治·科彼茨 主编　赵静 毛捷 译

东北财经大学出版社
Dongbei University of Finance & Economics Press
大连

图书在版编目（CIP）数据

恢复公共债务的持续性：独立财政机构的作用 / 乔治·科彼茨（Kopits，G.）主编；赵静，毛捷译.—大连：东北财经大学出版社，2016.8
（PPP与公共财政创新丛书）
ISBN 978-7-5654-2270-6

Ⅰ. 恢… Ⅱ. ①科… ②赵… ③毛… Ⅲ. 国债-研究 Ⅳ. F810.5

中国版本图书馆CIP数据核字〔2016〕第036856号

东北财经大学出版社出版发行
 大连市黑石礁尖山街217号 邮政编码 116025
 网 址：http：//www. dufep. cn
 读者信箱：dufep @ dufe. edu. cn
大连图腾彩色印刷有限公司印刷

幅面尺寸：170mm×240mm 字数：285千字 印张：20.25
2016年8月第1版 2016年8月第1次印刷
责任编辑：刘东威 刘 佳 责任校对：魏 巍 蔡 丽 孙晓梅
封面设计：张智波 版式设计：钟福建
定价：48.00元

教学支持 售后服务 联系电话：（0411）84710309
版权所有 侵权必究 举报电话：（0411）84710523
如有印装质量问题，请联系营销部：（0411）84710711

序　言

艾伦·布德爵士

《安娜·卡列尼娜》令人难忘的开头提到："幸福的家庭都是相似的，不幸的家庭却各有各的不幸。"那么，幸福的财政政策和不幸的财政政策，是否也是如此？

本书的章节似乎支持托尔斯泰的观点。不同国家可能存在一些共同因素，这些因素导致了糟糕的财政政策。但是，一国独特的政治制度和传统文化才是其中至关重要的因素。因此，具有国家特色的问题，需要具有国家特色的解决方案。就像很多作者承认的那样，这种多样性意味着，关于独立财政机构（IFIs），没有一个标准的模式，每个社会和经济体都不得不努力寻找最适合当地条件的安排。

英国在2010年大选之后，建立了临时的预算责任办公室（OBR）。作为该办公室的首任主席，我对本书的主题特别感兴趣。同时，英国在1997年大选之后，成立了英格兰银行货币政策委员会（MPC），我也曾是其创办人。我希望这些经历可以解释（或者原谅）我在这篇序言中有些强调英国的原因。

一个普遍的主题是社会公众不信任政府能透明地、正确地实施经济政策。

在货币政策方面，这一观点被广泛认为是对的。独立财政机构将该观点扩展到财政政策方面。这是一个老故事。1930年，温斯顿·丘吉尔在牛津大学罗曼尼斯讲座上介绍了这个故事的一个特别版本。他认为，国会是一个很好的机构，可以解决简单的利益问题。一方（及其支持者）一定获利，而另一方一定失利。但是，经济政策往往包含强加给所有群体的、不受欢迎的措施。因此，存在下述风险：某一政党会声称，这些措施是不必要的，从而寻求竞选优势。丘吉尔提议建立一个经济国会，"完全脱离于政党的迫切需要，并且由在这类问题上具有特定资格的人员组成"。

正如凯恩斯的著名论断所述，丘吉尔不是经济学家，而且也不熟悉时间不一致性、财政不透明性和公共池问题等概念；但是，他准确指出了核心问题，即政治家们会赋予提高竞选连任的几率胜过一切的优先级。这绝不仅限于经济政策的问题。这会使得政治家们极不愿意采取不受欢迎的行动。我写这篇序言时，英国正在进行一项关于政治家与媒体关系的公开调查。这项调查表明，政治家们极为关注对其行动的媒体报道。任何曾和政策制定者亲密工作过的人，都会认同哈罗德·威尔逊担任首相时的说法，即在政治上，一周都十分漫长。有时，这些人看起来正在思考的最远的未来，其实就是明天新闻报纸的头条。在英国，保守党政府执政13年，紧接着工党政府也执政这么长的时间，这使政治家们更关心选举的成功。在政治权力方面，落选的代价极高。

虽然短视并不总是理性的，但它是政治家们害怕选举失败而做出的可以理解的反应。它也不一定是不光彩的。政治家们可以相信，或者说服自己，他们失去权力是国家的灾难，必须不惜一切代价来避免。在这样的环境下，政府会做出不受欢迎的决定，但我们可以理解，特别是在临近选举时，为什么他们并不愿意这样做。

本书解决的一个有趣问题是，与财政政策相比，为什么人们在相信货币政策委托代理的优点方面有更多共识。值得注意的是，货币政策的委托代理甚至并不是被普遍接受的。例如，在英国，长久以来存在争论，认为一个强大议会制中的部长负责制的传统，使政府不可能会考虑将诸如利率这样重要的政治问题委托给一个非选举产生的团体。当货币政策委员会成立时，它被明确地描述为手段独立性的一个例子，而非目标独立性。政府设定通货膨胀目标。据说，货币政策委员会通过设定基准利率的技术工作，来实现通货膨胀的目标。可能算是幸运的是，在运行的第一个十年中，货币政策委员会在保持通货膨胀水平接近目标和产出接近（预感的）走势方面，获得了成功。直到2007年以后，在通货膨胀水平与其目标的偏离以及产出与其走势的偏离之间的短期选择上，货币政策委员会的自由裁量权才变得非常明显。（尽管在原则上，当通货膨胀水平偏离其目标超过1%时，货币政策委员会需要写信给英国财政大臣，由其指导货币政策委员会来调整通货膨胀水平回归其目标的预期速度。）

但是，正如一些作者所指出的，主要的难题是经济学家们没有对财政政策的中期目标或长期目标达成共识。只要政府有可靠的征税权力，对财政持续性的要求就是一个弱约束。关于公共债务与国内生产总值（GDP）的最优比例，或者公共债务与GDP的比例偏离其既定目标后的调整速度，尚未形成一致的观点。暂且不论对错，似乎存在一个广泛的共识，即对于很多经济体而言，2%左右的通货膨胀目标是合适的。但是，关于公共债务与GDP比例的目标，没有形成类似的共识。《马斯特里赫特条约》提到的60%的限制，恰巧是当时欧元区的候选成员国所在的水平。该限制的设定，缺乏相关理论依据，这有助于解释为什么，甚至在金融危机出现之前，违背该限制、与该限制大概保持一致或者对预算赤字与GDP的比例进行限制，都是可被容忍的。

由于存在时间不一致性，建立独立的货币机构是合理的。但是，时间不一致性的解决方法，不能轻易地用于普遍存在的赤字现象。我们需要另寻出路。在已有文献所提供的解释中，我发现很难接受这样的观点：政府为了限制其未来可能的继任者，会故意增加赤字和债务。根据我自己的经验，我认为，政府对赤字的痴迷，是为了避免它们自身的选举失败，而不是为了使那些可能会在选举中打败它们的人艰难度日。然而，这可能并不会阻止它们欢迎为其继任者带来不适的行为。当联合政府在2010年选举中赢得权力后，新任命的财政部秘书长（负责控制公共支出的官员）发现了他的前任留给他的一封只有一行字的信，上面写着："亲爱的秘书长，我不得不告诉你，我们已经没钱了。"（据说这只是个玩笑。）

财政目标的不一致，以及政府极不愿意将监管权，更别提政策制定权和财政领域的其他职能委托给民主国家中非选举产生的团体，解释了为什么独立财政机构要比独立货币机构更为罕见。而且，这也解释了为什么一些独立财政机构所起的作用十分有限。

需要认识到，成立一个有效的独立财政机构是勇敢的一步，它将使政府不能再推迟令人不快的行动或者掩饰不明智的举措。这可能解释了，为什么早期的独立财政机构都是为了应对反对党的施压而建立的，如美国的国会预算办公室（CBO）。（最近，英国的情况也是这样。预算责任办公室是由保守党提议成立的，当时保守党是反对党。顺便提一下，虽然在1997年工党赢得选举之后，时任英国财政大臣的戈登·布朗就以超出人们预期的速度，提出了关于货币政策独立性的提议，但该提议同时也被一个反对党提出。）但是，反对党也会变成执政党，并且不得不忍受可能十分痛苦的后果。在这种情况下，独立财政机构最先在最不需要它们的国家成立，可能是不可避免的。

然而，近年来，很多政府（包括英国）建立了独立财政机构，来加强它们在金融市场上的可信度。特别在建立财政政策委员会时，瑞典和匈牙利正面临财政不透明这一严峻问题。建立独立财政机构来增强对已有体制（已有财政美德的传统）的信心是一回事，而建立独立财政机构以期在有着财政无能传统的国家建立起财政美德是另一回事。正如一些作者强调的，独立财政机构不能替代必要的、大胆的政府行动。匈牙利的情况给出了一个可悲的提醒，即如果独立财政机构的观点可能令政府不适，那么，强大的民主传统可能有必要对独立财政机构施加保护。

从当前独立财政机构的分类来看，读者可以自行判断它们的哪些差异是最重要的。我个人认为，两个问题特别重要。第一，独立财政机构应该对财政政策的实施（包括财政政策在短期需求管理中可能发挥的作用）做出总体评价吗？第二，独立财政机构是否应拥有直接的财政权力？

对于第一个问题，瑞典是一个例子。瑞典的独立财政机构会对财政政策做出评价，但这些评价有时并不被接受。我非常欣赏一些独立财政机构的负责人所展现的直言不讳的独立性，但在对财政政策已进行激烈公开讨论的国家，独立财政机构的上述作用可能并不必要。英国可能是一个恰当的例子。英国从其财政研究所的工作中获益匪浅。英国财政研究所对财政政策的独立研究有着较高的质量，因而拥有良好的声誉，特别是在微观经济分析方面。英国财政研究所拥有大量的财政政策评论员，他们来自于学术机构、媒体和金融部门。1980年以来，英国财政研究所已经建立的财政政策的中期框架包括了赤字目标，在1997—2010年间，还包括了债务比例的目标。英国财政研究所的缺点在于，它使用英国财政部所做的预测值。有人认为，有时这些预测值被故意地乐观化，以掩盖通过增加税收或减少公共支出的方式来紧缩财政的实际需要。现实是否如此？现在还不完全清楚。现有的证据并未表明，财政部的财政预测值是有偏的，或者偏向乐观主义，或者偏向悲观主义。真实情况是，预测误差是序列相关的。所以，如果在某时期低估了赤字，那么，在接下来的时期，往往会高估赤字。工党政府的下半个任期（大概从2002年起），其特点是对公共财政的预测过于乐观，此时，公共支出（特别是对健康的支出）正在不断地被扩大。保守党递交给预算责任办公室的提案，正是对此的反应。（对经济周期时间的判断，是工党政府的结构性的"黄金准则"的一个重要部分，而这一判断自身又在财政部的掌握之中。这加深了人们对官方预测值的怀疑。）在英国的环境中，将生产财政预测值和判断发布的公共收支计划是否有可能实现政府财政目标的责任委托给预算责任办公室，是一项可理解的、合意的、提高透明度的举措。

对于第二个问题，关于独立财政机构是否应拥有财政权力，一些作者没有将这样的权力纳入独立财政机构的合意特性之中；而另一些作者提倡让独立财政机构拥有财政权力，特别是在解决公共池问题时。比较上述两类作者的观点，将是极为有趣的。（最后一次）参考英国的情况，与之前的预测相比，预算责任办公室在 2011 年 11 月的预测，对 GDP 增长路径持更悲观的看法。因此，其预测值表明，如果政策保持不变，联合政府将不会实现其财政目标。对此，尽管政策已快到期，英国财政大臣乔治·奥斯本还是宣布了一系列收紧财政政策的措施。这似乎表明，假如政府能够依据独立财政机构的预测来调整其政策，那么独立财政机构就不需要财政权力。可能这并不是在所有国家都可行。值得注意的是，英国的上述事件，引出了第一份要求废除预算责任办公室的公共提案（该提案由一位愤愤不平的保守党国会下院议员提出）。

欧元区主权债务危机的严重性，突出了本书在解决一些关键问题上的相关性和重要性。如果更早、更广地建立独立财政机构，是否能防止危机的出现？对于那些问题最严重的国家，即希腊、爱尔兰、西班牙、意大利、葡萄牙和塞浦路斯，没有一个国家在危机之前建立了独立财政机构。欧盟委员会的监管，很明显不能替代独立财政机构的作用，更不用说国际货币基金组织（IMF）、经济合作与发展组织（OECD）的监管了。当然，答案取决于一国财政政策的哪些方面导致了困难的出现，并且独立财政机构是否能够避免这些困难的出现。虽然人们欢迎独立财政机构，也高兴地发现更多的独立财政机构正在计划筹建之中，但人们不应过度宣扬独立财政机构的作用。在近半数受到影响的国家，当前的问题在很大程度上都是由经济私营部门中出现的危机所导致的。政府不仅在救市计划方面受到金融危机的直接冲击，也在公共收支方面受到随之而来的经济衰退的间接影响。从总体来看，公开的财政状况越好，政府就越有能力较好地处理金融危机所产生的后果。

没有人认为，独立财政机构将会解决所有的财政问题。但是，本书的各章表明，独立财政机构永远是一种强大的力量。

致　谢

　　本书的汇编基础是在 2010 年 3 月 18—19 日于布达佩斯的匈牙利科学院召开的一次关于独立财政机构的会议，该会议由匈牙利共和国的前财政委员会主办。本书的大部分章节都在会议上介绍并讨论过。会议的参与者来自 24 个国家。其中，独立财政机构的前任和现任负责人超过了 10 位。这些负责人在会议上介绍了他们的经验和观点。会议开始由匈牙利共和国总统拉斯洛·绍约姆和哈佛大学名誉教授亚诺什·科尔内做主题演讲，然后进行分组讨论。以下演讲者、讨论者、小组成员和分会场负责人也对会议做出了贡献：巴里·安德森、乔治·布拉戈·迪马赛多、法布里奇奥·科里切利、拉斯洛·沙巴、亚历克斯·卡克里曼、雅克·德尔普拉、古斯塔沃·加西亚、贝拉·卡达尔、克里斯蒂·卡斯特罗普、爱德华多·雷、沃尔夫冈·明肖、盖博·奥布拉特、路德维希·奥德、瓦西里斯·拉帕诺斯、马尔扬·塞纽尔、克劳斯·施密特-赫伯尔、格哈德·斯蒂格和亚当·托洛克。肯尼斯·罗格夫是本书第 5 章早期版本的合作者。书中的观点只反映了作者的看法，并不一定代表他们所属机构的意见。

贡献者列表

法布里奇奥·巴拉索内，意大利银行

朱莉娅·贝塔斯曼，兰德公司

弗里茨·博斯，荷兰中央规划局

艾伦·布德爵士，牛津大学

拉斯·卡尔马福斯，斯德哥尔摩大学

罗伯特·乔特，英国预算责任办公室

吕克·科恩，比利时国家银行

丹尼尔·法兰克，意大利银行

基娅拉·戈蕾蒂，意大利参议院

乔治·科彼茨，伍德罗·威尔逊中心、葡萄牙公共财政委员会

吉尔特·兰格努斯，比利时国家银行

凯文·佩奇，加拿大国会预算办公室

斯蒂芬妮·兰宁，城市研究所

爱丽丝·里夫林，布鲁金斯学会、乔治城大学

巴拉兹·罗姆哈尼，布达佩斯财政责任研究所

尤金·斯图尔勒，城市研究所

科恩·特林斯，荷兰中央规划局

于尔根·冯·哈根，波恩大学、经济政策研究中心、葡萄牙公共财政委员会

西蒙·雷恩-刘易斯，牛津大学

托尔加·亚尔金，加拿大国会预算办公室

目 录

图目录

表目录

1 引言和概述

乔治·科彼茨[①]

1.1 背景

随着时间的推移，始于美国私营金融部门的全球金融危机，在大西洋的两岸转变成了极度恶化的财政形势。虽然在之前的十年中，公共财政看起来十分稳定，但是，面临金融危机和实体经济衰退时，公共财政非常脆弱。在社会福利不断增加、人口结构呈现不利特征以及税基越来越具有移动性的背景下，经济活动收缩的后果、一系列刺激计划的成本以及救助崩溃的金融部门的成本，一起导致了预算失衡的急剧扩大。因此，之前就已经不断上升的政府债务与GDP的比例，在主要发达经济体暴涨。

当金融市场变得对不确定性越来越敏感时，尤其是在一些银行和准银行机构垮掉之后，快速增加的公共债务和经济停滞现象对政府财政的持续性提出了质疑，其中，政府财政的持续性可由主权债券风险溢价的峰值所反映。质疑的结果是对财政整固的可信承诺产生了强大的市场压力，而财政整固可能在一个

---

① 作者感谢艾伦·希克、爱德华多·威斯纳和查尔斯·维普洛斯的有益建议。

具有约束力的、以规则为基础的、以较高程度的透明度和问责制为支撑的框架下进行。

透明度和问责制是健全的公共财政体制的关键要素，其重要性并不新奇。实际上，不透明性和预算预测的乐观偏差，正是一篇一个多世纪前发表的经典论文的主题。[①]到目前为止，人们已经充分认识到财政账户、预测和制度安排中对透明度的要求，这促进了国际法则对相关良好做法的汇编。[②]

自19世纪以来，公共审计机构的数量在世界范围内快速增长，其核心目标是对公共财政问责，在很多情况下这被写入了《宪法》。这些机构通过对公共部门实体的财政和法律完整性进行回顾性调查，就像诚实的管家一样，赢得了广泛的尊重。

然而，当高负债的政府在金融市场上面临普遍怀疑时，并且本国公民和债权国政府（尤其是欧盟）对其不信任时，由于缺乏前瞻性的分析视角，传统的国家审计并不足以满足透明度和问责制[③]的需要。对此，人们呼吁建立新一代的独立财政机构（IFIs），以对财政政策提案的透明度和官方宏观财政预测的真实性保持实时警惕。

这些新机构能够起到监督作用，有助于防止出现公共债务持续性的问题。这种监督作用得到了越来越多的认可。[④]实际上，从中期角度对预算法案进行的实时评估，可以作为未来纠正财政举措和进行结构改革的一个先行指标，进而可以预测并避免投资情绪的最终恶化或信用评级机构评分的降级以及随之而来的主权风险溢价的增加。

在少数国家，独立财政机构的建立比近期的全球金融危机早了几十年，而其建立主要是国内政治发展的结果。近年来，金融危机不仅在欧洲推动了独立

---

① Puviani(1903)发现，政府利用选民的财政幻觉，有少报政策措施成本、高报其收益的倾向。

② 参见IMF在Kopits和Craig(1998)基础上制定的《财政透明度良好做法守则(2007)》。

③ 在英国前工党政府执政时，英国国家审计署被赋予了监督政府遵从财政目标的任务，但该任务并未被完成。

④ 例如，在美国，Leeper(2010)提倡扩展国会预算办公室的作用，让其分析财政持续性和刺激措施之间的权衡取舍。他认为，这会产生更好的政策选择，并使财政预期更为稳定。

财政机构的建立，也在其他地区产生了类似的影响。在此情形下，建立独立财政机构的近期目标，就是赋予政府政策公信力。到目前为止，即使是那些最初受国内政治原因激励而建立的独立财政机构，也被视为防止财政纪律缺失进而出现负面市场反应的工具。然而，为了长久的成功，独立财政机构必须建立在国内共识和所有权的基础之上，这远远不止是对一个国际组织或是对一项金融援助计划下属条件的承诺。

本书是这一领域的第一本著作，旨在满足人们对独立财政机构的广泛兴趣，包括独立财政机构的原理、设计和操作等方面。本书是一系列研究的汇编。这些研究从不同的角度出发，包括政治经济学、分析法和法律学的角度，适合学者、研究人员和从业人员阅读。为了实现本书的上述目标，关于独立财政机构的定义，本书仅给出了相对狭义的解释。①此外，本书对国家案例的选取，主要基于其显著特征和充分的历史记录。

本书的第一部分专门介绍关键的分析问题和制度问题，为本书的其余章节奠定了基础。主要的问题包括政治背景、独立财政机构的范围和限制以及将财政政策制定和货币政策制定委托给独立机构的比较。最后一章讨论了这些机构在遏制或减少政府债务积累中的潜在作用。

第二部分包括了一些在国家层面的、对独立财政机构的案例研究，这些独立财政机构都产生于各国独特的国内发展情况。在美国和加拿大，独立财政机构建立的触发事件本质上是政治问题。在荷兰和比利时，独立财政机构是从具有广泛监督和咨询作用的、历史悠久的机构演变而来的。除了本书提到的国家以外，还有其他一些国家也基于各种国内原因而建立了独立财政机构。韩国采用了美国的模式。相比之下，委内瑞拉更早地（短暂地）采用了美国的模式。在这两个国家，独立财政机构的建立都是由国内的政治发展所引发的。类似地，在澳大利亚，独立财政机构也开始运行。在智利、哥伦比亚和秘鲁，政府任命的委员会建议，应在现有的、以规则为基础的财政框架下建立一个独立财

---

① 例如,奥地利、丹麦、德国和墨西哥的各种咨询机构,偶尔被人们划分为独立财政机构,但其缺乏独立财政机构的一些基本特性。

政委员会。在上述案例中，没有一个国家是因为金融危机而提议建立独立财政机构的。

第三部分介绍了瑞典、匈牙利和英国的独立财政机构，这些独立财政机构的起源可以被直接地或间接地追溯到一个早期的或近期的外部危机。这部分也有一个章节介绍了意大利的情况。在主权风险溢价急剧增加之后，意大利正在着手设计独立财政机构。除了上述国家以外，其他很多欧洲国家（芬兰、法国、爱尔兰、葡萄牙、罗马尼亚、塞尔维亚、斯洛伐克和斯洛文尼亚）也在金融市场压力的推动下或官方债权人和国际组织的鼓励下，建立了独立的财政监督机构。[1]实际上，作为加强财政治理的主要举措的一个组成部分，欧盟设想在其成员国都建立独立的财政委员会，来监督执行一些用数值表示的财政规则，并且做出独立的宏观财政预测，为年度的和中期的预算计划奠定基础。[2]

1.2 分析问题和制度问题

在理解独立财政机构的运行和有效性时，政治背景十分关键。借鉴美国在财政政策决策和咨询中的丰富经验，里夫林指出，政治家们面临困难的财政政策选择，而且政治家们需要可靠的宏观财政预测和对备选政策影响的无偏估计；里夫林还讨论了独立财政机构在无党派和独立性方面赢得声誉的切实可行的措施，其中需要政府至少做出一点改变。就其本质而言，独立财政机构负责对财政政策及其影响进行分析和监控，这与政策制定的责任不同。所以，我们

---

① 然而，在一些国家，财政委员会缺乏充分的独立性，也缺乏足够的资源，而且没有获得提高公共财政透明度的授权。因此，在匈牙利和罗马尼亚，当前的财政委员会没有被认同是独立财政机构。实际上，这两个国家的财政委员会的建立，似乎是为了满足欧盟委员会或IMF或者两者兼有的要求。

② Kopits（2010）发现，欧盟相关机构对预算的监管不充分，进而需要在每个成员国内部都由国家财政监督机构来进行监管。随后，在欧盟委员会（2011）提案的基础上，欧洲议会和理事会于2013年5月21日发布了473/2013号规定（欧盟）来补充《稳定与增长公约》。该项规定要求，欧元区的每个成员国建立"与财政部门对等的、具有职能自主权的机构"。该项规定列出了这种机构的基本特征，而且这些特征与OECD发布的独立财政机构的原则相一致（附录1.A）。该项规定产生的主要原因是："有偏的、不真实的宏观经济预测和预算预测，会在很大程度上削弱预算计划的有效性，进而损害对预算纪律的承诺。"

预期，独立财政机构不会对政治家们产生直接的影响。例如，当美国面临前所未有的财政危机时，在其特有的紧张的党派关系和常处于混乱状态的政治环境中，国会预算办公室设法保持统计员和裁判的中立角色，努力赢得了政治家和公众的尊重。监督机构可以帮助政治家做出正确的决策，但不能代表他们行事。

在对独立财政机构建立背后的理论争论的综述中，冯·哈根认为，独立财政机构的合意设计取决于潜在的财政失败的类型，如不透明性、时间不一致性或公共池问题。这意味着，一国的经验不能简单地转化为对其他国家的建议。他从政治经济学的角度，讨论了独立财政机构的作用范围。考虑德国和希腊的情况。在这两个国家，财政政策的持续性较差，这促使其建立了独立财政机构。在德国，独立财政机构对联邦财政和州财政都有监督作用，这有助于打破在不同政府层级出现的财政僵局。在希腊，透明度和问责制的缺失，使独立财政机构积极监管的作用非常明显。

独立中央银行在实施货币政策方面，看起来十分成功。这使很多人认为，某种形式的政策委托也应该可以被用于财政政策的宏观经济方面。然而，独立财政机构被赋予的角色，一般是为政府债务和赤字的路径提供信息或建议，而不是制定和实施政策。雷恩－刘易斯检验了在激励和引导独立财政机构方面，进行货币政策和财政政策之间的比较是否有用。对通货膨胀偏差和赤字偏差进行简单类比，是有误导性的。而且，财政政策的委托动机，和货币政策完全不同。此外，与人们对货币政策的目标有更多理解相比，人们对长期债务政策的合意目标缺乏认知，这可能有助于解释货币政策和财政政策在委托性质上的主要差异。

贝塔斯曼展示了一系列关于建立独立财政机构的观点，认为这些机构的建立可以提高财政持续性并且避免主权债务危机。近期实证研究的一个主要观点是，较高的公共债务水平会减缓经济增速。然而，尽管不利于经济增长，政府还是有积累过多债务的明显倾向。基于行为经济学和政治经济学的理论，作者讨论了独立财政机构可以履行的一系列职能，尤其是使公共部门更加透明并提供关于政策选择的宏观经济影响和财政影响的、有说服力的分析，来帮助政府消除赤字偏差并保持（或恢复）公共债务的持续性。

1.3 内部推动产生的独立财政机构的经验

美国国会预算办公室建立于1974年，之后很快在财政监督方面发挥了独特的作用，同时也开发了一套评估机制，来评估当前政策和新政策在预算方面产生的影响。斯图尔勒和兰宁指出，在一些条件下，国会预算办公室有时能够蓬勃发展，有时只能维持生存。国会预算办公室有效地减少了收支估计中的偏差，提高了透明度，也增强了对财政政策长期影响的理解。与此同时，作者指出，国会预算办公室不断面临很多挑战，这些挑战源于以下方面：估计和预测中不可避免的误差，将贷款、担保、政府支持的企业和信贷项目列入预算时面临困难，过度关注预算赤字而非项目的成功，少有研究提供跨领域的政策选择，对加快经济增长的政策的重视程度有限，没有成功激励人们对长期债务持续性产生足够关注。其中，一些问题是难以避免的，或者超出了国会预算办公室的职责范围；其他机构可能可以（甚至被要求）在这些问题上取得进展。

荷兰经济政策分析局，又称中央规划局（CPB），在对荷兰政策制定的贡献上，已经建立了独立和富有能力的声誉。荷兰中央规划局提供了年度预算所需的官方宏观经济预测、每轮选举周期初对公共财政的中期评估以及对政策提案的成本−收益分析。同时，荷兰中央规划局的一个独特特征是，它在选举之前对政党的竞选纲领的经济影响进行评估。博斯和特林斯从荷兰的情况中得到了四点经验。第一，对于财政监督机构的成功而言，质量和独立性方面的声誉至关重要。第二，延伸到财政政策之外的分析，其深度和广度增强了公众对相关权衡取舍和政策选择的理解。第三，机构的有效性，在很大程度上取决于其角色与政党的清晰区分。第四，独立财政机构是政府的一部分，确保政府了解内部信息以及政策制定过程所产生的影响，但是其劣势在于，实际的（或感知到的）独立性更难保持。

比利时财政高级委员会是一个顾问性质的财政委员会，成员人数最多，代表了政治和区域利益的多样性。该机构致力于在联邦国家结构下，促进财政政策设计及执行的协调和纪律。科恩和兰格努斯概述了该机构的任务，并且检验了其在为各级政府设定可操作的预算目标方面的有效性（基于一个综合指标）。结果发现，在国家采用欧元之后，该机构对财政政策的影响明显减弱。在此背景下，作者提出了一些关于组织和制度方面的建议，包括程序的和数值的财政规则，来增强该机构在指导比利时完成摆在面前的、艰难的整固任务时的独立性和相关性。

虽然加拿大的国会预算办公室（PBO）附属于国会，但是该办公室的负责人根据总理的意愿来做事。所以，它的独立性受到政府的挑战。佩奇和亚尔金讨论了加拿大国会预算办公室的背景、立法、执行的多重任务以及从相对短暂经历中得到的经验教训。从整体上看，加拿大国会预算办公室面临着很多挑战，这些挑战来源于持续的政治压力，而这在很大程度上归因于权力在行政机关和立法机关之间没有很好地分离。由于进行了批判性的评估，加拿大国会预算办公室受到威胁，即预算资源被削减并且获取履行职能所需信息的能力受限。从加强监督作用和独立性的角度来看，很多问题都十分突出。

1.4 危机推动产生的独立财政机构的经验和展望

虽然瑞典财政政策委员会的建立可以被遥远地追溯到20世纪90年代的金融危机，但2007年它才正式成立。而且，虽然它的资源有限但职责范围广泛。除了监控财政政策的长期持续性之外，它还从周期性的视角出发，来评估短期的财政形势。它也分析就业和增长的发展变化。此外，它还有一项任务是评估政府政策的动机、解释和分析基础。卡尔马福斯认为，它的建立似乎与已有的制度框架一致。在已有的制度框架下，有其他机构进行详细的预算评估和宏观经济预测，并且学术界参与政治讨论也是一个重要传统。然而，由于它在整个经济政策的讨论中都发挥着监督作用，其广泛的职责范围导致其对财政监督方面的关注减少。

在过去的十年中，匈牙利的公共财政明显恶化，这表现为公共债务的大量积累。2008年11月，在全球金融危机的压力下，国会制定了一个以规则为基础的财政政策框架，其中包括财政委员会的建立。财政委员会的主要目标是提高财政透明度并恢复公共债务的持续性。科彼茨和罗姆哈尼讨论了财政委员会跨时两个不同政府下的两个预算周期的短暂经历。财政委员会拥有一批专业技术人员，进行基于模型的宏观财政预测，在国会辩论之前对每项财政提案的影响进行实时评估，并监控财政规则的遵从度，其中包括对现收现付规则的遵从度。然而，作为削弱所有独立机构活动的一部分，2010年春季根据国会绝对多数制掌权的政府，在2010年底有效地、无故地撤销了财政委员会。作者推断，讽刺的是，在这样的环境下，财政委员会的消亡可被解读为其有效性的证据。

在2010年选举之后不久，英国的新联合政府成立了预算责任办公室（OBR）。预算责任办公室被赋予了清晰明确的职能，包括监控当期政策的影响和政府中期目标的一致性，分析公共债务的持续性并提供官方的宏观财政预测。乔特和雷恩-刘易斯指出了上述职能的一些风险，并认为预算责任办公室有必要快速建立声誉。作者支持最终允许预算责任办公室考虑备选政策的影响，但不支持其参与到当前关于财政整固速度的政治争论之中。在早期阶段，预算责任办公室就已经有效地影响了政策制定。例如，2011年11月，针对预算责任办公室对产出缺口的向下修正，政府选择调整其政策立场，而不是反驳或忽视预算责任办公室的分析。从总体来看，到目前为止，新的财政制度似乎正在按预期运行。

虽然财政结果与财政目标之间一直存在差距，但是长期以来意大利一直避免通过委托授权一个独立机构来监控政策设计及执行的方式来强化其财政框架。正如巴拉索内、法兰克和戈蕾蒂所观察到的，政策制定者和官员（尤其是审计法院和财政部的官员）都不支持这项改革。具体而言，政策制定者可能会担心，更高的透明度会使决策变得更难；官员可能会担心其所属机构的作用和权力受损。随着近期一系列改革的实施，上述情况有所改变。为遵从欧盟的经济治理改革，意大利近期实施的改革，都致力于改善信息系统和加强以规则为基础的立法。为了在一定程度上缓解金融市场的问题，2012年春季，意大利通过了《宪法修正案》。随后，在2012年底发布了法案，提出建立独立财政机构来评估财政走势并监控新财政规则的实施。新机构计划于2014年开始运行，它明显有助于改善意大利财政政策制定的质量。借鉴相关国家的案例，特别是OECD关于独立财政机构的原则，作者讨论了新机构的可能的授权、组织、资金以及和其他公共机构的关系。

1.5　广泛的模式和影响

虽然独立财政机构存在异质性，但从对主要分析问题和制度问题的讨论中以及对国家经验的调查总结中，可以发现独立财政机构的一些共同模式。独立财政机构关键的、典型的特征，主要体现在独立地位和基本职能方面。

独立财政机构的首要目标是公共财政的透明度和问责制，特别是预算法案和中期预算计划中蕴含的政府政策意图及预测的清晰度。实际上，在大部分国家，独立财政机构的任务，在很大程度上是处理预算预测上的持久乐观偏差（在匈牙利、英国和意大利的章节中进行讨论）。只在一种情况下（加拿大），悲观偏差是激发因素。显然，这里潜在的前提是，预算法案的透明度和相关预测的真实性可以促进明智的立法讨论和决策。

独立财政机构的其他主要目标，包括监控公共债务的持续性和政策承诺的遵从度。显然，在以官方目标或政策规则的形式来表示政策承诺的国家，这尤为重要。大部分机构被指派了监督对数值财政规则的遵从度的任务，少有例外（美国和韩国）。这些规则的设计变得越来越复杂，尤其是在欧盟的新财政治理框架下，以防止政府潜在的操纵。

财政监督机构必须独立地运行，即使其在形式上处于政府的行政机构（比利时和荷兰）或立法机构（美国）或两者（加拿大）的指导之下。从有效性的条件来看，在有严格党纪的议会制中，财政监督机构应该同时独立于政府的行政机构和立法机构；而在党纪相对较弱的总统制中，独立于行政机构就足够了。

在不同的国家，独立性的程度不同。在大多数情况下，不论独立自主权是被含蓄地理解还是被明确地在法律法规中表达，独立自主权都随时间发展变化。在大多数国家，财政监督机构具有良好能力和无党派的历史记录，这些机构能够实现独立性。至少，这需要政府最少做出一点改变。由于财政监督机构曾经服务于有着不同政治倾向的政府，继任政府想要侵犯或限制机构的独立性，变得十分困难。只在两个国家（匈牙利和委内瑞拉），独立财政机构没有通过这方面的考验，实际上，它们都被废止了。

独立性的关键要素是，机构应该被赋予充足的物质和人力资源来履行职能。此外，对于公共财政的分析和监督，不受限制地、及时地获得信息，十分必要。在一些情况下（加拿大和瑞典），机构受到资金削减和获取数据受限的威胁。

独立财政机构进行事前或实时的监督，而不进行政策制定。这是因为，对于财政政策，政府不能像对独立货币委员会所做的那样来委托政策制定权。在一些国家，除了监督职能之外，独立财政机构最多被赋予了一项咨询职能。具有咨询职能的独立财政机构，通常在一个相对庞大的领导集体下运行（比利时和瑞典），其形式是财政委员会，其中的成员隐含地或明显地代表了不同的利益集团（包括地区）来确保公平的或平衡的评估。

监督职能包括评估财政政策提案的宏观经济影响和预算影响，其中包括这些提案对公共债务持续性的影响。如果存在财政政策规则和程序规则，监督职能可以被扩展到评估政府对这些规则的遵从度。大多数独立财政机构都进行宏观财政预测或者使用其他独立公共机构所做的预测。其中，只有少数机构（荷兰和英国）被委托进行政府的官方预测。

一般而言，在组织结构、操作和人员配置等方面，独立财政机构有趋同倾向。这些倾向包括合格性、无党派、报酬以及没有领导者的利益冲突。专业技能和技术支持人员的规模，通常与手头的任务及充足的人员供给相称。在一些特殊情况下，人员由其他现存的独立公共机构提供。

　　基于上述国家的经验，一系列良好做法已得到确认①。这些做法是 OECD 开发的、关于独立财政机构的、非约束性原则的基础（附录 1.A）。这些原则包括以下方面：地方所有权，独立性和无党派，授权，资源，和立法机构的关系，获取信息的能力，透明度，交流和外部评估。

　　就机构建立和发展的动态而言，人们已经普遍认识到，需要快速开始机构的运行和人员的雇用，尤其是在危机推动产生独立财政机构的情况下（匈牙利、英国以及最近的爱尔兰和葡萄牙）。快速启动是有益的，可以发出制度向健全透明的政策制定转型的信号，进而有助于稳定预期。

　　然而，每个独立财政机构都有极具国家特色的历史背景。在一些国家，独立财政机构的成立遭到了现有机构的反对，而这些反对机构的命令有着相当大的影响力。在一些地中海国家（法国、意大利和西班牙），反对意见已经被公开宣布。这些国家的审计法院似乎担心与新机构展开竞争。②作为一种折中方案，在一些国家（芬兰和法国），独立财政机构内嵌在审计办公室中。③

　　一般而言，建立了独立财政机构的政府，偏好让机构推迟运行，来避免较早遭到机构的批评；相反地，立法机构和媒体有立即挑战政府的激励。无论如何，独立财政机构都希望，一得到资源就开始运行，以便在必要时证明其与政府对抗的能力和意愿。

　　面对媒体、市场和反对党的不断施压，独立财政机构对政府或多或少地持批评态度。在这种天然对抗关系下，作为回应，在向独立财政机构提供充足资源或及时信息方面，政府不大愿意合作。对此，独立财政机构需要做到一定程度的平衡，并且和行政机构及立法机构保持一定距离。

　　最后，关于独立财政机构有效性的问题，答案是形形色色的，并且难以记

---

① 参见 Kopits（2011）提到的良好做法。

② 一个例外的情况是,在葡萄牙,审计法院和中央银行非常积极地支持独立财政委员会的创建。

③ 这样的安排并不是没有潜在的风险和收益。例如,一方面,法国模式有利益冲突的风险,冲突产生于公共财政高级委员会的事前评估和预测职能与审计法院的事后评估职能之间。公共财政高级委员会在审计法院的管辖之下。另一方面,从一开始,公共财政高级委员会可能会得益于审计法院的良好声誉。

录下来。①独立财政机构对行政机构或立法机构的大部分影响，都是在员工层面上、不引人注意地、通过微妙但有效的劝说产生的。政府根据独立财政机构的评估结果来召回或修改预算法案，较为罕见。诚然，由于独立的财政监督机构"只叫不咬"，政策制定者可以忽视它。然而，独立财政机构确实对政策问题的理解、政治讨论的质量和公众的一般认知有显著的贡献。总体而言，虽然独立财政机构可以充当合理决策的催化剂，但它不能保证决策都有利于保持（或恢复）公共债务的持续性。

附录 1.A OECD 关于独立财政机构的原则②

下面提出的23项原则，被归纳为9大类：（1）地方所有权；（2）独立性和无党派；（3）授权；（4）资源；（5）和立法机构的关系；（6）获取信息；（7）透明度；（8）交流；（9）外部评估。

1.地方所有权

1.1　为了长久有效，独立财政机构需要广泛的国家所有权、承诺以及不同政治派系达成共识。虽然努力建立独立财政机构的国家可以从现存模式和其他国家的经验中获益，但是，外国模式不能被简单地复制或强行实施。区域组织或国际组织可能会提供有力的支持和保护。

1.2　对独立财政机构的作用和结构的选择，取决于当地的需求和当地的制度环境。在设计方面的选择，可能不得不考虑能力约束，尤其是在较小的国家。独立财政机构的基本特征，包括具体的保护措施，应该立足于国家的法律

---

①　过去估计独立财政机构影响的尝试，都是进行计量估计，特别是使用跨国数据进行估计。这些尝试是有趣的。但是，由于在量化、国家可比性，尤其是建立因果关系方面存在困难，这些尝试的有效性十分有限。

②　2013年4月12日的草拟版本，正在OECD公共治理委员会的研究中。该版本反映了OECD资深预算官员组织（SBO）和国会预算办公室（PBO）及独立财政机构之间的讨论。一个专家顾问组对该版本进行详细阐述和讨论，成员包括乔治·科彼茨（主席）、凯文·佩奇、周英真、科恩·特林斯、拉斯·杨、拉斯·卡尔马福斯、罗伯特·乔特、罗伯特·森夏恩。OECD秘书处的丽莎·冯·特拉普准备了一个初步版本。

体制、政治制度和文化。独立财政机构的职能应该由国家的财政框架和需要解决的具体问题决定。[①]

2. 独立性和无党派

2.1　对于一个成功的独立财政机构，独立性和无党派[②]是前提条件。一个真正无党派的机构，不会从政治角度展开分析；它总是努力证明其客观性和杰出的专业技能，并且为所有的政党服务。这支持了如下观点：独立财政机构应该免于承担任何规范性的决策责任，以避免其对党派关系的感知。

2.2　对独立财政机构的领导的选拔[③]，应基于其优点和技术能力，而不应考虑其政治背景。任职资格应该明确，包括专业地位和相关的政府或学术经验。更具体地，这包括具备在经济学和公共财政领域的良好能力，并且熟悉预算程序。

2.3　独立财政机构领导的任期长度和任期数，应该在法律法规中清晰界定。对于因故解雇的程序，也是如此。领导的任期，最好独立于选举周期。如果界定的任期跨度超过了选举周期，机构的独立性可能会得到提高。

2.4　独立财政机构的领导职位，应该是有报酬的，而且最好是全职岗位。[④]相对于公共或私营部门的其他雇员，利益冲突的严格标准同样适用于独立财政机构的成员，特别是那些成员都是兼职工作的机构。

2.5　根据适用的劳动法，在雇用和解雇人员方面，独立财政机构的领导应有充分的自主权。

2.6　应通过公开竞聘的方式选拔独立财政机构的雇员，选拔基于其优点

---

①　一些国家(如瑞典、爱尔兰和葡萄牙)允许非本国国民成为委员会的成员,进而扩大了符合条件的候选成员范围,并且减少了"团体迷思"的风险。同样地,这一设计选择也有助于支持独立性。

②　无党派不应与两党制相混淆。无党派要求没有政治影响,而两党制意味着在政党间达到平衡。

③　头衔可能不同,包括主任、会长或主席。这取决于机构的设计。机构可能归个人领导,也可能由集体(委员会)领导。

④　在一些例外的情况下,兼职岗位可能就足够了。例如,如果独立财政机构有一个严格界定的、受限的工作计划,或者其他机构提供了互补性的职能、影响了独立财政机构的工作量,那么,独立财政机构的领导职位可以是兼职的。在瑞典,财政政策委员会可以使用另一个已建立和完善的独立机构(即国家经济研究所)的宏观财政预测。

和技术能力，而不考虑其政治背景。雇佣条件应参照公务员。[①]

2.7　如果独立财政机构的工作地点在地理上远离行政机构和立法机构，那么，独立财政机构的独立性可能会进一步增强。

3.授权

3.1　独立财政机构的授权，应该在更高级别的法律中清晰界定，包括：提供的报告和分析的一般形式，谁会要求其提供报告和分析，报告和分析发布的相关时间点（如果适用）。

3.2　独立财政机构应有自主提供报告和分析的权限。类似地，在其授权范围内，独立财政机构应有决定其工作计划的自主权。

3.3　应建立授权与预算程序的紧密联系。独立财政机构执行的典型任务可能包括（但不限于）：经济和财政预测（从短期到中期的视角或长期的情景），基准预测（假设政策保持不变），分析行政机构的预算提案，监控对财政规则或官方目标的遵从度，计算主要立法提案的成本，对选定问题的分析和研究。[②]

4.资源

4.1　分配给独立财政机构的资源，必须与其授权相称。这是为了使其以可信的方式完成任务。资源包括所有雇员和委员会成员（在适用情况下）的报酬。为了保证机构的独立性，就像给其他独立机构（如审计署）的预算一样，给独立财政机构的拨款，应该以同样的方式被公布和处理。多年度供资承诺可能会进一步加强独立财政机构的独立性，并且提供了使其免于政治压力的额外保护。

5.和立法机构的关系

5.1　立法机构对国家的预算程序履行重要的问责职能，而且立法日程应

---

① 鉴于大部分独立财政机构的规模较小，雇员可能在更广泛的公务员系统中有职业流动性。然而，应注意小心避免利益冲突。

② 对于已经建立并完善的独立财政机构，还有其他一些职能，如荷兰中央规划局对竞选纲领的成本计算和韩国国民大会预算办公室的项目评估。

留给独立财政机构充足的时间，让其进行关于国会工作的必要分析。无论独立财政机构是否在立法机构或行政机构的管辖之下，支持立法机构实行适当问责制的机制都应落实到位。这些机制可能包括（但不限于）：（1）独立财政机构及时为相关的立法辩论，向国会提交报告；（2）在预算委员会（或同等机构）面前，独立财政机构的领导或高级雇员出面回答国会的问题；（3）国会对独立财政机构的预算进行审查；（4）国会预算委员会（或同等机构）在独立财政机构的领导任命和解雇中发挥作用。

5.2 对于国会预算委员会（或同等机构）、其他委员会和个体成员对分析的请求，独立财政机构的反应，应在法律中清晰界定。独立财政机构最好考虑来自各个委员会或分委员会的请求，而不是来自于个体或政党的请求。对于那些在立法机构的管辖下成立的独立财政机构，尤为如此。

6.获取信息

6.1 无论独立财政机构被配置了多么好的资源，在政府和独立财政机构之间往往都存在着信息的不对称。这产生了一项需要法律保障的特殊责任，即独立财政机构应能及时地、充分地获得所有相关信息，包括预算提案和其他财政提案中所使用的方法和假设。如果必要，这一点需要在协议或谅解备忘录中重申。信息应该免费提供。或者，如果合适，在独立财政机构的预算中，应提供充足的资源，来支付从政府精算服务中获得信息的成本。

6.2 对获取政府信息的任何限制，都应该在法律中明确界定。关于隐私的保护（如纳税人的保密性）以及国防和国家安全领域敏感信息的保护，可以实施适当的保护措施[1]。

7.透明度

7.1 考虑到提高公共财政的透明度是独立财政机构的一个主要目标，机构会尽可能透明地运作。独立财政机构的工作和操作完全透明，为其独立性提供了最大程度的保护，并且使其在公众中建立信誉。

---

① 例如,对独立财政机构雇员进行安全调查。

7.2 独立财政机构的报告和分析（包括其使用的所有数据和方法）应该被公布，并且对于所有人，都是免费可得的。正如5.1中提到的，所有的报告和分析都应在立法辩论前及时地交给国会[①]，且在国会的委员会面前，独立财政机构的领导应有发表声明的机会。

7.3 独立财政机构的主要报告和分析的发布日期，应该被正式规定。这主要是为了协调独立财政机构的发布和政府相关报告及分析的发布。[②]

7.4 独立财政机构应该以自己的名义来发布报告和分析，而不是将报告和分析提供给其他的国会机构或政府机构，让其他机构来发布。独立财政机构可以通过自己的独立网站来发布报告和分析。

8.交流

8.1 从创建初期，独立财政机构就应该开发有效的交流渠道，尤其是和媒体、公民团体及其他利益相关者的交流。考虑到独立财政机构对财政决策的影响是劝说性的（而不是通过法律制裁或其他惩罚性措施来强制实施），媒体对独立财政机构工作的报道，有助于促进选区了解情况，进而对政府形成适时的压力，促使其在财政问题上采取透明的、负责的举措。

9.外部评估

9.1 独立财政机构应建立外部评估机制，由本国专家或外国专家对其工作进行评估。可以采取以下形式：对选定的几项工作进行审查，对分析的质量进行年度评估，成立常设咨询小组或委员会，由其他国家的独立财政机构进行同行评审。

---

① 例如，美国国会预算办公室会在立法程序的早期提供估计值，以帮助周密制定立法提案。在立法提案公布之前，这些估计值都是保密的。

② 应注意小心避免这种观念：独立财政机构的报告的发布时间，对政府或对反对党有利。

参考文献

European Commission(2011).'Proposal for a Regulation of the European Parliament and of the Council on common provisions for monitoring and assessing draft budgetary plans and ensuring the correction of excessive deficit of the Member States in the euro area' COM(2011)821,November 23.

International Monetary Fund(2007).*Code of Good Practices on Fiscal Transparency*(http://www.imf.org/external/np/fad/trans/codc.htm).

Kopits,G.(2010).'Brussels Can't Monitor 27 Budgets'*Wall Street Journal*,October 11.

Kopits,G.(2011).'Independent Fiscal Institutions:Developing Good Practices'*OECD Journal on Budgeting*,3:35–52.

Kopits,G.,and J.Craig(1998).Transparency in Government Operations,Occasional Paper 158. Washington DC:International Monetary Fund.

Leeper,E.M.(2010).'Monetary Science,Fiscal Alchemy' in Macroeconomic Challenges in the Decade Ahead,A Symposium Sponsored by the Federal Reserve Bank of Kansas City,Jackson Hole,Wyoming,August 26–28:361–430.

Puviani,A.(1903).*Teoria della Illusione Finanziaria*.Palermo:Laterza.

第一部分

分析问题和制度问题

2 政治和独立的分析

爱丽丝·里夫林[1]

2.1 引言

发达国家的政府，正在和高额赤字、快速增长的公共债务做斗争，也因力图回归财政可持续路径的政治决策而苦恼。在美国，前所未有的房价泡沫、低利率、宽松的贷款标准、复杂金融衍生品的大量使用以及家庭和金融机构的过度借贷，一起导致了2008年的金融危机。

危机造成了严重的经济衰退。目前，经济从衰退中的恢复，仍然十分缓慢。数百万人失去了工作，而且，暴跌的房价减少了家庭的净资产，也减少了消费。受到经济衰退及相关刺激政策的影响，在2009年，联邦赤字占GDP的比例飞涨至10%，之后一直保持在这一水平。公众持有的联邦债务占GDP的比例增加到60%之多（而一般政府债务占GDP的比例估计是100%），并且预计会继续增加。同时，欧元区国家和英国正在忙于对付经济衰退、增加的赤字、最弱经济体中的主权债务违约威胁以及关于如何恢复经济增长和财政活力的痛

---

① 作者感谢霍华德·伦佩尔和约翰·索罗什安对研究的帮助。

苦的政治决策。

甚至在经济形势大好时期，财政政策的决策也是十分艰难的。政治领导人总是同时面临支出更多、征税更少的压力。可以理解的是，只要他们能够做到，他们就会试图增加借款，并将账单传递给未来的纳税人。乐观的宏观财政预测和成本估计，使原本艰难的决策看起来容易了一些，但是长期来看，它依然存在严重的问题。

越来越多的政府认识到，其自身有使财政估计为自我服务以及尽量减少困难选择的倾向。对此，越来越多的政府建立了独立财政机构，为决策者提供尽可能客观的财政预测和分析。当前很多政府所面临的财政挑战的程度，已经使政府对以下问题产生浓厚兴趣：在已经建立独立财政机构的地区，这些机构运行的效果如何？在尚未建立独立财政机构的地区，是否需要加速建立？本书总结了很多国家进行独立财政分析的丰富经验，希望分享这些经验，以加强政府对客观财政分析的支持和使用，促使政府做出更好的预算决策。

在目前的经济环境下，这些独立财政机构的情况，比以往更为清晰。在短期和长期中，政治家都面临着异常艰难的预算选择。短期的赤字有助于刺激经济从衰退中恢复。与此同时，持续扩大的赤字和无法负担的借款，严重地危及很多国家未来的经济健康。美国正面临这样的情况。为了应对这些挑战，政治家需要对财政形势做出无偏预测，也需要对备选政策的财政影响进行最可靠、可行的估计。

然而，要谨记这一点，即独立的估计和客观的分析，最多只是明智决策的有益前提。政治领导人和公众，必须勇于做出财政责任所要求的艰难选择。独立财政机构在以下方面发挥重要作用：确保讨论基于真实数据，并且是务实的、为人们所知的；密切关注作为（或不作为）的影响；为预算困境找出更可持续的解决方案和更不可持续的方案。这些机构无法注入做出不受欢迎决策的政治勇气。政治领导人只能靠自己来做到这一点。

就这一点而言，美国国会预算办公室（CBO）近40年的历史，提供了宝贵的经验。1974年的《国会预算和截留控制法》（以下简称《预算法》）建立了国会预算办公室，该机构在第二年开始运行，是国会的一个无党派机构。国会预算办公室负责向众议院和参议院提供独立的预算分析。我曾是国会预算办公室的首任主任。对于这个机构一直为国会和公众提供合理的、无党派的预算分析和政策分析，我感到十分骄傲。虽然我不是一个不带偏见的信息来源，但我还是想分享我对国会预算办公室的看法，包括为何多年以来它能成功赢得政治家和公众的尊重，及其如何在华盛顿紧张的党派关系中和经常处于混乱状态的政治环境中成功保持一个中立的统计员和裁判的角色。①

不幸的是，目前，美国是一个可悲事实的典型例子，即虽然有独立财政机构发布客观的估计和报告，但并不能保证政治家们采取负责的行动。尽管国会预算办公室和其他的独立分析者在几十年中不断发出警告，但从目前来看，美国正面临史上最严重的财政挑战。我们的联邦预算正在走不可持续的路线。如果不做出重大政策调整，政府支出的增加将会一直快于政府收入，这会使借款持续增加，并将公共债务推入高风险的境地。

如果政策保持不变，快速增加的赤字和债务，其前景毋庸置疑。预测前景的主要情况，既不是新内容，也不出乎意料。尽管 2008 年的金融危机及其引发的深度衰退大量增加了当前的债务，我们并不能将未来面临威胁的赤字问题主要归咎于它们。同时，尽管伊拉克战争和阿富汗战争的成本高昂，但预算的现状并不是战争的结果。当经济复苏、战争平息时，上述所有原因所造成的高额赤字将会减少。

然而，展望未来，美国联邦预算持续性出现严重隐患的原因，也正是挑战其他很多发达国家的问题。多年来，美国两个主要政党的政治家们，都对老年人口的养老和医疗保险做出了承诺。然而，随着人口老龄化加剧、医疗成本不断增加，这些承诺会变得越来越昂贵。多年来，国会预算办公室一直在发布越来越令人担忧的报告，其中分析了即将到来的人口海啸、日益提高的医疗成本、没有相应增加的政府收入对预算的影响。这些警告并未说服政治家们相信有必要采取措施来预防未来债务的积累。然而，现在在这个异常艰难的时刻，

---

① 对国会预算办公室的完整历史感兴趣的读者，可以阅读 Joyce(2011)及斯图尔勒和兰宁编写的第6章。

政府不得不面对这个问题。此时，债务已经由于其他原因快速增加，经济恢复状况仍然不确定，而且党派关系十分敌对。

为了避免未来财政处于危险境地、将预算转到可持续的轨道，政治领导人将不得不采取不受欢迎的举措，来限制支出增加，或者增加税收，或者（最可能）同时减支增收。这些举措极具争议性。而且，对于这些举措的影响，国会预算办公室要发挥客观的统计员和裁判的作用，因此，国会预算办公室的工作和角色不可避免地越来越具有挑战性。在今后的几年内，不仅国会预算办公室在压力逐渐加大的情况下完成本职工作的能力受到考验，而且，更重要的是，我们的政治制度应付非常困难的财政决策的能力也面临考验。

2.2　国会预算办公室的演变和结构

国会预算办公室作为独立财政机构的这个角色，只能在美国宪法环境中来理解。美国宪法规定了行政机构（总统）和立法机构（国会）的严格分权。这为变革带来了巨大障碍，并且经常延缓必要的政策调整。但是，分权已经良好地运作了200多年，我们不可能去改变它。所以，我们必须让它变得有效。

并不像我们在美国所做的那样，威斯敏斯特议会制的国家不会消耗太多的时间、精力或说辞来做出预算。这些国家的结果未必更好，但程序更有效。首相所属政党或联盟编写预算，然后国会在简短的讨论之后批准预算。否决预算通常意味着要进行新的选举，而这不会轻易发生。

但是，美国宪法并不是为效率而设计的。相反地，在反抗被认为是独裁者的国王之后，开国元勋们设计了一个制衡的制度，分散了权力，并且延缓了决策进程，往往延缓到了一个僵局点。此外，当增加新的参与者和新的责任时，由于权力中心（或分权力中心，如行政机构或国会委员会）很少想放弃自己的特定部分的决策权，随着时间的推移，决策过程会越来越复杂，直到其变得功能失调。

只有在和立法机构的两院进行旷日持久的谈判之后，美国总统才能让预算通过；而在国会中获得多数支持的首相，可以不大费力地让预算通过。即使国会是由总统所属的政党主导，国会也没有义务同意总统提出的预算。而且，关于合意的财政政策以及支出和税收的优先级，国会往往持非常不同的观点。总统在每年的2月提出下一个财政年度的预算方案，下一个财政年度是从10月开始，然后，总统会花费几个月的时间，试图使国会批准其方案中尽可能多的内容。没有国会的批准，总统不能做出支出或税收的调整。实际上，如果没有国会授权支出，政府的普通职能甚至都不能得到资助（除了通过一个所谓的持续决议来暂时地得到资金）。

在此背景下，国会预算办公室发展成了预算预测、估计和分析的一个独立的、无党派的组织。例如，预算决策的谈判双方，都依赖国会预算办公室对新的政府计划的成本的估计。这些估计具有可信度，因为国会预算办公室是无党派的，也就是说，它独立于政党关系。因为总统是所在政党的领导人，他的预算提案通常被另一政党认为是有党派偏向的。而且，总统的提案，有时甚至会遭到其所在政党的一些成员的挑战。

在国会预算办公室的历史早期，当英国反对党领袖玛格丽特·撒切尔访问华盛顿并让我给她简要介绍国会预算办公室的情况时，我才意识到，国会预算办公室的这种结构，不容易用到议会制中。她对我们当时做的事非常感兴趣。随后，她派出一个主要副手基思·约瑟夫爵士，到国会预算办公室来获取更多的详细信息，并且为国会预算办公室的英国版本制订了一个计划。然而，此后不久，她成为英国首相，她对国会预算办公室的兴趣消失了。作为政府的领导人，她意识到，独立财政机构只会令她烦忧。直到最近，英国才又有了创建独立预算机构的想法。2011年的《预算责任和国家审计法》，建立了预算责任办公室（OBR）。预算责任办公室有着非常独特的结构，根据自己的宏观财政预测，来评估预算和政府财政目标的一致性以及公共债务的持续性。[1]

预算责任办公室的前身和结构，以及议会制中类似的独立机构，突出显示了议会制和总统制的一个关键差异。可以设想，如果美国实行议会制，国会预

---

① 参见乔特和雷恩-刘易斯编写的第12章。

算办公室的可信度将变得十分有限，除非它完全在行政机构和立法机构之外，而不是立法机构下属的一个部门。存在这种差异的原因是，在议会制中，多数党控制了政府和议会，而这种控制权通过较强的党纪进一步得到保障。

对于近期建立的独立财政机构，政府建立它们的目的，主要是为了在面临迫在眉睫的债务问题时，增强或恢复自己的可信度。不同于这些近期建立的机构，国会预算办公室的建立是在20世纪70年代初期，是当时的理查德·尼克松总统与国会对抗的一个结果。政府的行政机构和立法机构，由不同的政党控制，有不同的预算优先级，对于合适的财政政策的概念，也存在分歧。这次的对抗，说服国会建立了一套结构更好的预算决策程序，并且导致了对立法预算过程的精细改革。国会预算办公室的建立，是广泛的、一系列改革的一个附带事件。预算法也在众议院和参议院之下都建立了预算委员会，并制定了一系列预算决策的严格时间点，规定了决策完成的最后期限。这些时间点绵延9个月，并且最后在一个已经通过的预算框架内采纳多个支出和税收法案。预算程序的改革者成立了国会预算办公室，来为决策过程中的各个参与者提供无党派的预算信息。这些信息及时在立法辩论之前提供，而且先为委员会提供，然后是议政厅。这样做的目的是，可以不再依赖可能会有偏向的行政机构来提供这些信息。国会预算办公室的职责是：做经济预测，并且预测如果当前法律继续执行，预算将会是什么情况。国会预算办公室将会提供当前正在考虑之中的预算提案的成本估计，以及预算选择的分析。

在大约40年之后，从现在来看，预算法所建立的决策过程，不能认为是成功的。多年以来，决策过程变得越来越复杂，并且难以控制。它有太多晦涩难懂的规则和程序，也有太多的权力中心和拖延。最后期限通常被错过。决策过程的复杂性使参与者十分困惑。而其透明度的缺失，会使公众认为一定有邪恶的不法行为存在，有时也确实如此。此外，尽管预算过程有十分费力的年度时间表，但它并没有迫使政府，对在未来几十年内威胁到国家财政健康的主要长期（强制）支出（老年人口的养老和医疗保险）做出承诺。它既不要求评估税法的效率，也不要求评估税法的公平性。对于华盛顿的预算过程，不论从程序的优雅性角度，还是从结果的财政持续性角度来进行评价，它都是严重失败的，并且急需改革。①

　　相反地，国会预算办公室似乎是预算法所建立的一个明显成功的机构。随着时间推移，国会预算办公室从一个住在前酒店潮湿地下室的、微不足道的工作人员，演变为一个受人尊敬的分析组织，并且提供了被广泛阅读和大量引用的报告、估计和预测，这些都为政策制定者所用。国会预算办公室在立法过程中发挥着相当大的作用。这种作用主要来自于国会预算办公室的"记分"角色，即估计立法提案对预算的影响。估计涉及不确定性和判断。那些是竞争对手的分析者，总是可以说，国会预算办公室高估或者低估了某项特定提案的成本。提案的支持者认为，与国会预算办公室的估计值相比，提案会更有效、成本更低；而反对者的观点恰恰相反。但是，必须要有一个记分员或统计员，否则游戏无法继续进行下去；而国会预算办公室在这一点上已经被人们接纳。就像是一个足球或棒球的裁判，国会预算办公室被双方队伍认为是一个令人不快的必需品。

　　国会预算办公室被政治家们所接受，要归功于其结构和历史的4个方面。第一，国会预算办公室有专业技能较强的领导，并且吸引了一些高质量的、善于分析的雇员。第二，它积极主张无党派，并且从不允许政治家们（无论是否是选出的官员）来任命或影响其雇员。第三，它从不对政策问题提供建议，但是提供预算成本的估计或分析当前选择及备选选择的影响。它总是试图帮助政治家们评估他们的选择，但坚决拒绝告诉他们该如何选择。第四，它所有的报告和分析，都对新闻界和公众公开，而且努力让这些报告和分析清晰易读。

　　最初，国会预算办公室是一个羽翼未丰、没有经验的组织，然而却不得不建立起一个组织文化。有一些国会成员及其有实力的雇员，感觉受到了国会预算办公室的威胁，希望它失败。一些政治家试图通过推荐新主任的人选，来加强他们对国会预算办公室的影响。幸运的是，预算委员会的领导，同时也是国会预算办公室的主要客户和保护者，认识到对于国会预算办公室的指定角色而

---

　　①　在 Rivlin(2011)中,我和国会预算办公室的前主任鲁道夫·彭纳,都敦促对预算过程进行大刀阔斧的改革。

言，雇用坚定的、无党派的、有专业技能的雇员是十分必要的。预算委员会的领导保护我，使我免受其他同事的压力。我努力雇用能干的、积极性高的、曾在其他类似机构工作过的专业技术人员。他们更关心如何使分析准确，而不是实现政治目的。我们能够吸引有才华的政策分析者，他们重视客观性，并且不害怕接受新挑战。

因为将自己的报告和分析公开，国会预算办公室最初受到了相当多的批评。透明性令人不快。一些政治家认为，只有他们才应该是众人注意的焦点，他们怨恨新闻界对国会预算办公室的独立分析的发布给予关注。讽刺的是，与将报告简单地放在他们的办公桌上相比，这些政治家在报纸上读到国会预算办公室的报告时，他们更可能会认真对待它。我们总是小心确保，在报告出现在报纸上之前，国会成员就收到了报告。但是，有时他们并未意识到，他们已经有了这份报告。一位国会成员可能会打电话过来，不耐地询问："为什么你没有发给我今天早报上提到的这份报告？"然后，这份报告可能会在他办公室的一堆文件中被找到。

在成立之初，关于国会预算办公室的客观性，存在普遍的怀疑。新闻界（以及国会的一些成员）需要花一些时间，才能发现，国会预算办公室宣称的无党派，是坚定的、可靠的、真实的。由于我曾为一位民主党总统服务，并且被一个民主党国会任命，记者们一直努力试图发现我背后的民主党动机。他们认为，他们可以让我回答这样的问题来套话："你到底在想什么？"但不久，他们就放弃了。

由于我拒绝提供建议，国会成员往往会十分恼火。他们也会有些不耐烦地听完我对当前选择及备选选择的阐述，然后逼我来挑出一个。我一直重复我的咒语："不，议员，从选项中进行选择是您的工作，并不是我的。"

大约两年之后，在新总统就职时，在建立无党派可信度方面，国会预算办公室迎来了转折点。当国会预算办公室在1975年开始运行时，福特总统（取代尼克松）在职。福特是共和党党员，但是，民主党在参议院和众议院中占据多数席位。每当国会预算办公室被请去评估福特政府的提案并且其分析结果没能支持政府的主张时，国会中是少数派的共和党就会指责国会预算办公室有民主党的党派偏向。但是，1977年民主党的卡特总统任职之后，情况有所改变。卡特推出一项宏大的能源计划，以减少对进口原油的依赖。国会预算办公室的分析员认为，与政府的判断相比，这项计划将会耗费更多的美元、节省更少的原油。国会中的共和党，突然开始称赞国会预算办公室的无党派和客观性。

到1981年共和党重掌白宫并且里根总统任职时，国会预算办公室已将自己建成为一个独立的发言机构。然而，新的共和党政府低估了国会给国会预算办公室的无党派性所赋予的价值，并且讨论将国会预算办公室的主任替换成一位忠心的共和党党员。参议院预算委员会的共和党主席、新墨西哥州的议员皮特·多梅尼奇，态度坚定地向白宫解释，国会预算办公室是为国会服务的一个无党派机构。主任的替换，不在总统的权力范围之内。

2.3 记分——一项令人不快的职能

在国会预算办公室的历史中，在大部分的时间里，美国都在努力控制过多的预算赤字。从20世纪80年代开始，国会对自己反复尝试约束开支、限制借贷的预算行动施加了规则。在一些并不成功的尝试之后，1990年的《预算执行法》（BEA）制定了两个非常有效的规则。《预算执行法》由一个民主党国会和一位共和党总统通过，对自主性支出（国会通过的年度拨款）施加了限制（也称为"上限"），并且制定了所谓的现收现付规则。现收现付规则规定，任何减税或增加强制性支出（如老年人口的养老金或医疗福利）的行动，必须在未来的10年内，被对预算赤字有大小相等、方向相反影响的行动所抵消。支出上限和现收现付的规则，得到了两党的支持，并且对20世纪90年代晚期的预算盈余有重要贡献。不幸的是，《预算执行法》的规则，在2002年失效。这些规则的缺位，使大量的减税和福利增加在没有抵消、补偿的情况下被实行。这在很大程度上使债务和当前预计的赤字达到更高水平。

《预算执行法》，尤其是其中的现收现付规则，通过在几乎每个主要政策辩论中将法案对预算赤字的预计影响提升到突出位置，给予了国会预算办公室的记分职能以新的可见性和重要性。国会预算办公室被要求估计很多政策提案在10年内的预算成本或节约的预算。已有税收或福利的变化，相对容易估计，因为历史数据提供了一些分析基础。但是，估计新税种或新补贴对预算的影响带来了巨大的挑战，因为往往很少有可利用的证据。国会预算办公室的分析员不得不在其他项目或辖区寻找相似的变化，有时要对纳税人或受益人在新情况下的行为做出不确定的推断。这些推断是必要的、有根据的推测，可以导致一项提案的终止或重新起草，只要国会预算办公室相信这项提案对未来的赤字有负面影响。国会预算办公室获得了相当大的权力，因为其记分职能可以影响立法的结果。国会预算办公室的分析员努力使他们所用的假设和方法尽可能地清晰、客观，但是，他们往往同时受到来自正在讨论中的立法提案的支持者和反对者的批评。

在1993—1994年间，国会预算办公室估计了克林顿总统的全民医疗保险提案对预算的影响。在一场措辞尖刻的辩论中，这些估计值极其重要。最后，辩论以非常尴尬的总统失败而告终。提案的支持者十分生气，并将提案的灭亡归咎于国会预算办公室对提案成本的估计（及其将强制性医疗保险缴费视为税收的做法）。实际上，提案的失败有多方面原因，包括医疗保险行业大量资助的集中游说和媒体活动，但是，国会预算办公室被放在了一个令人极度不快的位置。在辩论的每个阶段，国会预算办公室做出的、不可否认具有不确定性的预测，既被用来抨击提案，也被用来为提案辩护。

2009年，巴拉克·奥巴马总统提出了全民医疗保险覆盖的新提案，再次将国会预算办公室放在了具有影响力但令人不快的记分员和裁判的位置。这次，国会预算办公室已做好了迎接挑战的充分准备。不论谁赢得选举，国会预算办公室的主任皮特·奥斯扎格（后来是奥巴马总统的预算主管），都期望在医疗保险方面有很多立法行动。他雇用了额外的医疗分析员，并公布了大量的医疗保险改革方案。为了努力防止评分过于令人惊讶，也为了帮助试图改革医疗保险制度的立法者，同时也为了减少赤字，国会预算办公室对于他们会如何对医疗保险提案进行评分，发布了一个十分详细的解释。

对于2010年的《患者保护和平价医疗法案》，在对其内容的辩论中，在每个阶段，国会预算办公室的估计值都极大地影响了提案的范围和结构。当国会预算办公室对提案成本的估计超过预期时，一些在众议院和参议院提出的医疗保险改革提案被缩减。国会预算办公室的估计遭到抨击，或者认为估计对正在讨论中的提案太有利，或者认为估计太不利，而这取决于正在发言的政治家的看法。一方面，国会预算办公室对未来成本节约持怀疑态度的估计，使提案的支持者十分生气。这些估计结果的得出，是由国会预算办公室成立一个委员会，并授权让其从试点项目中收集证据、介绍联邦医疗计划中所节约的成本的变化。另一方面，反对者抱怨，减少医疗保险提供者的偿还率，已经被载入法律，因而国会预算办公室认为这是有效的，但这可能会被未来的国会废除。

国会预算办公室的主任及其雇员，都努力做出可靠的成本估计。但是，他们清醒地看到，重大决策可以启用一些成本增加或节约的估计，而这些估计并不是他们基于可得证据所做出的最好推测。这些估计最终可能被证明是错误的，特别是在多年以后，而错误的方向可以是任一方向。对此，国会预算办公室并不满意，但它没有其他可行的选择。只要预算严重受限并且不断增加的赤字亟待解决，所有的重大政策提案就必须被评估，不仅要评估它们作为政策的优点，也要评估它们在多大程度上增加了或减少了未来的赤字。如果不依赖具有不确定性的预测结果，那么，唯一的替代选择就是忽视财政廉洁和积累不可持续债务的风险。

2.4　国会预算办公室在面对不断增加的债务时所发挥的重要作用

在未来的几年中，国会预算办公室在记分和政策分析方面的任务，将会不可避免地变得更有难度。美国的联邦预算正走在一条不可持续的道路上。对未来可能实施的政策进行预测，结果表明，在经济衰退之前，公众持有的债务占GDP的比例低于40%，但这一比例现在估计已超过了60%，即使假设经济已经复苏，这一比例在未来短短几年中也可能会激增至80%或100%（Congressional Budget Office，2011）。如此巨额的借款，可能会削弱投资者长期以来持有的观点，即美国国债是世界上最安全的。而这会使长期利率暴涨。[①]美国人民已经开始担心，我们易受投资者不满情绪的影响，尤其是考虑到大约一半的美国债务都被外国人持有。由于飙升的长期利率和暴跌的美元可能会导致美国违约甚至带来更严重的经济衰退，而这将会是一个国际灾难，所以，整个世界都与美国财政秩序的恢复息息相关。

在这个异常困难的时刻，当经济复苏前景充满不确定性而且政治党派关系的紧张程度正处于历史新高时，必须要做出稳定公共债务、使联邦预算重返可持续路径的艰难决定。我们能做到吗？没有人可以做出肯定的回答。但是我相信，公众会越来越理解当前挑战的重要性，这会迫使政治制度做出反应。长期以来，国会预算办公室一直在强调，联邦债务的路径不可持续。关于这个问题的重要性和严重性，政治家们甚至都没有分歧。分歧在于要做什么以及用多长时间来做。目前，党派政治阻碍了行动。学术界和智囊团已经大力推出了由两党小组所做的报告和建议书，强烈要求远离空谈并制定一些减支增收的实际措施，将债务占 GDP 的比例稳定在 60%，然后努力使这一比例下降（Peterson-Pew Commission on Budget Reform，2009；The National Academies，2010）。对债务比例做出60%的限制，是借鉴欧盟的做法。

在一个私人赞助的倡议下，我和前议员皮特·多梅尼奇共同担任一个多元化小组的组长。该小组由一些知名的共和党党员和民主党党员组成，由两党政策中心（Bipartisan Policy Center，2010）赞助。该小组对重大的税收和支出改革提出建议，以稳定债务。我们认为，如果持有不同观点的人一起努力工作来寻找一个折中的方案，那么这个折中方案是可以被找到的。（幸运的是，我们中没有人在竞选公职。）

由于常规的政治程序已经不能使预算实现长期持续性，近年来，已有一些尝试试图借助不同寻常的程序。在第一次尝试中，肯特·康拉德议员（民主党）和加德·格雷格议员（共和党）建议成立一个法定委员会，来提出折中的

---

① 到目前为止，长期债券收益率一直被美国在世界金融市场上的安全港地位所控制，也被美国联邦储备委员会所谓的扭曲操作所控制。

提案，然后对该提案进行强制的直接表决。虽然这个想法得到了两党的强烈支持，也得到了总统的认可，但它没能成功吸引参议院的绝对多数。

然后，奥巴马总统通过行政命令重建了这一委员会，并得到了国会领导人对委员会的提案提请表决的承诺。总统任命的全国财政责任和改革委员会（National Commission on Fiscal Responsibility and Reform，2010），包括一些国会议员（代表两党）和一些非政治性的外部专家（包括我自己），提议一系列重大政策变化，以使联邦预算回到可持续的路径上来。遗憾的是，行政机构和立法机构都没有根据委员会的提议来采取行动。

然而，在另一次程序创新中，在立法机构冷漠对待联邦债务上限的周期性增长之后，作为其结果，在2011年中，国会联合特别委员会被赋予了前所未有的权力，来精心设计一系列削减赤字的措施，并让这些措施在一个加急程序中被批准。不幸的是，关于2012年总统选举的预期结果，党派之间产生了冲突。这阻碍了委员会为中期财政调整制订一个折中方案。预算仍然不可持续，债务占GDP的比例约为70%。如果当前政策继续生效，那么，估计这一比例还会继续上升。稳定债务的严厉举措再次被推迟了，至少被推迟到2012年选举之后。这些举措不能再被推迟了，否则会给经济带来破坏性的后果。

稳定债务需要实行艰难的举措。这很难发生，除非公众被调动起积极性并催促其代表采取行动。近期的国会选举夸大了这个问题，并使公众产生了要对它做些什么的压力。但是，关于要做什么，党派分歧仍然很大。这时哪怕只采取一小步行动来降低债务增长率，甚至都能使国内外的债券持有者安心，并且能证明政治僵局并不是绝对的。最终使债务占GDP的比例下降的、关于税收和福利的重大改革，将会更合意。

从目前来看，所有试图恢复财政责任的尝试，都是失败的。但是，在这些尝试中，国会预算办公室发挥了重要的作用，并且对它的要求越来越高。国会预算办公室几乎不间断地被要求提供宏观经济分析，提供调整税收和支出政策以减少借款依赖性的多个方案，对正在讨论中的政策提案的预算影响进行无休止的估计。艰难的现状最终一定会使稳定债务的政治行动变得十分困难。在下一阶段，国会预算办公室履行记分员的职能，仍会是有压力的，但是不可或缺的。就像其他很多国家一样，对于美国，拥有一个强大的、独立的预算估计和分析的来源，其必要性越来越明显。虽然很多国家的经济情况与美国不同，但它们也正面临着基本相同的赤字压力。这些国家发现，为了帮助政治家制订对财政负责的、可持续的预算计划，需要有一个独立财政机构来尽量做出最佳估计和分析。虽然这样的机构并不能使政治选择变得更容易，但是，在评估问题的严重程度和潜在解决方案的影响时，该机构可提供一个共同的出发点。

参考文献

Bipartisan Policy Center(2010).Restoring America's Future.

Congressional Budget Office(2011).CBO's 2011 Long-Term Budget Outlook.

Joyce, P.G. (2011).*The Congressional Budget Office: Honest Numbers, Power, and Policy-making.*Washington DC:Georgetown University Press.

National Academies(2010).Choosing the Nation's Fiscal Future.

National Commission on Fiscal Responsibility and Reform (2010).The Moment of Truth:Report of the National Commission on Fiscal Responsibility and Reform.

Peterson - Pew Commission on Budget Reform (2009).Red Ink Rising, A Call to Action to Stem the Mounting Federal Debt.

Rivlin, A.M. (2011).The Broken Budget Process:Perspectives from Former CBO Directors.112th Congress.

3 独立财政机构的范围和限制

于尔根·冯·哈根[1]

3.1 引言

在一个关于预算机构的实证研究中，von Hagen 和 Harden（1994）提议，在欧洲经济与货币同盟的成员国中（未来在整个同盟中）建立独立的国家债务委员会（NDBs），以加强对可持续公共财政的承诺。[2]国家债务委员会将有权对政府的年度预算赤字设置限制，并通过实施全面的支出削减来执行这些限制。当时，学术界和欧盟委员会都对这一提议持怀疑态度。然而，从那时起，独立财政机构（IFIs）的概念也被其他经济学家[3]采纳和推崇，而且，一些国家已经按照这些概念建立了独立财政机构。[4]近期，这种建立机构来维持财政纪

---

① 作者感谢乔治·科彼茨对早期草稿的有益建议。

② 这一提议的近期版本，参见 Fatas 等（2003）。

③ 例如，参见 Eichengreen 等（1999）、Wyplosz（2002，2005，2008）、Blinder（1997）、Wren-Lewis（2002）、Leith 和 Wren-Lewis（2005）、Annett（2005）、Khemani（2007）和 Leeper（2009）。Debrun 等（2009）对各种各样的提议进行了综述。

④ 参见 Kopits（2011）。

律的方法，已经获得了欧洲理事会的支持。[①]

关于独立财政机构的提案，其目标有3个不同的方向，包括提高公共财政的透明度和可预测性、强化财政政策的长期导向、解决财政政策决策中所含的分配冲突。Wren-Lewis（1996）认为，出于政治上的考虑，政府有激励使其经济预测有偏，而预测中的不确定性太大，以至于人们无法察觉到这样的偏差。为了确保政府的激励不会转化成较高的实际利率，他提出要建立一个独立的预测机构，并授权给该机构，让其为经济周期中财政政策的制定提供必要的中期和长期经济预测。

Jonung和Larch（2006）发现，一些欧盟成员国的政府，将其财政政策决策建立在极度乐观的经济预测的基础上，从而存在侥幸心理，认为能够推迟或者避免痛苦的政策调整。他们提倡建立独立的预测机构，来提供无偏的经济预测，并将其作为年度预算的基础，同时将真实的经济前景告知公众。Annett（2005）和Annett等（2005）建议，将独立财政机构的建立，作为强化《稳定与增长公约》战略的一部分。他们认为，独立财政机构应起到监督的作用，不仅对财政政策进行独立评估，也提供预算计划过程中所需的宏观经济预测和财政预测。这些机构将向其所在国家的国会提交报告，这会加强立法机构在预算过程中的参与度，并提高国会对行政机构的控制度。Leeper（2009）认为，宏观财政政策的有效性，关键取决于公众对未来政策的预期。因此，他得到结论：就像货币政策一样，对于财政政策，未来政策的可预测性提高，将会增强政策的有效性。他建议进行独立的财政预测，这有助于达到更好的可预测性。

第二类关于独立财政机构的提案，源于这样的想法：财政政策决策过多地受到短视的政治担忧的影响，而长期的福利考虑以及保持在跨期预算约束之内的要求对财政政策决策的影响过小。Blinder（1997）和Gruen（1997）效仿联邦储备委员会，提出了一种独立财政机构的模式，让独立财政机构有

---

① 参见欧盟理事会,关于财政规则和机构的理事会结论,第2 753次经济及财政事务理事会会议,卢森堡,2006年10月10日。

制定税收政策的权力。Wyplosz（2005）将独立财政机构视为时间不一致性问题的一个解决方案，这种时间不一致性问题产生于对长期财政纪律的承诺和使用财政政策来实现短期宏观经济稳定的意愿之间的矛盾。根据这个观点，财政政策的长期目标应该是持续性，而持续性可由债务目标来表示。然而，在短期中，财政政策需要有一定的灵活性，来对宏观经济冲击做出反应。政府会给独立财政机构设定一个债务目标。从这个长期的目标中，独立财政机构得到年度的赤字目标。而且，立法机构通过的预算法案所预期的年度赤字，必须能够实现这个赤字目标。在经济周期中，当赤字确保与债务目标一致之后，实际的赤字就可以被用于反周期的政策中。在拉丁美洲的环境中，Eichengreen 等（1999）和 Ter-Minassian（2002）认为，独立财政机构可以帮助该地区的国家打破财政政策的恶性的顺周期性。究其原因，政府缺少对中期财政战略的承诺，进而导致借贷能力有限，最后造成了财政政策的顺周期性。

或者，独立财政机构可以只关注宏观经济的稳定，并按以下方式设计：使独立财政机构尽量减少对财政政策其他部分的干涉，特别是对分配问题的干涉。Wren-Lewis（2002）及 Leith 和 Wren-Lewis（2005）主张，使独立财政机构仅有实施反周期政策和使用少量税收来实现反周期目的的权限。根据不同税种在稳定经济方面的有效性，来挑选委托给财政委员会的税种。独立财政机构只被允许使相关的税率暂时偏离其永久值，而税率的永久值是由行政机构和立法机构一起决定的。这确保了独立财政机构的政策，在分配方面所产生的任何影响都只是暂时的。[①]类似地，Gruen（1997）提出，让独立财政机构使用一个综合的税收指标，在经济周期中平衡预算；这个税收指标同时改变所有税种的税率水平，但是，税收结构仍由政治权力来决定。Ball（1997）所提议的独立财政机构，有相似的权力，但只能改变所得税的税率。与货币政策相似，关于财政政策的上述提议，明确解决了与宏观经济稳定性相关的时间不一致性

---

① Leith 和 Wren-Lewis（2005）认为，根据既有事实，即独立的中央银行在实施货币政策时对短期利率的使用在分配方面产生了影响，独立财政机构的这一点，在政治上也是可以被接受的。

问题。

第三类关于独立财政机构的提案（von Hagen 和 Harden，1994；Eichen-green 等，1999；Fatas 等，2003；Wyplosz，2002，2008），将独立财政机构视为一种协调工具，对预算过程中各个参与者的决策进行一定程度的协调。这源于既有事实：财政政策决策包含了分配冲突，而分配冲突会导致赤字和债务的偏差。在这类提案中，独立财政机构有权设定和执行年度的赤字限制，来确保公共财政的持续性。第二类提案和第三类提案的重要差异在于：在第二类提案中，独立财政机构负责实施最优的宏观经济稳定政策；而在第三类提案中，独立财政机构负责确保财政政策满足跨期预算约束，而这只是最优政策的一个必要条件。在第三类提案中，制定并实施最优政策的任务，被留给了政府。

Blinder（1997）和 Wyplosz（2002，2005，2008）对独立的中央银行和独立财政机构进行了类比，但他们没有详细说明独立财政机构的设计。[①]他们认为，独立财政机构应该有清晰的授权，像中央银行那样的机构独立性和成员个体独立性，以及一些真正的决策权。他们建议，独立财政机构应对国会负责，但并未说明这是什么意思。相反地，von Hagen 和 Harden（1994）及 Fatas 等（2003），提供了他们所提倡的独立财政机构的详细设计。国家债务委员会将领导一个国家债务机构，来提供关于国家公共财政的分析。其任务是保护公共财政的持续性，并且在不损害这一点的情况下，支持政府的总体经济政策。其主要政策工具是对政府债务的变化设置年度限制。

本章从政治经济学角度讨论了独立财政机构的范围和限制。3.2节回顾了解释民主国家中的赤字偏差和债务偏差的3种主要理论。3.3节讨论了在每种理论中，独立财政机构可能完成的任务。对于独立财政机构，每种理论都对应着一种不同的范围和设计。3.4节讨论了独立财政机构的限制。3.5节将前文的推理应用到两个有着相当大的赤字偏差和债务偏差的国家，即德国和希腊，并且讨论独立的财政监督机构在这两个国家可能发挥的作用。3.6节对本章内容进行了总结。

---

① 对货币领域和财政领域的委托代理机构的详细探究，参见雷恩-刘易斯（第4章）。

3.2　财政政策的失败

独立财政机构的建立，基于以下观点：在民主环境中，财政政策不受限制，而一个显著的赤字偏差会扭曲财政政策，进而导致政府债务的过多积累。在讨论该偏差的根源之前，我们先讨论"过多"债务和赤字的概念。这不是一个容易弄清的概念，因为标准的经济学分析并没有对债务的"最优"水平给出清晰的答案。

标准的经济学分析，包含跨期预算约束的概念。跨期预算约束确保所有未偿还的政府债务，都被私营部门以严格为正的价格持有。跨期预算约束是指，所有的未来政府收入的现值，必须超过所有的未来政府支出的现值，并且超过的部分至少相当于当前未偿还的政府债务的价值。如果情况并非如此，私人投资者必然会预期，在未来的某个时刻，政府将不能偿还债务。然后，使用逆向归纳法可知，私人投资者现在会不愿持有政府债务，也不愿再为其融资，政府将会面临违约。

虽然跨期预算约束的影响是强大的，但它只在长期中是相关的，对于每年的财政政策，其指导作用极其有限。第一，它没有对债务水平做出限制。它只意味着，公共债务的增长，不能快于实际利率与长期实际增长率之差。而该差值有很大的不确定性。第二，政府总能宣称，如果有必要，未来政府将进行财政调整。因此，即使公共债务的增长快于利率的增长，只要公众相信未来某时政府将会做出调整，那么，即时调整并不是必需的。

为了弄清过多债务的概念，还需更多理论和观点。人们经常提到代际公平性，但是，对于债务水平，它还是没有清晰含义。最引人注目的观点是（动态）拉弗曲线的假设，即政府的征税能力存在上限（Leeper等，2010）。然而，即使接受这个假设，在实证方面，关于拉弗曲线的特征，现在也所知甚少。[①]此外，正如 Leeper 等（2010）所示，对于一条给定的曲线，由于没有唯一的一条调整路径，财政调整的动态变化，在很大程度上取决于公众对未来政策的信念。最后，债务的长期水平，可能更多的是一个政治目标，而不是经济最优的结果。

3.2.1　不透明性、财政幻觉和预算最大化的政治家

对公共财政赤字偏差的第一种解释，基于以下观点：政治家是自私的预算最大化者（他们想要确保对权力的控制并且使他们的财政资源最大化），同时，由于选民缺少必要的信息和认知，他们不能有效地监控财政政策。财政的不透明性保护了政治家，使其免于民主控制，而且使其能够自由地让政府支出和债务的增长速度超过了选民真正希望的速度。不透明性有 3 个维度[②]：预算文件和一般政府账户中，缺少清晰的、告知性的内容；在预算过程中，缺少清晰的规则来指明谁应负责什么事情；年度预算决策中所隐含的经济假设，模糊不明。规避公共会计规则、伪造账目或在预算外实体中隐藏支出和债务，这些都导致了财政的不透明性。

这些维度是相互关联的。例如，von Hagen（2010）发现，在欧盟的成员国中，财政预测和经济预测的偏差，在很大程度上取决于国家预算过程的设计。在预算"契约"模式下运行的政府（通常是多党联合政府），往往过度谨慎，并有使其预测出现向下偏差的倾向；而在"委托"模式下运行的政府（大多是一党政府），往往使其预测过度乐观。[③]此外，在欧盟的《稳定与增长公约》中引入财政规则，增加了成员国政府伪造账目来低报年度赤字的倾向。[④]

财政不透明性使政治家们追求他们自己的利益及他们所在选区的利益，而

---

① 不断增加的债务和赤字，会导致主权债务风险溢价不断上升。从这个意义上说，近期主权债务风险溢价上升的情况，表明金融市场存在拉弗曲线。参见 Schuknecht 等（2009，2011）。对于债务限制存在的证据，也可以做出相似的解释。超过债务限制，经济增长就会显著放缓。贝塔斯曼（第 5 章）讨论了这个问题。

② 对这些问题的更详细的综述，参见 Kopits 和 Craig（1998）。

③ 关于预算的契约模式和委托模式的区别，参见 Hallerberg, Strauch 和 von Hagen（2009）。

④ 参见 von Hagen 和 Wolff（2006）。

非国家或全体选民的共同利益。结果不仅导致支出和赤字的水平较高，也使公共资金的使用只给公众带来了较低的回报。

关于这个观点，一个重要的特例，就是政治经济周期的概念。在政治经济周期中，效用最大化的现任政府，使用财政政策来提高连任的几率。这个观点的现代理性预期版本（Rogoff 和 Sibert，1988）假设，选民不能确定，政治家在实施财政政策以谋求共同利益方面有多大能力，尤其是在宏观经济管理方面的能力。然而，选民可以使用当前的经济数据，来推断现任政府的能力，进而决定是否要再次选举现任政府。因此，为了推动总需求，现任政府有激励来产生赤字。如果这反复发生，公共债务会随时间持续增长。①

3.2.2 时间不一致性

就像货币政策一样，存在时间不一致性时，宏观财政政策缺少对中期财政计划的可信承诺。从事前角度来看，政策在当时是最优的，当时私营部门的预期已经形成，并且基于这些预期的行动已经发生；在事后，在私营部门针对政策采取行动之后，政策是次优的。在上述情况下，就出现了时间不一致性。②

粘性工资和粘性价格的标准宏观经济学模型表明，政府应采取反周期的财政政策，来稳定总需求、总产出和就业。这要求，在经济衰退时有赤字，在经济繁荣时有盈余，以便在经济周期中保持公共债务的稳定。然而，为了不伤害他们的选民，在经济繁荣时期，被选出的政治家们有不巩固预算的倾向。因此，在经济周期中，债务持续增长。③此外，稳定政策的有效性，在很大程度上取决于政府对长期稳定债务水平的承诺的可信度（Leeper，2009）。当可信度较差时，财政乘数较小，在经济衰退时，政府会倾向于产生更大的赤字，进而进一步加强了债务持续增长的趋势。就像货币政策的情况一样，对于财政赤字和债务，与感知到的短期政府收益相比，偏离原有计划的时间路径的成本太

---

① 此外，Buti 和 van den Noord（2003）以及 von Hagen（2006）已发现，在欧洲经济与货币同盟中，一直存在政治经济周期。

② 参见 Kydland 和 Prescott（1977）及 Lucas（1976）。

③ Buchanan 和 Wagner（1977）第一次提出这个观点。

小，不足以使政府坚持原有计划。

基于类似原因，中期的财政计划往往是时间不一致的。一旦这些计划被公布，不断变化的经济环境或政治形势，会改变政府视角中的最优选择。在保护个体或各部门免受较大的负面冲击时，会出现更大的时间不一致性。虽然不做出救助的承诺以避免道德风险通常是事前最优的，但是，政治家们往往发现，一旦冲击发生，他们难以抗拒提供财政援助的诱惑，因为提供财政援助能够帮助他们在未来选举中赢得支持。

这个观点的一个版本，考虑了出于选举目的、战略性地滥用公共债务的可能性。[①]在两党的环境中，当第一个政党偏好较低的支出水平而第二个政党偏好较高的支出水平时，或者两党在公共支出的构成方面存在分歧时，由第一个政党执政的政府可能会激励积累大量债务，以使未来由第二个政党执政的政府不得不承诺较低的支出水平或者承诺第一个政党所偏好的支出结构。然后，政府债务的偿还，就被用于挤出那些有争议的支出类别。因此，政府受困于较高水平的债务和债息。

3.2.3 公共池问题

在现代民主国家中，公共财政的一个基本特征是：虽然政府支出是从一般税收中融资，但是，政府支出往往定位于社会中的某个群体（由选民组成）。增加公共支出的好处完全由目标群体获得，然而，融资负担却落在了所有的纳税人身上。这个外部性，被称为公共财政的公共池问题。就像在其他领域中的情况一样，该问题导致社会中的公共支出过多、多于有效水平；当边际收益和边际成本的归宿都落在社会中同一群体身上时，公共支出水平是有效率的。在预算决策中，利益被直接代表和满足的不同群体的数量越多，产生的支出水平就越高。在动态环境中，除了过多的支出以外，公共池问题还会导致过多的赤字和债务。[②]

在预算过程中协调支出决策，使个体参与者认识到潜在的外部性，或者等

---

① 参见 Aghion 和 Bolton（1990）及 Persson 和 Svensson（1989）。

② 参见 von Hagen 和 Harden（1994）、Velasco（1999）及 Krogstrup 和 Wyplosz（2010）。

价地，使他们认识到对特定项目的公共支出的真正的边际成本和边际收益，有助于缓解公共池问题。Hallerberg，Strauch和von Hagen（2009）认为，这可以通过精心安排、系统组织预算过程中的决策来实现：在预算过程开始时，让所有相关的参与者来对支出目标进行协商、谈判（契约方法）；或者，将强大的议程设置权力委托给一个单独的代理人，由他将公共池外部性来内部化（委托方法，通常是财政部长）。上述两种方法，都需要有一个强大的预算管理机构来执行支出目标。目前，在欧洲国家和其他一些国家，已有丰富的实证证据表明，与存在这样的机构相比（无论采用契约模式还是委托模式），缺少这样的机构安排，会产生更多的赤字和债务。

关于公共池问题，一个重要的动态版本，就是对财政整固的"消耗战"（Alesina和Drazen，1991）。不可持续的赤字带来了调整的负担，而这个负担可能会落在社会中两大群体之一的身上。然而，两个群体间的负担规模不同，而且，对每个群体而言，其负担规模都是私有信息。在此情形下，每个群体及代表他们的政党，都有激励来延缓稳定措施，以观察另一群体是否做出让步。因此，推迟整固，有选择权价值。由于债务持续积累并且两个群体的整固成本持续上升，选择权价值随时间减少。最终，一个群体将会承担负担，但此时，债务水平和财政调整的规模已经超过了最初的水平。

这个问题同样源于外部性，因为每个群体都会从对另一个群体不大关心的项目的支出中获益（并因此希望避免削减在这些项目上的支出）。协调决策，使调整负担在群体间分担并且被内部化，会加速稳定。

3.3 独立财政机构的范围

3.3.1 不透明性

对于上述政策失败，独立财政机构可以提供什么补救措施？对于财政的不透明性，比较容易做出回答。独立财政机构可以使用多种方法来提高财政的透明度。第一，可以向选民解释当前的财政形势、公共账户、公共政策项目的有效性以及发展前景。这样的独立财政机构，其授权较为有限，即没有任何决策权但讨论的问题很广泛。为了履行职能，独立财政机构应有一队专家，并且独立于政府和国会，有着较高的独立性。第二，可以向公众解释政府预算所适用的近期和中期的经济前景。这项任务需要宏观财政预测方面的专业技术。

财政的不透明性，本质上是一个委托代理问题，导致公共支出、赤字和债务的实际规模严重偏离了政治委托人（即选民）的意愿。之所以存在这个问题，是因为代理人（即政治家）掌控政府，可以隐藏他们的行为并且逃避民主问责。独立财政机构是有用的，因为它可以通过将经济和公共财政的真实情况告知公众来促进民主问责。具体地讲，独立财政机构可以将政府和反对党的真实能力告知公众，进而消除其增加支出或减少税收来显得更有能力的激励。因此，独立财政机构有助于减弱政治经济周期。①

相反地，缺少对中期财政计划的承诺以及公共池问题，并不是这类委托代理问题。这两个问题都起因于选民的异质性，即不同选民群体偏好不同的财政政策。时间不一致性意味着，一些选民会从对中期财政计划的偏离中获益，并相应地对政治家们许以奖励。通过赤字和债务的战略性使用，选民清楚他们的政党的偏好，这也正是他们为该政党投赞成票的原因。在这种情况下，没有什么隐藏，不透明性并未发挥作用。

3.3.2　时间不一致性

为了加强政府对中期财政计划的承诺，独立财政机构应能提高偏离计划的成本，使得政治家们不再值得这样做。对于货币政策，这个承诺的问题有两种解决办法。第一，将货币政策委托给独立的中央银行，并且假设这种独立性意味着不会从偏离已公布的政策路径中获益。第二，将价格稳定所带来的好处告诉公众。然而，上述方法不能简单地沿用到财政政策领域。相比于价格稳定性，财政持续性是一个完全不同的目标。正如上文所述，确定长期中公共债务

---

① 贝塔斯曼（第5章）认为，赤字和债务的偏差，可能是由偏好造成的，尤其是当选民和政治家对未来进行双曲线贴现时。然而，这个观点在逻辑上存在问题。如果所有公民有导致债务出现的偏好，那么，独立财政机构的成员也会有同样的偏好，而且，他们不会将当前的债务水平视为次优。

的最优水平十分困难。持续性只意味着，政府保持在跨期预算约束之内，但这很难成为财政政策的合理的、明智的目标。正如 Leeper（2009：29）所述："如果一个公司的CEO对股东宣布，公司的首要目标就是要避免破产，那么，这个CEO很快就会被换掉。人们当然可以要求公职人员做得比底线更好。"因此，财政政策的长期目标必须是更宏大的。但是，这也意味着，这些目标一定是更政治化的，因为财政政策措施总是有总体效应和分配效应。与Blinder（1997）和Wyplosz（2005）的观点相反，在本质上，财政政策的"去政治化"并不像货币政策那么容易。[①]

将财政任务委托给独立财政机构所产生的影响，值得进一步探讨。雷恩-刘易斯（第4章）也对此展开了详细的讨论。如果财政政策的长期目标包括了分配方面的影响，那么，很难将财政政策委托给独立财政机构并授权让其决定这些目标在长期中的完成程度（Alesina和Tabellini，2008）。Wyplosz（2005）认为，独立财政机构应该被给予一系列长期的财政政策目标，并且赋予其尽可能接近或实现这些目标的使命。正如上文所述，债务持续性是唯一的长期目标，这个假设并不令人满意。在现实中，持续性应被视为一个必要条件，除此之外还有一系列其他长期目标需要实现。独立财政机构需要推算出不同类型的支出和税收的时间路径，来实现这些目标。

或者，可以由政府来研究制定在一个选举周期内所有类型的支出和税收的时间路径，得到和这些路径相一致的长期债务目标，然后授权给独立财政机构，让其执行可以实现债务目标的赤字路径。这个过程的第一部分，与中期预算十分相似。而且，需要在行政机构和立法机构决定了总的支出水平的前提下，授权给独立财政机构，让其制定总的税收水平；或者反过来，在行政机构和立法机构决定的总的税收水平下，由独立财政机构来决定总的支出水平。无

---

① Alesina和Tabellini(2007,2008)研究了在什么条件下，相比于将政策委托给政治家，将政策委托给独立的专家，会使社会发展得更好。他们发现，再分配政策应留给被选出的政治家，除非选民的偏好是已知的并且随时间稳定。如果良好行为的标准是已知的并且随时间稳定，那么，专家是更合意的；在财政政策的一些管理监督方面，情况可能确实如此，但对于总体财政政策，情况并非总是这样。

论是哪种情况，独立财政机构的授权都是非常有限的，并且是具体的。每年的预算过程将会从政府及立法机构制定总预算开始。然后，独立财政机构决定预算另一端的总数。最后，行政机构和立法机构需要在支出和收入的构成上达成一致。

为了使上述想法可行，预算需要有充分的灵活性来应对外部冲击，同时不违背中期的政策导向。例如，可以依赖内置的自动稳定器和稳定基金。实施较强的中期财政规则的国家，如荷兰，其预算制度就有这样的性质（Hallerberg等，2009）。同时，也需要制定一些规则，来决定在随后的几年中如何对超过总目标的支出或收入不足进行补偿，或者如何授权给独立财政机构，让它来处理这些问题。在遵守严格的中期财政规则的国家，从其预算过程中，可以发现上述所需规则。

然后，在这种情况下，独立财政机构会执行一个中期财政规则。独立财政机构的有效性在于，通过与公众的交流，独立财政机构使选民弄清规则，并且提高了政府偏离规则的成本。这会加强政府对中期导向的财政政策的承诺。

然而，这个观点基于以下假设：给定总支出和总收入的时间路径，政府不会偏离潜在的中期支出目标，而债务目标正是从这些潜在的中期支出目标中得到的。目前尚不清楚，为什么上述假设成立，因为这个观点首先要假设政府缺少承诺中期目标的能力。20世纪80年代，意大利地方公共财政的情况说明了这一点。

在当时的意大利，地方政府不被允许依靠自己的力量来借贷，中央政府会向地方政府转移支付来为地方公共服务提供资金。这与以下情形相似：独立财政机构强加给政府一个固定的赤字上限和一个总收入约束，政府在这些约束下运行。然而，地方政府经常在年初就用光了所有的财政资金，然后向中央政府索要更多的资助，否则就威胁要关闭学校和医院。由于中央政府通常认为关闭学校和医院的政治成本和社会成本太高，地方政府这样的策略往往是成功的。最后，为了给地方政府额外的资金需求融资，中央政府比原定计划借了更多。①相比于意大利的中央政府，期望独立财政机构有更强的执行力，似乎是不可能的。

乍看之下，独立财政机构可以纠正时间不一致的宏观经济稳定政策，这个想法似乎很有说服力。因为它使独立财政机构的授权更少、更有限，而且使独立财政机构不必考虑财政政策的分配方面。然而，这不仅需要赋予独立财政机构充分的决策权来实施反周期的财政政策，也需要禁止政府进行对短期总需求产生影响的财政政策调整。否则，根据时间不一致性问题的本质，政府会使用政策工具来抵抗独立财政机构的政策。独立财政机构也需要具有禁止相关政策调整的执行权力。显然，这会使总体财政政策有极强的刚性，而这是否是一个更合意的结果，目前尚不清楚。

因此，与上述提议相反，我们认为，对于解决财政政策中的时间不一致性问题，独立财政机构的作用十分有限。②独立财政机构可能有助于加强中期财政规则的可信度，但只在政府首先具有相当大的承诺能力的情况下才会如此。

3.3.3 公共池问题

公共池问题有着非常不同的性质。透明度在这里不是一个问题，承诺能力的缺失也不是一个问题。问题的核心是，对于预算过程中所有参与者所做的、需要靠一般税收来融资的支出方案，缺少协调机制。von Hagen 和 Harden（1994）认为，独立财政机构通过给公共部门预算赤字设置年度上限，可以建立这样的协调机制。在给定总收入规划的前提下，这样的赤字上限，会使所有制订支出方案的参与者认识到政府的预算约束：如果支出超过了赤字上限所允许的最大支出，就需要减少在一些其他公共政策项目上的支出，或者增加税收。因此，相关的参与者需要协商总支出在所有公共政策领域的分配或者增加

---

① 参见 von Hagen 等（2000）。
② Alesina 和 Tabellini（2007）的结果，以一个模型为基础。在这个模型中，财政政策被简化为一个单一变量。这说明，对于财政政策的特定的、有限的方面，如赈灾或银行救助，当民主政府承诺能力较差的问题显得尤为突出时，独立的官员或委员会可能是有用的。

收入，来满足预算约束。协商会使他们将公共池外部性内部化。①

　　旨在解决公共池问题的独立财政机构，不需要拥有确保公共财政持续性之外的授权，因为所有关于财政政策短期目标和长期目标的决策以及实现这些目标的方法都被留给了政府的行政机构和立法机构。重要的是，与 Blinder（1997）、Ball（1997）、Gruen（1997）及 Wren-Lewis（2002）的观点相反，建立这种类型的独立财政机构，不试图将财政政策去政治化；相反，它试图使政策程序的结构更有效。与设置中期赤字上限的财政规则相比，独立财政机构有能力来灵活地对经济冲击和其他冲击做出反应，并随时间逐步扩大调整范围，同时不损害公共债务的持续性。

　　独立财政机构需要具备专业知识，来决定赤字和债务的可持续路径，而且，它需要获得有关公共财政的所有信息。赤字和债务的数值规则，会使政府产生伪造账目和使用预算外资金来规避规则的激励。独立财政机构由专家来运行，而不依赖数值规则，这是独立财政机构的优点，专家能够察觉并对政府的这些行为做出反应。此外，独立财政机构需要具备专业知识，来做出可靠的经济预测，进而决定赤字和债务水平的合适的时间路径。然而，这些预测不需要根据周期性波动来进行微调，因为政府在经济繁荣时期可以保持在赤字上限之下，在经济衰退时期可以使用准备金来对付衰退而不打破赤字上限。在任何情况下，独立财政机构只需要进行支出总量和收入总量以及潜在的宏观经济趋势的详细预测，而不需要对其他变量进行预测。

　　这种类型的独立财政机构，需要对其赤字上限有一定的执行权力。就这一点而言，von Hagen 和 Harden（1994）建议，如果政府在财政年度内超过了赤字上限，独立财政机构应有权进行全面的、按比例的支出缩减。这样的缩减方式具备以下优点：对于从特定支出项目或税式支出中获益的不同群体，该方式是公平的。

　　在政党间出现僵局时，这样的独立财政机构也是有用的。它可以通过对两

---

　　①　对这个观点的技术阐述，参见 Hallerberg 等（2009）。

党都实施全面的支出削减，来减少等待的选择权价值，减少推迟政策调整的政治回报。然而，考虑到消耗战可能会在出现深层社会冲突的情况下发生，独立财政机构需要有非常强大的执行工具，才能在这种情况下发挥效用。

Von Hagen 和 Harden（1994）认为，独立财政机构的成员应该是宏观公共财政领域的独立专家，这是为了确保这些成员在复杂且艰难的环境中，能够做出公平的评判。程序公平的法律概念，提出了另一种可能性。该概念是指，在社会中一些群体的利益不可避免地受到损害而且每个决策都必然会内含一定程度不公平（如全面的支出削减）的情况下，让那些受到影响的群体知道，在决策商议过程中，他们的关注和担忧并没有被忽视，这一点十分重要。这意味着，独立财政机构的成员，是从社会中受到宏观财政政策影响的主要群体中挑选或者由他们委托的。那么，独立财政机构需要制定一个行为准则，来确保其成员不会简单地成为特定群体的游说者。为此，独立财政机构可以召开公开透明的会议和审议。

3.4　独立财政机构的限制

上一节说明，独立财政机构必须被合理设计，而这取决于赤字偏差和债务偏差的潜在原因。为了提高公共财政的透明度而专门设计的独立财政机构，并不足以胜任为公共池问题提供解决方案，反之亦然。因此，在设计独立财政机构时，需要先对一国财政问题的主要原因进行认真分析，并对此达成广泛一致。但是，从关于独立财政机构的各种提案可以看出，这样的分析似乎并不总是提前进行。此外，这也意味着，一国的独立财政机构的经验并不一定能够应用到其他国家；经验从一国应用到另一国，前提是两国潜在的问题是相同的。

我们的观点也暗含了一个重要的警告：考虑到最优性概念的模糊性，不能期望独立财政机构会制定最优的财政政策，或者债务和赤字的最优水平。为提高透明度而设计的独立财政机构，可以加强民主控制和竞争，进而有助于避免对公共资金的浪费性支出。类似地，为缓解公共池问题而设计的独立财政机构，有助于避免低回报的公共支出，并限制分肥拨款政策。上述两类独立财政机构，都可以促进财政表现的重大改进。但是，这些都是最优性的必要条件，而不是充分条件。

区分"硬"和"软"的独立财政机构（Wyplosz，2008；Calmfors，2008），以及区分在公共支出和收入方面具有有效决策权和没有有效决策权的独立财政机构，似乎不是非常有用。这是因为，这些区分都没有关注独立财政机构应该解决的那些问题的本质。为提高财政透明度而建立的独立财政机构，并不需要有效的决策权。这样的监督机构，其有效性在于专业技术和"吠叫"，即它有能力和公众及被选出的官员很好地进行交流。相反，为解决公共池问题而设计的独立财政机构，必须"咬"，即需要有效的工具来执行赤字上限；否则，预算过程中的其他参与者，会预期这个上限是软约束。

与独立的中央银行相比，独立财政机构需要和行政机构及立法机构合作，来完成任务。公共财政太复杂，法律和会计规则太容易被打破，以至于一个小型独立财政机构无法有效地监控政府。但是，在一个强大的技术团队的支持下，通过与公众的有效交流，独立财政机构可以获得公众对其观点和决策的支持，这可能会激励政府和独立财政机构合作。然而，最终，独立财政机构的有效性可能会被不合作的政府破坏，虽然政府也付出了声誉代价。这说明，政府不可能建立独立财政机构，除非政府自身认识到了赤字偏差和债务偏差的问题并想为此做些事情。建立独立财政机构的先决条件是，认识到问题的存在，并且有政治意愿去解决问题。当然，在很多国家，独立财政机构的建立，都是被来自金融市场的巨大压力所推动，尤其是当这些国家感知到主权债务持续性问题时。

无论如何，如果没有经过长时间的考验，评判独立财政机构是否取得成功，是非常困难的。在独立财政机构成立后的几年中，观测到的财政表现的任何改进，都可能归功于独立财政机构的存在，但也可能只是已有政治共识（即需要更好的公共财政）作用的结果。

独立财政机构应该是独立的，但并不是没有问责制。合适的问责机制取决于独立财政机构的类型。Alesina 和 Tabellini（2007）认为，独立的专家应对同行负责，因为同行对其表现的评估会影响他们的专业地位和声誉。对于为提高公共财政透明度而建立的独立财政机构，这样的问责制就足够了。

对于为缓解公共池问题而设计的独立财政机构，这样的问责制似乎是不够的，因为这些机构拥有有效的决策和执行权力。在民主的环境中，由被选出的政治家来纠正独立财政机构的糟糕决定和不良表现，应该是可行的。Von Hagen 和 Harden（1994）认为，任命独立财政机构的立法机构，应有权将独立财政机构这个整体解散，但无权解聘个体成员。此外，立法机构能这样做的前提是：执行独立财政机构对赤字上限和全面减支的最终决定。这使立法机构不能投机性地解散独立财政机构。这一点与独立中央银行相似。例如，美国或德国（在加入欧洲经济与货币同盟前）的中央银行，可以被立法法案废除。由于这类法案有较高的政治可见度，除非有合适的、正当的理由，否则立法机构不愿意行使这样的权力，因为这会发出偏爱特定利益和财政管理较差的信号。同时，解散机构的威胁，会防止独立财政机构做出不负责任的举动。这对于民主合法性十分重要。

3.5 两个案例：希腊和德国

3.5.1 希腊：不透明性和弱问责制

近来，希腊的财政问题已经获得了高度关注。在披露之前未报告的赤字和债务之后，希腊发生了严重的财政危机，这使希腊远远超出了《稳定与增长公约》的限制。早期希腊政府篡改公共财政的统计数据，以使希腊加入欧洲经济与货币同盟，这件事其实早被人知晓。但是，在欧盟委员会的监管下，希腊政府还继续这样操作，这似乎令很多外部观察者十分吃惊。

希腊财政问题的核心是不透明性和弱问责制。其中，弱问责制导致了公共池问题泛滥。OECD（2007，2009）认为，在希腊的税收制度中，有大量的逃避税现象。OECD还发现，希腊政府在公共部门管理上比其他欧洲国家支出更多，但没有证据显示，希腊的公共服务比其他国家更好；而且，希腊政府对公共支出只施加较弱的控制。美国传统基金会对希腊的评估表明，腐败问题十分严重；国际透明组织赋予希腊相对较低的排位，也确认了这一点。IMF（2005）关于希腊财政透明度的报告，发现了希腊在财政控制和透明度方面的主要缺点。Hallerberg 等（2009）发现，在欧元区，在预算文件的信息量方面，希腊排名倒数第三。Hawkesworth 等（2008）认为，希腊对公共部门账户的审计较弱。此外，他们发现，在公共支出中，有很大一部分都在预算外账户中运行，用于资助政府的常规活动；对公共财政的法律监督较弱，而且没有效率。

von Hagen（1992）及 von Hagen 和 Harden（1994）从实证角度证明，这是一个典型的情况，即公共池问题导致了严重的支出偏差和赤字偏差。单个支出机构可以在常规预算程序之外获得公共资金，或者在没有有效的年内控制的情况下获得资金。①

独立财政机构可以帮助希腊解决它的财政问题吗？仿照瑞典财政委员会的模式，建立独立财政机构，是恢复政策可信度的一个重要举措。②在瑞典财政委员会建立的环境中，几乎有着和希腊一样严重的财政不透明性。将预算程序和政策的问题告知公众，对提高财政透明度大有帮助。对于希腊的独立财政机构，一个关键条件是，它能不受限制地获得公共财政的所有相关数据。通过记录浪费性的支出和对政府活动的预算外资助，独立财政机构可以给政府带来公众要求更多问责和更高透明度的压力。通过提高财政透明度，这样的独立财政机构也可以在一定程度上减弱公共池问题，尤其是当独立财政机构的报告导致了预算外资金的废除以及对公共部门进行更有效的审计时。

为了有效地解决公共池问题，独立财政机构需要专门为此设计。也就是说，如上文所述，独立财政机构需要拥有有限的授权和执行全面减支的权力。最初，这个机构需要重点关注预算透明度的提高以及在预算执行过程中对公共

---

① 有趣的是，Hallerberg 等（2009）发现，在过去的 20 年中，希腊已经对预算程序进行了一系列的改革，这些改革显著强化了预算程序的执行计划和立法阶段。而在 20 世纪 90 年代早期，希腊预算程序的执行计划和立法阶段，是欧盟中最弱的国家之一。这表明，较弱的执行，可以破坏较强制度本应带来的好处。

② 参见科彼茨和罗姆哈尼（第 11 章）。

支出的控制。原因在于，如果不这样做，独立财政机构将无法监测在年中对年度赤字上限的违背行为，也不能阻止行政机构在本财年结束之后隐藏支出。重申一下，独立财政机构有效性的必要条件是：关于存在财政问题并且希望找到解决方案这一点，政党和管理国家的精英普遍达成一致。

目前，欧盟委员会似乎急于担任独立财政机构的角色，来监督希腊政府。最多可以认为，欧盟委员会取得了一定的成功。尽管在备用安排的条款下，IMF和欧盟委员会能够通过扣压十分急需的资金援助来威胁政府，但是，这些机构缺乏深入监测希腊公共财政的能力，而一个国家的独立财政机构具有这样的能力。

3.5.2 德国的财政僵局

在20世纪80年代晚期，在公共债务方面，联邦德国是欧盟成员国中表现最好的国家之一，尽管在此前的20年中，联邦德国的债务占GDP的比例显著上升，增幅超过了20%。从那时起，德国的公共债务大幅增加，1991年债务占GDP的比例是40%，1999年该比例增至60%，到2010年，该比例超过了80%。仅在1993年至1995年间，德国的债务比例就上升了大约10个百分点，然而，当时积累的公共部门赤字只占GDP的5%左右。这种差异说明，在德国统一之后的几年中，至少一部分的赤字和债务偏差，与预算外资助和缺乏财政透明度有关。然而，财政不透明并不是德国最紧迫的问题。

将德国的财政问题刻画成一个消耗战类型的动态公共池问题，会更合适。该问题起源于20世纪70年代。在70年代，德国的公共支出项目，尤其是社会支出项目大量增加。从政治角度来看，这是想让更多的人享受50年代和60年代经济高速增长好处的结果，这主要通过提供广泛的福利和较强的劳动力市场保护来实现。然而，从经济角度来看，这种做法和70年代较慢的经济增长以及经济转型的要求不协调。在20世纪80年代，国家实施了一些轻微的政策调整，但没有产生决定性的结果（von Hagen和Strauch，1999）。德国的统一以及立即将联邦德国劳动力市场法律应用到东德，产生了新的转移支付流和沉重的财政压力。当社会福利制度的改革要求变得愈发迫切时，德国政府做出的反应是创建新项目，而不是全面改革已有项目。直到2000年初，政府才提出了一些改革，这些改革在最近几年似乎终于有了成效。

问题的核心在于，政治派系没有对实施有效改革所带来的调整负担的分配达成一致。德国的政治制度导致了这个困难的出现。所有重要决策都需要国会的下议院和上议院的多数通过，其中，上议院代表了州政府。选举结果经常会在两院中产生相反的多数，因此，所有决策都需要得到所有主要政党的支持。

独立财政机构能提供补救办法吗？有趣的是，德国已经在公共财政领域建立了很多委员会。[①]然而，这些委员会被关注的程度不高，而且政府和专业同行缺少对它们的尊重。因此，它们的报告和建议，并没有引起公众太多注意。更重要的是，可能没有一个委员会有维持公共财政持续性的任务，也没有一个委员会有任何的执行权力。

有明确任务和有效执行权力的独立财政机构，可以在几个方面改善这种情况。第一，在联邦层面上，独立财政机构的职能范围，应包括对新结构性的平衡预算规则（宪法中记录的债务刹车规则）遵从度的监督，以及对债务持续性的定期评估。第二，与欧盟的要求一致，独立财政机构应提供急需的、独立的宏观财政预测，为官方的政府预测把关[②]（像本书中所讨论的其他大部分国家的独立财政机构一样）。第三，考虑到联邦政府和州政府之间的资金联系紧密，对于联邦预算政策和州预算政策，独立财政机构都要拥有有效的权力。第四，独立财政机构的任务，要包括监督福利支出。虽然一些福利支出主要由联邦预算进行补贴，但大部分福利支出都在常规预算之外。而且，独立财政机构的任务还要包括，在未能遵守债务刹车规则时，对联邦政府、州政府和社会救助基金进行全面减支。简而言之，很容易预见到，如

---

① 鉴定宏观经济发展的专家委员会，没有关于公共财政的具体任务，但是经常评论公共财政；财政部学术顾问委员会，由很多学者组成，没有具体的任务，不定期发布关于公共财政领域各议题的报告；财政计划委员会，包括联邦政府和州政府的代表，协调联邦政府和州政府之间的财政政策（不是独立的）；经济周期联合预测组，由一些经济研究所的团队组成。

② 2005年秋季，在联邦选举时期，如果当时已经建立了独立财政机构，它应该能够挑战官方的预测结果。官方预测结果是过度乐观的，而且促成了一个对现任社会党领导的联盟更有利的选举结果。

果只对联邦政府设置赤字上限，那么，只会导致在州和地方层面以及社会救助基金出现更多赤字。

在前任政府宣布进行的德国联邦制度改革中，本来有机会建立独立财政机构。然而，联邦政府和州政府同意，从2019年开始，联邦政府和州政府都受到一个复杂的、用数值表示的债务刹车规则的约束。该规则将如何实施，以及是否有效，仍有待观察。

3.6　结论

在过去的15年中，有很多提案建议成立独立财政机构，认为这能改善财政表现，并且加强对可持续公共财政的承诺。一些国家已经建立了独立财政机构，其中大部分机构都被赋予了监督的职能，在一些情况下也被赋予了咨询的职能。

本章总结了公共财政的赤字偏差和债务偏差的起因。独立财政机构应该被设计并被授权，来消除偏差的潜在原因。和普遍信念相反，独立的中央银行的例子表明，对于解决（或减弱）时间不一致性问题以及政府对中期财政计划的承诺可信度较低的问题，独立财政机构的作用似乎有限。在解决财政不透明性和公共池问题方面，独立财政机构有更大的潜力。

即使独立财政机构被赋予执行财政目标的正式权力，独立财政机构也要依靠政府的合作，即提供数据和其他相关的信息。这表明，独立财政机构能够帮助改善财政表现的充要条件是，政府认同财政表现较差的问题存在并且认为应采取一些行动。近期，独立财政机构通常在财政危机期间（或者之后）存在巨大市场压力时建立；而早期独立财政机构的建立，是为了应对反对党要求财政透明度更高以及选民问责制更强的压力。因此，独立财政机构的一个主要任务，就是时常提醒政治家和公众财政纪律的价值及财政浪费的成本。

参考文献

Aghion, P., and P.Bolton (1990). 'Government Domestic Debt and the Risk of a Default: A Probabilistic Model of a Strategic Role of Debt.' In: Dornbusch, R., and Draghi, M. (eds), *Public Debt Management, Theory and History*. Cambridge: Cambridge University Press.

Alesina, A., and A.Drazen (1991). 'Why Stabilizations are Delayed.' *American Economic Review*, 81: 1170–81.

Alesina, A., and G.Tabellini (2007). 'Bureaucrats or Politicians? Part I: A Single Policy Task.' *American Economic Review*, 97: 169–79.

Alesina, A., and G.Tabellini (2008). 'Bureaucrats or Politicians? Part II: Multiple Policy Tasks.' *Journal of Public Economics*, 92: 426–47.

Annett, A. (2005). Enforcement and the Stability and Growth Pact: How Fiscal Policy Did and Didn't Change Under Europe's Fiscal Framework. Working Paper, European Department, IMF September.

Annett, A.J.Decression, and M.Deppler (2005). Reforming the Stability and Growth Pact. IMF Policy Discussion Paper 05/2, Washington DC.

Ball, L. (1997). A Proposal for the Next Macroeconomic Reform. Victoria Economic Commentaries, March, 1–7.

Blinder, A. (1997). 'Is Government too Political?' *Foreign Affairs*, 76: 115–26.

Buchanan, J.N., and R.Wagner (1997). *Democracy in Deficit. The Political Legacy of Lord Keynes*. Indianapolis: Liberty Fund.

Buti, M., and P.van den Noord (2003). Discretionary Fiscal Policy and Elections: The Experience of the Early Years of EMU. Economics Department Working Paper 351, Pairs: OECD.

Calmfors, L. (2008). The Swedish Fiscal Policy Councill—Swedish Fiscal Policy 2008. Presented at the Stockholm School of Economics May 30. <http://www.finanspolitiskaradet.se/english/swedishfiscalpolicycouncil/presentations.4.6f04e222115f0dd09ea80001063.html> (accessed April 2013).

Debrun, X., D.Harner, and M.S.Kumar (2009). 'Independent Fiscal Agencies.' *Journal of Economic Surveys*, 23: 44–81.

Eichengreen, B., R.Hausmann, and J.von Hagen (1999). 'Reforming Budgetary Institutions in Latin America: The Case for a National Fiscal Council.' *Open Economies Review*, 10: 415–42.

Fatas, A., J.von Hagen, A.Hughes - Hallett, R.R.Strauch, and A.Sibert (2003). *Stability and Growth in Europe: Towards a Better Pact*. London: CEPR.

Gruen, N. (1997). 'Making Fiscal Policy Flexibly Independent of Government.' *Agenda*, 4: 297–307.

Hallerberg, M., R.R.Strauch, and J.von Hagen (2009). *Fiscal Governance in Europe*. Cambridge: Cambridge University Press.

Hawkesworth, I., D.Bergvall, R.Emery, and J.Wehner (2008). 'Budgeting in Greece.' *OECD Journal on Budgeting*, 8(3): 1–50.

International Monetary Fund (2005). Fiscal Transparency: Reports on the Observance of Standards and Codes, Greece.

Jonung, L., and M.Larch (2006). 'Improving Fiscal Policy in the EU.The Case for Independent Forecasts.' *Economic Policy* 21:491-534.

Khemani, S. (2007). 'Does Delegation of Fiscal Policy to an Independent Agency Make a Difference? Evidence from Intergovernmental Transfers in India.' *Journal of Development Economics*, 82:464-84.

Kopits, G. (2011). 'International Fiscal Institutions: Developing Good Practices.' *OECD Journal on Budgeting*, 11(3):35-52.

Kopits, G., and J.Craig (1998).Transparency in Government Operations.Occasional Paper 158. Washington DC:IMF.

Krogstrup, S., and C.Wyplosz (2010). 'A Common Pool Theory of Supranational Deficit Ceilings.' *European Economic Review*, 54(2):269-78.

Kydland, F., and E.Prescott (1977). 'Rules Rather than Discretion: The Inconsistency of Optimal Plans.' *Journal of Political Economy*, 85:473-90.

Leeper, E. (2009). 'Anchoring Fiscal Expectations.' *Reserve Bank of New Zealand Bulletin*, 72 (3):17-27.

Leeper, E., T.Davig, and Walker, T.B. (2010). 'Unfunded Liabilities' and Uncertain Fiscal Financing.Working Paper, Indiana University.

Leith, C., and S.Wren-Lewis (2005). 'Fiscal Stabilization Policy and Fiscal Institutions.' *Oxford Review of Economic Policy*, 21:584-97.

Lucas, R. (1976). 'Econometric Policy Evaluation: A Critique.' *Journal of Monetary Economics Supplement*, 1:19-46.

OECD (2007).Economic Survey of Greece.Policy Brief May.Paris:OECD.

OECD (2009).Economic Survey of Greece.Paris:OECD.

Persson, T., and L. Svensson (1989). 'Why a Stubborn Conservative Would Run a Deficit: Policy with Time-inconsistent Preferences.' *Quarterly Journal of Economics*, 104:325-45.

Rogoff, K., and A.Sibert (1998). 'Elections and Macroeconomic Policy Cycles.' *Review of Economic Studies*, 55:1-16.

Schuknecht, L., J.von Hagen, and G.Wolswijk (2009). 'Government Risk Premiums in the Bond Market:EMU and Canada.' *European Journal of Political Economy*, 25:371-84.

Schuknecht., L., J.von Hagen, and G.Wolswijk (2011). 'Government Risk Premiums in the EU Revisited: The Impact of the Financial Crisis.' *European Journal of Political Economy*, 27: 36-43.

Ter-Minassian, T. (2002) .Institutional Reforms for Fiscal Sustainability with Special Reference to Lation America.Presentation Note, IMF Fiscal Affairs Department, January.

Velasco, A. (1999) . 'A Model of Endogenous Fiscal Deficits and Delayed Fiscal Reforms.' In: Poterba, J., and J.von Hagen (eds) , *Fiscal Institutions and Fiscal Performance*. Chicago: University of Chicago Press, 37-57.

von Hagen, J. (1992) .Budgeting Procedures and Fiscal Performance in the European Communities.Working Paper, European Commission DG ECFIN.

von Hagen, J. (2006) . 'Fiscal Rules and Fiscal Performance in the European Union and Japan.' *Monetary and Economic Studies*, 24: 25–60.

von Hagen, J. (2010). 'Sticking to Fiscal Plans: The Role of Fiscal Institutions.' *Public Choice*, 144: 487–503.

von Hagen, J., and I.H.Harder, (1994). 'National Budget Processes and Commitment to Fiscal Discipline.' *European Economy Reports and Studies*, 3: 311–408.

von Hagen, J., and R.R.Strauch, (1999). 'Tumbling Giant: Germany´s Experience with the Maastricht Criteria.' In Cobham, D. and Zis, G. (eds), *From EMS to EMU*.London: MacMillan.

von Hagen, J., and G.Wolff (2006). 'What do Deficits Tell us About Debt? Empirical Evidence on Creative Accounting with Fiscal Rules in the EU.' *Journal of Banking and Finance*, 30: 3259–79.

von Hagen, J., M.Bordignon, B.Grewal, P.Peterson, and H.Seitz (2000).Subnational Government Bailouts in OECD Countries: Four Case Studies.Interamerican Development Bank Research Network Working Paper R-399.Washington DC, <http: //idbdocs. iadb.org.wsdocs/getdocument.aspx? docnum=788028> (accessed April 2013).

Wren-Lewis, S. (1996).' Avoiding Fiscal Fudge.' *The New Economy*, 3: 128–32.

Wren-Lewis, S. (2002).Fiscal Policy, Inflation, and Stabilization in EMU.Mimeo, University of Exeter,<http: //www.econ.ox.ac.uk/members/simon.wren-lewis/EC_conference_2002.pdf>.

Wyplosz, C. (2002).Fiscal Discipline in EMU: Rules or Institutions? Mimeo, Graduate Institute for International Studies, Geneva.

Wyplosz, C. (2005).'Fiscal Policy: Institutions Versus Rules.' *National Institute Economic Review*, 191 (January): 61–78.

Wyplosz, C. (2008).'Fiscal Policy Councils: Unlovable or Just Unloved? '*Swedish Economic Policy Review*,15: 173–92.

4 比较货币政策和财政政策的委托

西蒙·雷恩–刘易斯[①]

4.1 引言

很多作者以独立中央银行的明显成功为例，说明相似的想法也可以应用于财政政策。[②]然而，没有一个国家按照中央银行控制利率那样的方式，来建立财政机构，使其具有控制公共债务或赤字水平的正式授权。相反，一些国家建立的独立财政机构（IFIs，通常称为财政委员会）是监督机构或咨询顾问机构，没有法定的控制权。然而，这并不意味着，比较独立财政机构和货币政策被委托的方式，没有启迪作用。实际上，考察两者的差异有助于弄清为什么在每种情况中委托的性质是不同的。

4.2节比较了对于货币政策和财政政策，委托模式在实际中分别是如何运作的。我们将决策过程划分为一些阶段，从最终目标的设定，到预测，再到公

作者感谢朱莉娅·贝塔斯曼、罗伯特·乔特、亚历克斯·库克曼、于尔根·冯·哈根、菲利普·拉内、拉约什·欧多尔、爱丽丝·里夫林、科恩·特林斯、查尔斯·维普洛斯，尤其是拉斯·卡尔马福斯和乔治·科彼茨的有益建议和讨论。

例如，Leeper（2009）。

众对决策的评价。我们讨论了货币政策和财政政策的委托范围及委托形式的诸多差异。进而提出问题：这些差异是否源于委托动机的差异？

在学术文献中，对于将货币政策委托给独立的中央银行，通常认为其原因是时间不一致性问题和通货膨胀偏差。虽然已经有人认为，类似的时间不一致性问题也可以解释赤字偏差（政府债务随时间有增加趋势），但是4.3节的讨论表明，这是有误导性的。虽然与通货膨胀相关的、十分突出的时间不一致性问题确实在最优的债务政策中出现，但它并不能解释赤字偏差。

4.4节讨论了文献中提到的赤字偏差的其他可能原因。一些文献认为，部分委托（预测或评估）可能就足够了，而另一些文献要求更大规模的委托。4.5节讨论了财政政策的委托比货币政策更受限制的4点原因。其中，一个原因是，人们对债务的合适目标水平缺乏共识。

4.6节讨论了为什么基于税收平滑的基准结果并不是长期债务政策的一个合意基础。然而，鲜有研究提供最优长期债务的其他分析框架。这意味着，在促进和评价对此问题的研究方面，独立财政机构应该发挥重要作用。最后一节对本章内容进行总结。

4.2 从目标到评估

在其他文献所讨论的共识任务中[①]，货币政策被赋予了调整利率来控制通货膨胀和需求的任务，财政政策（在宏观层面上）被赋予了调整税收和支出来控制政府债务的任务。上述任务的支持者通常会添加一个附带条件，即上述任务只在货币政策不受约束的情况下适用，这时利率不可能达到零下限。为易于理解，我们从上述任务共识确实适用的情况开始讨论。4.3节讨论了财政需求管理的问题。

独立的中央银行决定利率，而独立财政机构提供信息，在一些国家还会为

---

① 参见 Kirsanova，Leith 和 Wren-Lewis（2009）。

财政政策提供建议。这显然是一个关键的差异。但是，货币政策和财政政策的委托，也可能有一些相似性。以英国为例。每次都由财政部长（财政大臣）制定政策的目标，即"财政任务"和通货膨胀目标。每次，被委托的机构会通过预测，来评估上述目标是否能实现。不过，仅在这一点上，差异就显现出来：如果目标不能实现，对于财政政策，政府会决定接下来做什么；而对于货币政策，货币政策委员会会决定是否要调整利率。

在英国，关于货币政策和财政政策的委托，存在一些明显的相似之处。但这些相似之处在其他国家可能并不存在。例如，在中央银行选择通货膨胀目标的国家，或者独立财政机构不承担预测任务的国家，这些相似性就不存在。然而，即使在英国，上述简单的比较也是有误导性的，因为它混淆了政策的最终目标和中间目标。图4-1详细地分解了英国的政策过程，并且比较了每个阶段的货币政策和财政政策。其中，货币政策被委托给英格兰银行的货币政策委员会，而财政政策被委托给预算责任办公室（OBR）。

几乎在所有国家，货币政策的最终目标都由政府来制定，而如何将最终目标转化成合意的产出和通货膨胀路径，政府将其委托给中央银行。中央银行被赋予的任务目标可能是非常精准的（在中期需要达到的通货膨胀目标），也可能是更模糊的，但是从来不会是产出或通货膨胀随时间变化的特定路径。即使有非常明确的通货膨胀目标，对于在受到冲击之后以多快的速度使通货膨胀回到目标水平，中央银行也具有一定的自由裁量权（通常称为"弹性通货膨胀目标制"）。

将此与财政政策进行对比。大多数独立财政机构都在为政府制定的或者被政府制定的财政规则的环境下运作。[1]然而，这些规则通常包括赤字目标。在英国，"财政任务"包括在5年内实现结构平衡。中期的赤字目标或者赤字限制，很难成为政策的最终目标。最终目标究竟是什么，通常是不确定的。谈到最终目标，人们往往会提到持续性。但是，有无数种债务水平都是可持续的，而且，有无数条路径可以实现可持续水平。

---

[1] 参见 Calmfors 和 Wren-Lewis（2011）的调查。关于财政规则的可能标准的综合性讨论，参见 Kopits 和 Symansky（1998）。

最终目标	
通货膨胀目标：最好稳定在2%	持续性，代际公平

执行或中间目标	
银行在短期产出和通货膨胀之间进行权衡取舍	政府的财政任务

预测	
银行预测	预算责任办公室预测

工具调整	
银行关于利率的决定	政府的年度预算

事前评估或事后评估	
总督的信	预算责任办公室评估完成任务的可能性

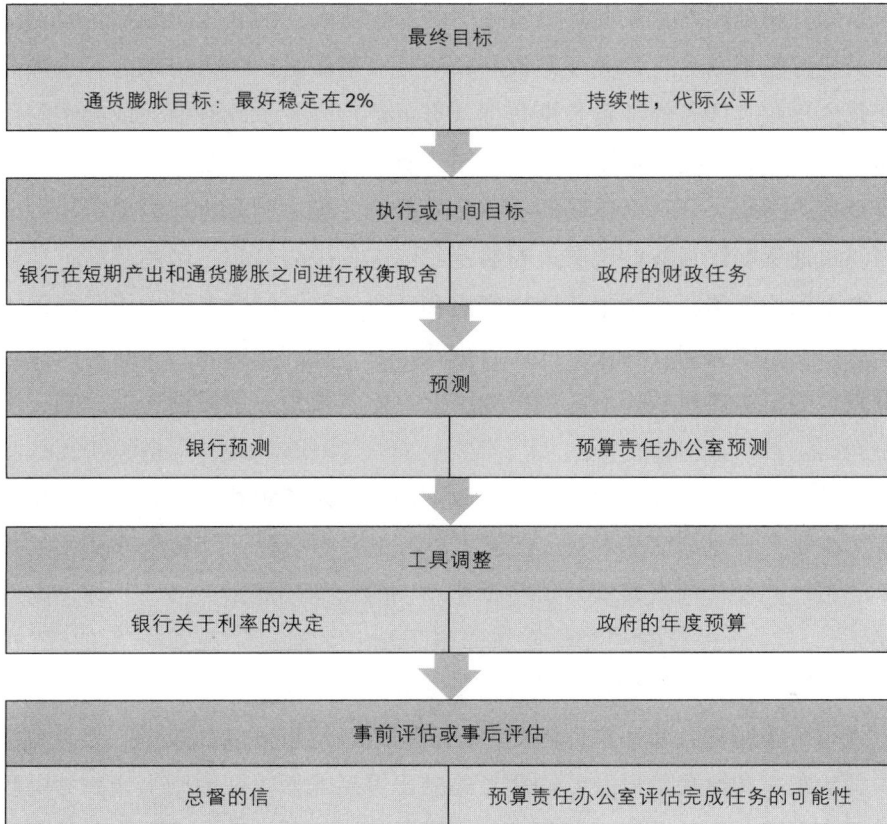

图4-1 英国：比较货币委托和财政委托

我们可以将货币政策和财政政策的最终目标定义为社会福利的最大化。然而，即使我们采用了这种统一的定义，货币政策和财政政策之间也存在着两个明显的差异。第一，通货膨胀直接影响社会福利和人们的幸福感。Woodford（2003）认为，在基于代表性个体效用的社会福利函数中，可以正式纳入通货膨胀的成本。关于幸福感的实证研究一致发现，较高的通货膨胀率和失业率，对幸福感有较大幅度的、显著为负的影响。与此相反，过多债务的成本更为间接。政府债务通常不被直接纳入社会福利函数，或者，认为其对幸福感没有直接的影响。

第二，债务对福利的影响，在长期才能显现（除了危机时期之外）。这意味着，任何的福利分析都要考虑代际公平。可能正是由于这个原因，学术界往往回避分析政府债务的合意长期目标（见4.6节）。关于政府债务或赤字的可行规则存在大量的讨论。但是，基于上述分析，这些规则都是中间目标，而不是最终目标。

制定通货膨胀目标的政府，与制定和赤字相关的财政规则的政府，往往做着完全不同的事情。关于如何比较产出和通货膨胀随时间变化的不同路径，通货膨胀目标给中央银行留了很大的自由裁量权，在利率的调整上，中央银行甚至有更大的自由裁量权；而在年度赤字上，财政规则一般只留了很少的自由裁量空间。

在预测过程中，货币政策和财政政策的预测期长短存在差异。对货币政策的预测，不需要远于未来5年。在新凯恩斯主义中，抛开滞后现象，任何货币政策的自然跨度，都直接地与价格保持粘性的期间相关。然而，为评估财政政策是否可持续而进行的预测，应该着眼于更长的时期。在2010年的评估中，美国国会预算办公室（CBO）展示了到2080年的预测结果。

货币政策通常会使用单一的工具。而财政政策有很多的政策工具，包括不同税种的税率和免税额以及不同类型的支出等。然而，在原则上，独立财政机构的授权可以包括对政府施加年度的赤字目标，然后让政府来选择如何实现这个赤字目标。

在所有的决策环节上，货币政策和财政政策都有十分重要的差异，这些差异会影响委托。对于货币政策的委托，各国非常一致。几乎在所有的情况下，都由政府来设定政策的最终目标，然后由中央银行来决定合意的产出路径和通货膨胀路径、进行预测并调整利率。对于财政政策，委托的程度更零碎，而且不同国家之间存在很大的差异。虽然大多数独立财政机构与财政规则共存，而且政府不仅制定也试图实施这些规则，但是，关于这些规则能在多大程度上帮助实现最终目标，并不清楚。在英国，预算责任办公室的预测，是政府预算方案的基础。在其他国家，独立财政机构的预测，是对预算方案的一致性检验（即预算方案是否与目标一致）。然而，在一些国家，独立财政机构根本不进行预测。实际上，独立财政机构的作用，可能仅限于上文所述 5 个决策领域中的最后一个，即评估。独立财政机构可以简单地只做一只公众的"看门犬"，对政府的财政政策做出评论，而不是取代政府的任何活动。（例如，瑞典财政委员会便是如此。）目前，所有独立财政机构的唯一共同特征，就是它们没有权力来对政府施加赤字目标。

4.3 时间不一致性

本节认为，委托货币政策的标准学术理由（包括存在特定形式的时间不一致性），并没有在常规任务框架下转化成关于债务的财政行动。这个限制是至关重要的。如果是财政政策而不是货币政策被用于控制产出和通货膨胀，那么时间不一致性问题和通货膨胀偏差问题可以直接适用于财政政策。在本节末尾，我们将讨论这种可能性。

在 20 世纪 70 年代中期到 90 年代中期，在 OECD 国家，政府债务占 GDP 的比例几乎翻倍，这种现象常被称为"赤字偏差"。关于货币政策委托的大量讨论，都集中于"通货膨胀偏差"。如果上述两种偏差有相似的起因，即时间不一致性，那么，与委托相关的解决方案也可能是相似的。问题是，货币政策委托的标准学术理论也适用于财政政策委托吗？

乍看之下，沿着这个问题的思路进行下去，似乎是有希望的。在通货膨胀偏差的故事中，政治家们潜在的无耐心，往往被认为是一个重要部分。短视的政治家会试图增加产出，同时以通货膨胀率的上升为代价，并且忽视这样做的后果，即通货膨胀率的上升可能是永久的，而产出的增加只是暂时的。缺乏耐心的政府，不能承诺一个通货膨胀目标。在财政政策中，无耐心也可能是重要的。对政治家而言，减少税收或增加支出的好处可能是即期的，而偿还高额债务的成本却可以被推迟到长期。此外，就像时间不一致的货币政策和时间一致的货币政策非常不同一样，近期的研究表明，自由灵活的最优债务政策和遵守承诺时的最优债务政策也十分不同（见下文）。根据上述观点，英国财政大臣在一次讨论建立预算责任办公室的演讲中发表声明："证据表明，当政治家们直接控制货币政策时导致通货膨胀偏差的时间不一致性问题，同样也会导致财政政策中出现赤字偏差。"[1]遗憾的是，当我们进一步研究这个问题时，这个声明开始值得怀疑。

政府债务的最优水平是多少？我们应以多快的速度来采取行动以实现最优水平？由于债务是通过扭曲性税收来融资的，在这个意义上，如果我们能够选择初始的债务水平，我们可能会选择一个负值，以使任何政府支出都可以用政府资产的利息来融资。然而，相反地，如果我们继承了正的债务，那么，根据税收平滑理论，试图消除债务是不利的，即使当前的债务水平并不是我们原本会选择的债务或资产的初始水平。有时，这被称为随机游走稳态债务结果。[2]

这个结果要求实际利率等于消费者效用贴现率。[3]在标准的"工作母机"宏观经济模型中，个体会将其子女的效用内部化，上述相等关系成立。我们有理由来质疑这个模型，并在4.6节中研究备选模型，但是，这个模型仍是基准结果。这意味着，尽管减少债务的未来收益是永久性的，但是减少债务的成本仍超过了收益。在这个框架下，债务目标没有意义。相反地，政府债务是一个缓冲器，我们应该允许它根据经济情况变来变去。

如果所有债务都是实际值，而且实际利率独立于政策，那么，这个结果也是时间一致的。在实际中，大量政府债务都用名义价值表示。那么，粘性价格意味着，货币政策可以暂时地影响实际利率。在此情形下，我们可以通过出乎意料地提高通货膨胀率，来减少赤字负担。在下一期，通过这种方法来进一步减少债务，仍然是最优选择，所以，政策变得时间不一致。假设个体有理性预期，那么，个体会预期政府有持续提高通货膨胀的激励。因此，最优政策将变成时间一致的、相机抉择的方案（在给定这些预期的情况下）。

因此，就像Leith和Wren-Lewis（2007）所指出的，时间一致的政策需要

---

① 梅思讲座，2010：<http://www.conservatives.com/News/speeches/2010/02/George_Osborne_Mais_Lecture_-_A_New_Economic_Model.aspx>.

② 这个结果最早出现在Schmitt-Grohe和Uribe（2004）以及Benigno和Woodford（2003）的粘性价格模型中。Lambertini（2007）和Eser等（2009）证明，这个结果在开放经济中也适用。

③ Wren-Lewis（2011）提供了一个简单的证明。

使债务回到初始的、冲击前的水平。也就是说，政策应该是以债务为目标的政策，而不是债务适应政策。如果政策并非如此，那么，在第一期总是有激励来使债务向其最优水平轻微移动，所以，政策将会是时间不一致的。他们也指出，政府不能遵守承诺的成本是巨大的，因为在政府的自由裁量权下，债务的变化调整非常快。

所以，关于最优债务政策，有时间一致性的问题，这与通货膨胀偏差有直接的相似之处。在粘性价格下，问题的来源可能是相同的（前瞻性的菲利普斯曲线），而且，不能对时间不一致的政策做出承诺，其成本可能是十分显著的。但是，还有两个问题。第一，这不是赤字偏差的问题。第二，不同于货币政策制定者，缺乏耐心的财政政策制定者，有激励遵守时间不一致的计划。

就像我们已经指出的，最优的、时间不一致的债务政策，不包括将债务水平恢复到债务目标，而时间一致的政策包括。所以，至少在这种情形下，我们不能声称，时间不一致性问题和缺乏承诺导致了赤字偏差。赤字偏差是债务水平随时间的持续上升，所以，这很难与政策制定者被迫快速使债务水平恢复到债务目标的情况一致。

这也揭示了第二个问题，即缺乏耐心的财政政策制定者倾向于遵守债务的时间不一致计划。偏离这个计划，会带来短期成本（如较高的通货膨胀或税收），但会带来长期收益（较低的债务）。所以，一般而言，缺乏耐心的政策制定者，有激励遵守时间不一致的计划。这可能正好解释了，为什么在没有违约风险的情况下，我们观察不到政策制定者快速抵消债务受到的正面冲击。这与货币政策的情况恰好相反。

虽然与通货膨胀及债务相关的时间不一致性问题很有可能与通货膨胀偏差的问题有着相似之处，但它不可能导致赤字偏差。关于赤字偏差的解释，我们要另寻出路。然而，这并不意味着，在更一般的意义上，时间不一致性问题对于财政政策不重要。由于时间不一致性问题在前瞻性行为的模型中是常见的，而且债务问题天生是动态的，可能有赤字偏差的其他解释涉及时间不一致性问题（如4.4节提到的双曲贴现）。在这个一般的意义上，将货币政策和财政政策委托给独立机构，可能都是有益的。

到目前为止，我们一直假设常规的任务共识适用。但是，对于货币联盟中的成员而言，这显然不适用，因为他们都受共同的货币政策的约束。关于通货膨胀偏差的大部分文献，都只是简单地假设政策制定者会控制产出，但是并没有说明他们是使用何种工具来完成这项控制。因此，这些文献适用于货币联盟中的、反周期的财政政策。

这并不说明，我们必然会同时观察到赤字偏差和通货膨胀偏差。在理性预期下的货币政策情形中，通货膨胀偏差的均衡，在任何时刻都不需要较低水平的名义或实际利率。相反地，通货膨胀偏差被定义为，政策制定者没有激励来增加产出或提高通货膨胀时的通货膨胀水平。如果使用财政政策而非货币政策来影响产出和通货膨胀，那么，通货膨胀偏差可能与中性的财政政策有关，而不是扩张性的财政政策。此外，我们认为，对于货币联盟中的单个成员而言，其特有的通货膨胀偏差在长期中是不可持续的，因为这意味着竞争力不断受损。

尤其是在近期欧元区的一系列事件发生之后，可以明确的是，货币联盟的成员在必要时应采取反周期的财政政策。具体而言，在经济衰退之前，很多国家本应实施更紧的财政政策，以防止竞争力（相对于德国）的损失。如果委托财政委员会对长期债务问题提供建议，那么这个委员会也应该对反周期的行动提供建议吗？一个替代选择是将这个任务交给国家的中央银行。①

在货币联盟之外，如果同时使用货币政策和财政政策来控制需求，那么，想要产出高于自然产出的财政机构和一个更保守的中央银行结合起来，可能会产生这样的结果：预算赤字被较高的实际利率所抵消。正如 Castellani 和 Debrun（2005）所指出的，通过货币政策来减少通货膨胀偏差的措施，可能会通过财政政策及相关的赤字偏差来促进通货膨胀偏差。Agell 等（1996）认为，当通货膨胀偏差和赤字偏差同时出现时，存在一个相机抉择的均衡；而且，如果政府承诺保持预算平衡并将通货膨胀保持在目标水平，情况会变得更好。这

① 参见 Wren-Lewis（2003）。

产生了有趣的问题，即当货币政策或财政政策（或两者）都被委托时，如何协调货币政策和财政政策？这是一个经常讨论的热门问题。但是，这超出了本章的讨论范围。

4.4　委托财政政策的动机

除了常见的时间不一致性问题以外，已有文献讨论了可能导致赤字偏差的多种原因，并据此提出了需要委托政策的情况（Calmfors 和 Wren-Lewis，2011）。然而，在分析这些原因之前，需要仔细思考，为什么关于货币政策委托的时间不一致性观点有如此大的吸引力。关于为什么会发生政策委托的任何解释，都需要问两个问题：为什么政府准备委托？当被委托的机构所做的事情与政府利益不符时，如何阻止政府夺回控制权？当委托作为一种承诺工具时，可能可以观察到为什么政府会选择通过委托来加强承诺。否决一个被委托的机构，会产生政治成本，这加强了承诺的可信度。最终，被委托的机构不大可能会像政府一样以高通货膨胀来换取失业的减少。这有以下原因：机构可能更厌恶通货膨胀；机构可能被赋予了明确的通货膨胀目标，而且有激励来实现这些目标；或者，机构可能有内部的（专业的）激励来避免以失业率低于自然失业率为目标。在上述情形下，委托可能是可持续的。

为了说明为什么上述这些思考可能是有益的，应考虑由利用后代的欲望所导致的赤字偏差。债务使当前一代可以从后代那里获取资源。[①]为什么将财政决策委托给未经选举的代表会有助于避免这个代际转移？Maskin 和 Tirole（2004）认为，官员都想要留下遗产。在这个意义上，他们会关心后代对他们的看法。所以，如果赤字偏差反映了当代人想利用后代人的故意欲望，委托可能会阻止其发生。这个观点的问题在于，在这种情况下，政府为什么还想委托政策，这并不清楚。即使某个政治家可能准备好违背当前选民的意愿，以留下

---

① 参见 Musgrave（1988）。

遗产，选民会将他替换掉。值得注意的是，如果赤字偏差起因于利用后代的欲望，那么，赋予独立财政机构咨询的职能，将什么也不能改变。

赤字偏差的3种主要解释，似乎与政府决定的、随后被维持的委托相一致。这些解释与缺乏耐心、选民和政府之间信息不对称及公共池问题有关。

4.4.1 缺乏耐心

赤字偏差的一个可能的解释，就是缺乏耐心。这可能是个体层面的，也可能是政府层面的。个体层面缺乏耐心的一个例子，就是个体有双曲线的而非指数的贴现函数。[①]对赤字偏差的一个更常见的解释是，与选民相比，政府更加缺乏耐心。正如我们在上文所提到的，债务政策的一个基准结果是，最优稳态债务遵循随机游走。如果与私营部门相比，政策制定者更缺乏耐心，情况会怎样？下面的分析来自Kirsanova，Leith和Wren-Lewis（2007）。[②]

假设一个仁慈的货币政策制定者和一个轻度短视的财政政策制定者参加一场纳什博弈。财政机构的年度贴现率大约是6%，而货币机构和私营部门的贴现率是4%。我们只考虑一种财政工具，即政府支出。图4-2描述了财政工具和债务对一个成本推动型冲击的反应。实线表示当我们拥有仁慈的财政和货币政策制定者时的结果，该结果服从随机游走，其原因已在上文讨论。虚线表示财政和货币政策制定者的纳什博弈的结果，其中，财政和货币政策制定者唯一的区别就在于，财政机构有更高的贴现率。在此情形下，债务稳步增长，而且不会达到一个新的稳态。[③]

原因很简单。需要减少政府支出，以提供资金来偿还较高的债务。财政机构缺乏耐心，意味着削减支出的规模小于稳定债务所需的规模。如图4-2所示，这意味着，最终需要更多地削减支出。但是，轻度的短视意味着，这些未

---

① 参见贝塔斯曼（第5章）。

② 在基于后顾性的菲利普斯曲线和短视的政策制定者的通货膨胀偏差问题中，政府缺乏耐心也发挥了重要的作用。如果是前瞻性的菲利普斯曲线，那么，通货膨胀偏差的大小就不受政府缺乏耐心的影响，政府缺乏耐心只影响了政府承诺的能力（Kirsanova，Vines和Wren-Lewis，2009）。

③ 虽然特征值确定了爆破解的存在，但是，债务的增长率小于贴现率，所以福利成本是有限的。我们可以计算最优路径，尽管有明显的线性化限制条件。

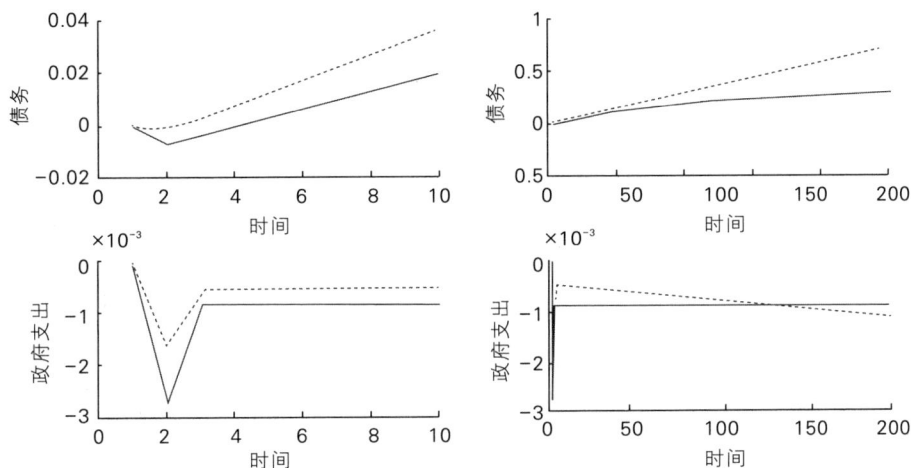

图4-2 最优合作及与短视财政政策进行纳什博弈的成本推动冲击下的公共债务路径
注释：实线表示合作；虚线表示纳什博弈；时间段是季度。

来的支出削减不如短期较小规模的削减重要。在此情形下，货币机构试图降低利率使其足以防止债务的激增，但这并不是最优的选择。（当然，只要货币机构想这样做，就会激起一个更宽松的财政政策，所以，这是一个货币机构可能无法获胜的博弈。）

Kirsanova，Leith 和 Wren-Lewis（2007）认为，当财政政策制定者缺乏耐心时，冲击的福利成本（使用私营部门的贴现率计算）几乎是完全仁慈政策下（即随机游走稳态债务）的两倍。然而，制定非常严格的债务目标的政策（即目标必须被快速实现），可能会带来更大的社会损失。换言之，旨在缓和轻度缺乏耐心的财政政策制定者的影响的严格债务目标制，会产生一种治疗方案比疾病本身更糟糕的后果。

这个例子本身并不能解释赤字偏差，因为在债务减少的冲击下，我们会得到对称的结果。然而，如果我们补充一点，即相较于以后更高的税收（或更少的支出），轻度缺乏耐心的政府还是倾向于偏好当前的税收减免（或更高的支出），如果选民没有惩罚政府的这一偏好，那么，将会产生赤字偏差。

如果赤字偏差是由缺乏耐心的政府引起的，那么，一个可行的解决方案就是将赤字的决策委托给一个更有耐心的、非选举产生的政策制定者或机构。然而，公共监督机构的建立也可能会解决问题，监督机构会给政府施加压力以避免缺乏耐心的结果。Kirsanova 等（2007）也证实，如果可以在社会福利函数的过多债务中增加一项来表示独立财政机构施加的政治压力，那么可以得到非常接近仁慈结果的结果。监督机构使结果与社会偏好而非政府偏好一致。

如果不同政府缺乏耐心的程度不同，那么，我们可以观察到委托是如何发生的。对于缺乏耐心的程度和私营部门一样的政府，由其建立机构并使机构未来对一个更缺乏耐心的政府施加政治压力，将会是有利的。如果这个政治压力足够大，使更缺乏耐心的政府根据私营部门的偏好来行动（沿用上文的思路），那么，这个政府可能能够避免取消委托所产生的更大的政治成本。

经常与缺乏耐心相混淆的，是选举竞争。在一个民主国家中，两个政党进行竞争，他们关于公共产品类型或者政府规模的偏好存在差异。这些政党完全表达了他们所在选区选民的偏好。[1]在此情形下，政府通过增加债务的实际存量，来约束有着不同政治偏好的未来政府的行动，可能对其是有利的。这不是缺乏耐心。因为如果一个政党可以确定一直掌权，那么将不会出现赤字偏差。Leith 和 Wren-Lewis（2009）将此分析框架应用到一个债务是名义价值而通货膨胀水平极高的环境中，发现赤字偏差的规模可能不会很大。

4.4.2 公共池理论

赤字偏差的另一个解释是公共池理论。[2]公共项目或减税政策可能有利于相对较小的群体，相对于全部的预算成本而言，这些群体游说这些项目或政策所付出的成本很少。公共池理论通常主要关注以下事实：多个决策者（如财政部长）不能成功地将较高支出和债务的所有成本内部化。

这个理论的一个优点是，它表明，政府内不同类型的机构设置和赤字偏差的程度之间存在直接的联系。公共池问题导致赤字偏差的观点，已经得到了一

---

① 参见 Alesina 和 Tabellini(1990)及 Persson 和 Svensson(1989)。

② 例如,von Hagen 和 Harden(1995),Eichengreen 等(1999)及 Krogstrup 和 Wyplosz(2006)。

些实证研究的支持。①

公共池理论解释了，没有决策权的独立财政机构，在减少赤字偏差方面如何发挥作用。独立财政机构的建议，可以加强财政部长在谈判中的权威性。在支离破碎的政治制度中，这些建议是政治参与者之间达成财政纪律内在化合约的基础。②在此情形下，财政政策的委托可能会出现，并且被维持下去。

4.4.3 信息不对称

还有一类赤字偏差理论，重点关注信息问题。Maskin 和 Tirole（2004）讨论了被选出的代表"迎合公众意见"的危险。虽然这个说法经常被人们提到，但它似乎有点矛盾，因为我们一般都想要政府反映公众的意见。然而，关于代议民主的关键一点是，选民通常将决策权委托给代表，而代表的工作就是做出个体选民没有时间也没有能力来做出的"良好决策"。在这个意义上，代议民主假定选民是缺乏信息的，而这一点可能会被政府利用。

选民可能不清楚政府所面临的真实的、全局的财政形势。政府可能声称，根据已有的财政计划，特定的支出增加是可以负担得起的。但是，要核实这一点，可能非常困难。相反地，就像公共池理论所强调的，任何减税或增加支出政策的受益人，可能都非常清楚这些收益。因此，对于政府而言，在选举前"贿赂"特定的群体，利用其余选民并不清楚未来成本这一点，是非常有诱惑力的。

一个相关的观点是，政府可能对未来的经济增长进而对未来的税收收入过度乐观。如果这是赤字偏差的来源，那么，只将预测任务委托给一个独立机构，可能就是合适的。③缺少信息的问题，可能有助于解释 Alesina 等（1998）的结果，即如果选民清楚财政算法，成功的财政调整并不会危害政府的民望。

对于赤字偏差的这个起因，一个显而易见的补救措施就是通过独立财政机构来增加选民可得的信息。然后，政府或反对党所做的任何迎合选民的行为都

---

① 参见 Calmsfors 和 Wren-Lewis（2011）展示了一些例子。
② 参见 Fabrizio 和 Mody（2006）。
③ 参见 Jonung 和 Larch（2006）。

可能会暴露无遗。有人认为，在荷兰，政党提交预算提案并由中央规划局来评估提案，减少了政党在选举前"贿赂选民"的尝试。

当然，赤字偏差的不同起因，可能一起发挥作用。用一个简单的类比来加以说明。如果我们没有过多考虑，我们会禁不住诱惑去吃额外的点心（减少税收）。但是，如果有人提醒我们，说我们已经超重了（有较多的债务），我们可能就不会去吃了。然而，我们可能会怨恨提醒我们的人。这正是为什么政府不愿起到这个提醒的作用，而是通过建立独立财政机构来做这项工作。

4.5　信息、建议或控制权的委托

如果考虑到赤字偏差有很多不同的潜在起因，那么，对于不同国家尝试了不同形式的财政委托这个现象，可能就不那么惊奇了。例如，对于英国的预算责任办公室，独立的预测十分重要；但其他一些独立财政机构根本不进行预测。

当前所有独立财政机构的一个共同特征是：实际上，没有任何一个机构有权对政府施加赤字目标的约束。[①]这与将货币政策委托给中央银行的情况完全相反，中央银行对政策工具有控制权。对于货币政策委托和财政政策委托的这一差异，有4种可能的解释。

（1）无代表不纳税

经常被提出的一个建议是，税收控制太敏感，以至于不能将其委托给一个非选举产生的机构。然而，利率的调整可以创造收入的再分配，其影响可能和税收变化一样大。当政府对利率进行调整时，利率的调整就是一个非常政治化的决策。这样的调整所产生的受益者和损失者差不多一样多，但这一点似乎是离题的。（如果我们从跨期的角度来看，那么税收变化也同样如此。）

---

① 一个可能的例外是,比利时的财政高级委员会,在为地方政府设定财政目标方面,有一定的权力。参见科恩和兰格努斯(第8章)。

（2）对政策工具的控制

中央银行总是对货币政策的实施有控制权。甚至当财政部长规定了短期利率应该是多少时，中央银行会在货币市场上进行操作来确保这些利率的实现。在此情形下，允许中央银行也做出利率决策，可以被视为进一步的行动。相反地，没有一个现有机构有权超越政府来设定赤字水平，而且，确保民主通过的任何税收和支出调整政策可以真正实现这些赤字水平又是一个附加的问题。在这样的委托代理关系中，政治经济学方面的困难可能较多，尽管这些困难可能不是无法解决的（Kopits，2011）。

（3）比较通货膨胀偏差和赤字偏差产生的原因

当中央银行对利率没有控制权时，它经常向政府提供关于利率应该是多少的建议。建议通常是保密的。政府本来有可能允许中央银行公开建议，进而将建议而不是对货币政策的控制权委托给中央银行。然而，靠公开建议来缓解时间不一致性问题和通货膨胀偏差，似乎是不可能的。最多，这样的信息可能有助于披露政府是否能够遵守承诺，而这又变成了透明度问题。

正如我们在上文提到的，在对赤字偏差的解释中，信息的缺乏可能起到非常核心的作用。如果赤字偏差的唯一起因是官方宏观财政预测过度乐观，那么，只需将预测工作委托出去。更一般地，导致赤字偏差的信息不对称问题，往往建议建立独立的监督机构而非完全委托。然而，考虑到赤字偏差还有其他解释（如缺乏耐心），建议（及任何相关的政治资本）的委托是否足以消除赤字偏差，仍然是不明晰的。

（4）对政策目标缺乏共识

在4.2节，我们对货币政策和财政政策进行了一次非常重要的对比。与债务有关的财政行动，其最终目标是不明晰的，而货币政策的目标却是很清楚的。顺便提一下，在发达经济体中，国家的通货膨胀目标（隐含的或明示的）往往十分相似，而债务占GDP的比例往往非常不同。

Alesina和Tabellini（2007）提出，委托成功的一个前提条件是，关于什么是"明智的政策"应有广泛的共识。对于货币政策，存在通货膨胀率应该较低的共识，而且，在某些情形下，由政府来设定通货膨胀目标。[①]对于在短期内允许出现多大程度的通货膨胀或产出波动，当然会有一个选择。但这个选择可能被一些政治中立的问题所主导，包括预测和评估利率调整影响的能力。对于公共债务，达成共识的程度似乎非常有限。

4.6 合适债务目标的不确定性

在 4.3 节，我们简要地描述了随机游走稳态债务结果背后的原理。显然，如果债务足够高，以至于引起了违约溢价，那么，这一结果不再成立。然而，过去对于大多数发达国家，这种情况并不适用：实际上，正如 Debrun 等（2009）所指出的，正是过多债务的市场纪律的不连续性，最先导致了赤字偏差。

如果我们相信经济偶尔还会受到刚刚经历过的那种大型负面冲击，特别是如果我们需要一个扩张性的财政政策来弥补达到零下限的利率，那么，违约的可能性可能会发挥更持久的作用。[②]在此情形下，我们想要确保，债务平时会远离可能引发违约溢价的水平。不对称的冲击，或者在零下限时的反周期行动，都意味着与随机游走结果的偏离。[③]

随机游走稳态债务结果在很大程度上取决于一个相等关系，即实际利率等于时间偏好率（缺乏耐心的程度）。Wren-Lewis（2011）明确指出，如果利率只是稍微大于时间偏好率，那么，政府债务的长期目标就会和当前的水平完全不同。在最简单的情形下，政府债务的理想水平应该是负值，以使政府资产的利息可以支付所有的支出，而且，扭曲性的税收可以是零。如果利率等于时间偏好率，达到上述理想水平就不是最优的。如果利率只是稍微大于时间偏好

---

① 关于通货膨胀的主要成本来自何处，尚未达成共识。关于应以哪个通货膨胀指标为目标，也有大量的讨论，很多人建议使用产出而不是消费者价格（Kirsanova 等，2006）。

② Wren-Lewis（2010）。

③ Mash（2010）。

率，尽管过程很慢，但最终达到上述理想水平是最优的。

在世代交叠模型（OLG）中，一般而言，利率不等于时间偏好率。因此，我们不会观察到随机游走稳态债务结果。此外，因为消费者不是李嘉图式的，政府债务的增加将会挤出资本。例如，在一个两期的世代交叠模型中，人们在第二期退休，而且，所有人都是自私的，模型中的资本存量其实就是年轻人为退休而储蓄的副产品。政府债务替代了储蓄的作用，所以，政府债务的增加会挤出资本，挤出的幅度可能比完全挤出还要大。①

在一个世代交叠模型中，没有任何政府债务时的资本水平，不可能是最优的。在理论上，我们可以拥有过量的资本（动态无效率），但是通常认为这在实际中不会发生。因此，债务目标的一个明确备选，就是选择一个债务水平尽可能使资本水平接近最优资本水平。重申一下，在这个目标下，政府很可能拥有资产而非债务。然而，实现这个目标，可能会给转型的一代人带来净成本，这也正是为什么我们不将资本过少视为动态无效率。因此，公共债务和私人资本的互动，又提供了另一组影响政府债务长期目标的因素（除了想要减少扭曲性税收的意愿以外）。②然而，仍存在很多不确定性。例如，公共资本（道路和医院等）如何进入分析？与应该用公共资本来抵消公共债务的简单想法相比，真正的答案可能更加复杂。除非公共资本获得了金钱上的回报（如道路收费），否则它不直接进入政府的预算约束，但它确实增加了产出，进而增加了税收收入。

由于政府债务的最优长期目标还有很大的不确定性，我们似乎离 Alesina 和 Tabellini（2007）所指出的、成功的决策委托所需要的那种共识还有很远的距离。（即使对长期目标达成了共识，关于应以多快的速度实现该目标，不仅

①　更少的资本会减少第一期的工资收入，所以，储蓄会进一步减少。如果效用是对数形式的，利率不能使储蓄产生任何抵消性的增加。然而，另一个世代交叠的框架可能会涉及更小的挤出效应。Wren-Lewis（2011）证明，在布兰查德-雅里的永葆青春模型中，进行简单参数化，挤出效应小了很多。

②　Leith 等（2011）对此进行了讨论。

在政治上是十分敏感的，而且也没有深入的实证研究。^①）这些问题缺乏共识，所以，财政机构在设定赤字目标方面所采取的任何行动，都可能在政治上是过于敏感的。

对于信息和建议的委托，同样的观点也适用，但这次是正面的例子。具体而言，独立财政机构在两方面发挥重要作用。第一，它们有助于激发更多的研究。当然，政府也可以做同样的事情，但是，总会存在这样的危险：政府可能会出于政治目的而对研究加以干涉。理想的情况是，关于最优政府债务的研究，应该是独立的，而且完全来自学术界。但是，到目前为止，在很多时候，理想情况并没有出现。此外，学术研究可能会回避非常具体的量化分析，而这些分析是我们最终需要的。这可能意味着，我们当前拥有的、最接近所需的分析，是由美国国会预算办公室所做的分析（具体见2010年长期预算报告）。

已有学术研究分析了财政政策规则。然而，想要将最优财政政策完全地包含在一个简单的规则中，似乎是非常不可能的。这是 Kirsanova、Leith 和 Wren-Lewis（2007）提出需要建立独立财政机构的主要论点之一。^②这里与货币政策进行比较，是很有启发的。虽然已有相当多的学术研究讨论了最优的货币政策规则，但是，没有一个政府或中央银行已经完全依靠这样的规则来行事。虽然这些规则可能可以从平均意义上描述一些中央银行的行为，但在适当的时候，这些银行重视偏离这些规则的相机抉择。正如 Calmfors 和 Wren-Lewis（2011）所讨论的，无论是评估这些规则是否被遵守，还是提示何时偏离这些规则是合理的，独立财政机构都发挥着十分重要的作用。（例如，瑞典财政委员会建议，在2008年经济衰退之后，政府可以采取反周期力度更强的财政措施。）

独立财政机构促进讨论的另一种方法，就是评估学术研究的影响。这里可以和气候变化的研究进行类比。气候变化问题已变得高度政治化，因此，每个

---

① 英国当前的讨论,说明了政治敏感性。学术研究的结论十分清晰,即任何的政策调整都应缓慢进行。但是,在实际中,到底要多缓慢,尚不明晰。

② 也可以参见 Wyplosz(2005)和 Debrun 等(2009)。

新研究都面临着被政治化的危险。在此情形下，政府发现，建立机构（常设的或者是临时的）来搜集和评价这些研究是有益的。由于财政政策的研究可能在政治上也是非常敏感的，所以，对于这些研究，独立财政机构可以发挥上述作用。货币政策委托的一个突出特征是，中央银行建立网络来处理学术研究的程度。但是，目前，独立财政机构之间没有正式地建立网络。需要注意的是，在这种情况下，政策分析并不一定需要拥护政策。

4.7　结论

比较货币政策委托和财政政策委托是有用的，一个原因是：这种比较说明，将两者简单等化，可能是有误导性的。我们已经讨论过，一般而言，赤字偏差的起因完全不同于通货膨胀偏差，所以，我们不能简单地将后者的相关想法直接转移给前者。货币联盟中的成员国，可能例外。在这些国家，需要积极使用财政政策来控制通货膨胀和债务。

在实际中，货币政策委托和财政政策委托最明显的差异是：前者包括决策的委托；而后者包括信息和评估的委托，有时还包括建议的委托。我们认为，如果赤字偏差的一个主要起因是政府倾向于利用选民缺乏知识这一点，那么，货币政策委托和财政政策委托的这种差异自然会出现。然而，这种差异可能也反映了人们对债务政策的长期目标缺乏共识。由于对长期债务目标和以多快的速度来实现目标的意见不统一，所以，在财政政策领域进行决策委托，可能是不明智的。但是，此时，建议委托是有用的。此外，独立财政机构不仅可以直接促进研究的发展，也在评估研究和避免无益政治化方面发挥十分重要的作用。

这里出现了一个有趣的问题，即在适当的时候，独立财政机构是否可以被赋予有限的正式权力。即使独立财政机构将信息完全提供给选民，赤字偏差也可能会持续下去。关于合适的债务目标以及如何最好地达到这些目标，我们可能会有越来越多的认识。所以，如何实现这些目标，可以被看作与如何实现通货膨胀目标极为相似的技术问题。毕竟，在欧元区内部和其他地区，最近发生的事件没有表明，依靠政治过程能控制债务。如果情况确实如此，那么，货币政策和财政政策的相似性（而非差异）可能会更明显。无论是货币政策还是财政政策，简单规则都没有好到可以完全地消除对相机抉择的需要。但是，与政府直接进行相机抉择相比，由被委托的机构来进行可能会更好。

参考文献

Alesina, A., and G.Tabellini (1990) .'A Positive Theory of Fiscal Deficits and Government Debt.' *Review of Economic Studies*, 57: 403–14.

Alesina, A., and G.Tabellini, (2007) .'Bureaucrats or Politicians? Part 1: A Single Policy Task.' *American Economic Review*, 97: 169–79.

Alesina, A., R.Perotti, and J.Tavares (1998) .'The Political Economy of Fiscal Adjustments.' *Brookings Papers on Economic Activity*, 1: 197–248.

Agell, J., L.Calmfors, and G.Jonsson (1996) .'Fiscal Policy When Monetary Policy Is Tied to the Mast.' *European Economic Review*, 40: 1413–40.

Benigno, P., and M.Woodford (2003) .'Optimal Monetary and Fiscal Policy: A Linear Quadratic Approach.' , *NBER Macroeconomics Annual*, 18: 271–364.

Calmfors, L., and S.Wren-Lewis (2011) .'What Should Fiscal Councils Do? 'Scandinavian Working Papers in Economics No 767.

Castellani, F., and X.Debrun (2005) .'Designing Macroeconomic Frameworks: A Positive Analysis of Monetary and Fiscal Delegation.' *International Finance*, 8: 87–117.

Debrun, X., D.Hauner, and M.Kumar (2009) .'Independent Fiscal Agencies.' *Journal of Economic Surveys*, 23 (1) : 44–81.

Eichengreen, B., R.Hausmann, and J.von Hagen (1999) .'Reforming Budgetary Institutions in Latin America: The Case for a National Fiscal Council.' *Open Economies Review*, 10: 415–42.

Eser, F., C.Leith, and S.Wren-Lewis (2008) .When Monetary Policy is all you Need. Oxford University Discussion Paper No 430.

Fabrizion, S., and A.Mody (2006) .'Can Budget Institutions Counteract Political Indiscipline? .' *Economic Policy*, 21: 689–739.

Jonung, L., and M.Larch (2006) .'Improving Fiscal Policy in the EU: The Case for Independent Forecasts.' *Economic Policy*, 21: 491–534.

Kirsanova, T., C.Leith, and S.Wren-Lewis (2006) .'Should Central Banks Target Consumer Prices or the Exchange Rate? ' *Economic Journal*, 116: 208–31.

Kirsanova, T., C.Leith, and S.Wren-Lewis (2007) .'Optimal Debt Policy, and an Institutional Proposal to help in its Implementation.' In Ayuso-i-Casals, J., S.Deroose, E. Flores, and L.Moulin (eds) The Role of Fiscal Rules and Institutions in Shaping Budgetary Outcomes.European Economy Economic Papers 275, April.

Kirsanova, T., C.Leith, and S.Wren-Lewis (2009) .'Monetary and Fiscal Policy Interaction: The Current Consensus Assignment in the light of Recent Developments.' *Economic Journal*, 119: 482–96.

Kirsanova, T., D.Vines, and S.Wren-Lewis (2009) .'Inflation Bias with Dynamic Phillips Curves and Impatient Policy Makers.' *The B.E.Journal of Macroeconomics*: Vol.9 (1) : Article 32.

Kopits, G. (2011) .'International Fiscal Institutions: Developing Good Practices.' *OECD Journal on Budgeting*, 11 (3) : 35–52.

Kopits, G., and S.Symansky (1998) .Fiscal Policy Rules, IMF Occasional Paper 162, Washington, International Monetary Fund.

Krogstrup, S., and C.Wyplosz (2006) .A Common Pool Theory of Deficit Bias Correction. CEPR Discussion Papers 5866.

Lambertini, L. (2007) .Optimal Fiscal Policy in a Monetary Union.Mimeo.

Leeper, E.M. (2009) .'Anchoring Fiscal Expectations.' *Reserve Bank of New Zealand Bulletin*, 72 (3) : 7-32; reprinted in *Sveriges Riskbank Economic Review* 2009, 3: 73-114.

Leith, C., I.Moldovan, and S.Wren-Lewis (2011) .Debt Stabilization in a Non-Ricardian Economy.Mimeo, Oxford.

Leith, C., and S.Wren-Lewis (2007) .Fiscal Sustainability in a New Keynesian Model.Oxford University Discussion Paper No.310.

Leith, C., and S.Wren-Lewis (2009) .Electoral Uncertainty, the Deficit Bias and the Electoral Cycle in a New Keynesian Economy.Oxford University Discussion Paper No.460.

Mash, R. (2010) .Tax Smoothing and Asymmetric Shocks.Mimeo.

Maskin, E., and Tirole, J. (2004) .'The Politician and the Judge: Accountability in Government.' *American Economic Review*, 94 (4) : 1034-54.

Musgrave R. (1998) . 'Public Debt and Intergenerational Equity.' In Arrow, K.and M. Boskin, (eds) *The Economics of Public Debt*.London: MacMillan.

Persson, T., and L.E.O.Svensson (1989) .'Why a Stubborn Conservative would Run a Deficit: Policy with Time-Inconsistent Preferences.' *Quarterly Journal of Economics*, 104: 325-45.

Schmitt-Grohe, S., and M.Uribe (2004) .'Optimal Fiscal and Monetary Policy Under Sticky Prices.' *Journal of Economic Theory*, 114: 198-230.

Von Hagen, J., and I.Harden (1995) .'Budget Processes and Commitment to Fiscal Discipline.' *European Economic Review*, 39 (3) : 771-79.

Woodford, M. (2003) .*Interest and Prices: Foundations of a Theory of Monetary Policy*. Princeton, NJ: Princeton University Press.

Wren-Lewis, S. (2003) .'The Compatability Between Monetary and Fiscal Policies under EMU, in Monetary and Fiscal Policies.'In Buti, M. (ed.) *EMU: Interactions and Coordination*.Cambridge: Cambridge University Press.

Wren-Lewis, S. (2010) .'Macroeconomic Policy in Light of the Credit Crunch: The Return of Counter Cyclical Fiscal Policy? '*Oxford Review of Economic Policy*, 26 (1) : 71-86.

Wren-Lewis, S. (2011) .Comparing the Delegation of Monetary and Fiscal Policy Oxford Economics Discussion Paper No 540.

Wyplosz, C. (2005) .'Fiscal Policy: Institutions versus Rules.' *National Institute Economic Review*, 191: 70-85.

5 公共债务不断上升形势下的独立财政机构

朱莉娅·贝塔斯曼[1]

5.1 引言

近年来，一些发达经济体经历了公共债务的大幅增加，这部分地归因于全球金融危机。本章考察了过去公共债务积累的历史证据、对违约的影响、更广泛的经济影响以及建立独立财政机构（IFIs）来避免不良后果的尝试。

5.2节回顾了两个世纪以来的经历，发现在很多的国家、文化和时期，财政政策上的赤字偏差都十分明显。5.3节总结了一些实证证据，这些证据支持假说：超过一定阈值的债务水平会抑制经济增长。5.4节分析了公共债务影响宏观经济表现的主要渠道。5.5节研究了从行为经济学和政治经济学中得到的赤字偏差理论，特别考察了时间不一致性的影响。5.6节描述了独立财政机构的一系列职能，包括帮助政府解决赤字偏差问题、维持财政纪律以及限制债务积累水平使其远在抑制增长的阈值之下。

① 感谢肯尼斯·罗格夫对本章内容的指导(也是本章较早版本的合作者),也感谢乔治·科彼茨的有益建议。

5.2　较高的公共债务：一个反复出现的问题

2007—2009 年的金融危机使 OECD 国家的公共债务激增，目前债务的平均水平已经超过了 GDP。由于政府要承担濒临倒闭的金融机构的债务或为其提供担保、重组银行业并且增加支出来刺激需求，公共债务飞涨。

然而，在很多国家，公共财政的恶化只是普遍财政疲软的近因。在过去的30 年中，在大多数发达国家，债务占 GDP 的比例持续不断地增长。Cecchetti 等（2010，2011）使用覆盖主要 OECD 国家的数据库，发现在 1980—2010 年间，债务占 GDP 的比例翻了一倍。在接下来的几十年中，随着人口老龄化及无资金准备的负债的增长，OECD 国家会面临着进一步的债务增长。

很多研究将过去的 30 年视为经济史上的异常阶段，该阶段显然有着很多独有的特征。但是，Reinhart 和 Rogoff（2009a，2009b）及 Reinhart（2010）使用较长的历史时间序列数据发现，这个阶段最终可能没有那么不同。他们的数据集横跨两个世纪，覆盖 70 个国家，而且包含了大量的经济变量。这个数据集展示了一个预算史，从中发现较高的公共债务时期在不同的时点、地区和文化中反复出现。

正如 Reinhart 和 Rogoff（2010b）所指出的，公共债务通常遵循一个漫长的、反复的、繁荣—萧条周期。其中，萧条阶段有明显较高的概率会出现主权债务危机。当危机临近时，公共部门借贷飙升。而且在总量上，由于欠款积累并且 GDP 收缩，债务在发生违约之后还会继续增加。政府倾向于掩盖其资产负债表的真实情况，所以，债务的真实水平被低报。政府经常有大量的隐性债务和或有债务。随着危机的深化，这些债务变得众所周知。这会引发更多的恐慌。政府的另一个常见倾向是，当债务过多时，将借贷转移到更短的期限上，也经常转移到以外币计价的工具上，以节省利息支出，但这会增加出现危机的风险。[①]

---

① Hausmann（2004）比较了发达经济体和新兴市场经济体的公共债务的货币构成及期限构成。

在 1800—2009 年间，作者发现，在 5 个较长的时期中，很多国家都处于违约和（或）债务重组的状态。第一个时期是 19 世纪早期的拿破仑战争时期。第二个时期是从 19 世纪 20 年代到 19 世纪 40 年代晚期，在此期间，世界上大约一半的国家（包括所有的拉丁美洲国家）都出现了债务违约。第三个时期是从 19 世纪 70 年代早期到 19 世纪 80 年代晚期。第四个时期始于 20 世纪 30 年代的大萧条，到 20 世纪 50 年代结束，在此期间，世界上大约一半的国家都有违约情况。最近的违约周期，包含 20 世纪 80 年代和 90 年代的新兴市场国家的债务危机。

近期，OECD 成员国债务急剧增长，预示着又要进入一个和上述时期相似的时期。一些欧洲国家，尤其是希腊、葡萄牙、意大利、西班牙和爱尔兰，被认为或多或少地易受违约的影响，或者已经被迫重组负债（事实上或者法律上）。很多欧洲和美国的银行已经对其持有的希腊债券记下了显著的损失。而且，人们对这些银行消化进一步损失的能力十分担忧，这已经在其他欧洲国家和大西洋两岸国家增加了关于潜在违约的紧张情绪。

因此，OECD 国家进行了几乎不间断的政策讨论，包括如何最好地减少债务并在短期内避免财政崩溃，以及如何最好地改革或建立财政机构来避免债务危机的再次复发。这些讨论以一个重要的现象为出发点，即较高的公共债务不是一个近期的或一次性的现象，而是在不同的时点、地区和文化中反复出现。政府似乎有积累过多债务的倾向，即使这有成本和风险。不过，由于快速的人口老龄化、迅速增加的社会福利项目及在全球化经济中税基移动性的提高等问题前所未有地结合在一起，未来恢复公共债务的持续性，会比历史上任何时刻都更具挑战性。

5.3 债务对经济增长的影响

在外行看来，公共债务过多积累的危险，似乎十分明显。但是，实际上，问题远远没有这么简单。在这方面，有意义的跨国实证研究，非常少。研究之所以匮乏，部分原因是：在 Reinhart 和 Rogoff（2009a，2009b）及 Reinhart

（2010）开发数据之前，很难找到长时间的历史时间序列数据来分析债务对宏观经济表现的影响。然而，在那之后，后续研究取得了显著的进展，如Cec-chetti等（2011）对债务实际影响的研究以及Balassone等（2011）对意大利债务和经济增长之间关系的研究。这些近期研究使用了新近可得的数据，而且似乎支持了假说，即非常高的债务水平会阻碍经济增长。

虽然这些初步的实证结果比较脆弱，但促使人们对过多债务积累的传统担忧从而进行重新评估。传统的观点认为，通过促进更高、更平滑的消费，较高的债务水平会提高当代人的福利，但会增加后代人的成本，最终需要由后代人来偿还债务。①代际不平等和递延成本被认为是借债的主要缺陷。最近的研究承认，提高信贷可得性会增加福利，而且促进经济增长。但是，这些研究认为，超过了一定阈值之后，债务会有碍于维持当前的经济增长率。

当债务超过一定水平之后，即使是管理最好的政府，也通常会遭受经济增速的减缓。很难严格确定，债务水平超过多少，就会变成有害的。这个精准的阈值，在不同的国家也存在差异。但是，一般而言，借债的阈值似乎要远远低于理论上限，其中，理论上限是假设债权人总是相信政府能够偿还债务而不顾对公众的税收和福利的影响的情况下得到的。

对于发展中国家和新兴经济体，其债务主要以外币计价，外部债务的阈值可能非常低。Reinhart等（2003）发现，外部的公共债务水平占GDP的比例为30%~40%时，可能就比较危险了；很多有着长期违约历史的国家，便是如此。有着大量低利率资本流入的国家可能会突然发现，市场对这些国家偿还债务的意愿和能力都失去了信心，这会导致利率大幅上升，最终可能使国家陷入危机。如果这些国家没有充分地、积极地做出调整，而且没能从国际货币基金组织获得外部资金支持，政府可能会被迫违约。一些展现出"债务不耐"的政府需要小心维持较低的债务水平，否则会面临出现意料之外的金融危机的重大风险。然后，金融危机又会对经济增长、失业和社会福利产生

---

① Buchanan和Wagner(1977)认为,短视并自私的当代人会过度地贴现、忽视后代人的消费。Auerbach等(1994)提供了财政政策和代际核算的相关内容。

显著影响。

虽然发达国家并不必然会违约或利用通货膨胀来消灭债务，但是，较高的债务仍会带来重大困难。Reinhart 和 Rogoff（2010a）发现，占 GDP 的比例在90%及以上的公共债务水平，与显著更低的经济增长率相关。具体地，在这些国家，经济增长率的中位数会下降1个百分点。Reinhart 和 Rogoff（2010b）发现，此时，即使是发达国家，也会被迫收紧财政政策，来防止利率猛增，但是，发达国家的调整并不一定像新兴市场国家那么剧烈或快速。有趣的是，虽然在理论上不能排除高通胀存在的可能性，但他们几乎没有发现高通胀的证据。

当债务是短期的而且需要被持续不断地再融资时，债务似乎是特别有问题的。在此情形下，政府特别容易受投资者信心丧失的影响，而且无论是否出现金融危机，政府都会被迫将财政政策急剧收紧。然而，有时恰恰当一国的债务快速增长时，政策制定者最倾向于将借贷转变为短期的。这在短期中节省了利息成本，但是增加了无力偿付的风险。

较高水平的私人债务，是另一个风险来源。Reinhart 和 Rogoff（2010b）在统计上证明，私人债务的大幅增加，经常出现在银行业危机之前。由于政府往往以含蓄地或明显地对私人债务进行担保的形式持有大量的隐性债务，政府通常会被迫偿还濒临倒闭的金融机构的债务，以防止出现更广泛的金融业的崩溃。就像在2007—2009年金融危机期间所观察到的，政府也可能会救助陷入困境的企业，这些企业所在的行业包括汽车业和房地产业等，结果使大量的企业和家庭债务最终出现在了政府的资产负债表上。这是为什么主权债务危机常常出现在银行业危机之后的一个重要原因。较高水平的公共债务会使国家面临巨大风险，企业和家庭债务显然也有经济成本。

Cecchetti 等（2011）使用18个OECD国家的数据进行回归分析，发现公共债务对未来的经济增长有持续的、显著的负面影响。如果将公共债务占GDP的比例提高10个百分点，之后，年均经济增长率就会下降17~18个基点。控制公共债务的水平之后，他们发现，企业债务占GDP的比例每提高10个百分点，经济增长率就会下降11~12个基点。他们的研究结果表明，在存在大量公共债务的情况下，较高水平的私人债务会使经济更易受到冲击。

然而，债务和经济增长之间的关系并不是线性的，而是存在阈值效应。在某一点，债务对经济的影响，会从有利的或者中性的变成有害的。当公共债务占 GDP 的比例为80%~100%时，再将该比例提高10个百分点，会使经济增长率下降10~15个基点。对于企业债务，阈值大约是 GDP 的90%，对经济增长的负面影响大约是公共债务的一半。对于家庭债务，结果在统计上并不稳健。

Balassone 等（2011）没有使用一些国家较短时期的数据进行面板数据分析，而是使用意大利较长时期的时间序列数据进行深入分析，发现债务占GDP 的比例对人均 GDP 增长有相当大的负面影响。使用不同的设定和估计方法，这一结果似乎都是稳健的。

Reinhart 和 Rogoff（2011）指出，在他们的数据集中，对于发达国家，在所有的年度观测值中，债务占 GDP 的比例超过120%的观测只有大约1%。这说明，大多数政治家没有尝试达到这个极限。这进一步表明，极高的债务水平最后一定会变得成本太高而难以持续，并且会触发市场反应，其形式是更高的利率或失去市场准入资格。

上述近期的实证研究，应该被谨慎对待。在观察到较高的债务水平和下降的经济增长率之间的相关性之后，还需要做进一步的研究，来确认因果关系的方向，并且判断债务影响经济增长的渠道。然而，初步的研究结果支持了一个更直接的观点，即债务不只是孙辈们的问题，而是对当前经济增长的一个威胁。当公共债务水平接近观察到的阈值时，经济成本立即出现。抑制经济增长的阈值，很可能取决于均衡的实际利率。近年来，世界的实际利率似乎已经呈下降趋势，这使国家可以维持更高的债务水平。然而，世界的实际利率难以预测，就像发展中国家早已易受全球实际利率骤涨的影响一样，高负债的发达国家可能也易受利率波动的影响。

5.4 过多的债务如何损害经济增长

越来越多的文献开始讨论较高水平的公共债务损害经济增长的渠道。高额债务似乎与资本流的减少、宏观经济波动性的上升、债券利差和利率的增加以及储蓄和投资的减少有关。最终，高额债务似乎是通过物质资本和全要素生产率增长的下降来对经济增长产生负面影响，而关于增长模型和增长核算的大量文献已经指出，物质资本和全要素生产率的增长正是经济增长的两个重要决定因素。

Baldacci 和 Kumar（2010）对 1980—2008 年 31 个国家的研究发现，较高的赤字和公共债务对主权债券收益率施加了大幅上行的压力，而且导致长期利率显著上升，其影响幅度取决于国家初始的财政、制度和其他结构条件以及全球金融市场的溢出效应。Checherita 和 Rother（2010）发现，在 1970—2009 年 12 个欧元区国家的样本中，公共债务占 GDP 比例的增长加快 1 个百分点，会使主权长期实际利率增长大约 7 个基点，使名义利率增长 11 个基点。

相似地，von Hagen，Schuknecht 和 Wolswijk（2011）也观察到，财政表现影响投资者对主权风险的定价偏好，特别是在加剧了投资者风险厌恶情绪的金融危机的余波之中。他们指出，在 1975 年纽约市的债务危机之后，对于有较大债务负担的城市和州所发行的债券，市政债券市场开始收取风险溢价。同样地，在 2007—2009 年的金融危机之后，债券市场开始更加强烈地区分财政表现较弱和较强的国家政府。丹麦、芬兰和荷兰的公共债务水平相对较低，因而在债券市场中被奖以相对稳定并且较低的债券收益率。相反地，希腊、爱尔兰和葡萄牙，因其较高的债务水平而在债券市场中受到惩罚，表现为债券利差的大幅增加。研究结果表明，高负债国家面临着借债成本和应付利息突然大幅提高的风险，这限制了进一步的借债。

Kumar 和 Woo（2010）研究了高负债和宏观经济波动性之间的潜在关系。基于和上面的解释相同的原因，他们推断，高负债可能不仅增加了政府经济政策的不确定性，也增加了面对冲击时的脆弱性，这可能会伴随着更高的宏观经济波动性。他们将宏观经济波动性和初始的政府债务水平做一张简单的散点图，发现存在轻微的正相关。

考虑到较高的债务水平对借贷成本的影响，Cecchetti 等（2011）发现，更多的公共债务和私人债务，都和未来的信贷流动负相关。换言之，似乎存在挤出效应，即较高的债务水平减少了未来信贷的可得性。当政府可以借款时，即使存在收入或支出的冲击，政府也可以为本国公民提供基本服务并且平滑消费。但是，债务超过了一定水平之后，政府似乎达到借款的上限。当信贷枯竭时，政府不再能够获得融资的经济增长效益。像战争或金融危机那样的事件，需要政府增加支出，或者减少政府收入，这会迫使政府做出调整。直观来看，当政府消费和投资减少或者变得更容易受到外部冲击时，预计 GDP 增长会放缓。

较高的公共债务水平，也会通过另一个渠道来挤出投资，进而损害经济增长。Checherita 和 Rother（2010）发现，当公共债务占 GDP 的比例超过 45%~68% 的阈值时，公共投资有下降趋势。具体而言，政府可能会削减分配给公共投资的支出，包括维护公共基础设施的支出。Chalk 和 Tanzi（2002）讨论了一个相似的模式。

高负债可能不仅影响公共投资，也会影响整体的国内投资。Kumar 和 Woo（2010）使用详细的经济增长核算数据，发现一国债务占 GDP 的比例提高 10 个百分点，国内投资会减少，其缩减规模大约是 GDP 的 0.4%。新兴经济体受到的影响大约是发达经济体的两倍。

一个相关的研究结论是，较高的债务水平会减少私人储蓄。Checherita 和 Rother（2010）发现，当债务占 GDP 的比例超过 82%~91% 的阈值时，私人部门的储蓄开始减少。他们推断，上述结论的可能解释是：私人部门预期会有通货膨胀压力或者金融市场会出现问题，进而做出减少储蓄或者向海外转移资本的反应。

与预期中的一样，储蓄和投资的减少，与物质资本积累减少和全要素生产率下降有关。Kumar 和 Woo（2010）从标准的新古典增长核算的视角出发，发现债务对经济增长的负面影响，在很大程度上反映在劳动生产率增长放缓方

面，而这是由投资减少和工人的人均资本增长减速所导致的。Checcherita 和
Rother（2010）支持了这一结论。他们发现，高于 GDP 的债务水平，对全要
素生产率有不利影响。

再次强调，这些研究相对较新，而且很多实证结果都是脆弱的。需要做进
一步的研究来识别债务影响经济增长的所有渠道，来解释观察到的两者之间的
非线性关系以及不同的阈值范围。

5.5　心理和制度方面的驱动因素

尽管已经观察到了过多债务的风险和成本，很多 OECD 国家当前债务占
GDP 的比例已远远超过了上面讨论的阈值水平，这些国家的债务负担还在不
断增长，这种趋势毫无结束的迹象。是什么原因导致政府出现成本如此高昂
的行为？甚至在债务开始有负面经济影响之后，为什么政府还会继续积累
债务？

传统的经济学模型，为暂时赤字提供了一些解释。例如，Barro
（1979）关于公共债务问题的经典模型，为随时间调整赤字以保持边际税率
的预期恒定的财政政策提供了一个理由。税收平滑使消费平滑，并且使税
收的扭曲性成本最小化。但是，标准模型不能将持续存在的大规模赤字或
不可持续的赤字合理化，尤其是在和平时期或在经济相对稳定繁荣时期发
生的那些赤字。

OECD 国家自 20 世纪 70 年代以来持续增长的债务水平，拒绝了税收平滑
假说（Malley Philippopoulos 和 Economides，2002），而且，发展中国家的数据
拒绝了各个时期研究所用的模型（Ashworth 和 Evans，1998）。对于上述观察到
的偏离（理论与现实不符），行为经济学和政治经济学的文献提供了几种解释
（其中一些是相关的）。过多债务积累的心理因素和制度原因是复杂的，目前仍
不完全清楚。本节对已有文献进行了简短回顾和评论。

对于赤字偏差，一个粗糙但有力的解释是，政府可能有时间不一致的偏
好。换言之，政府最初可能计划来平衡自己的预算，或尊重一些预先核准的债

务上限，但是，后来政府违背了自己的承诺。Laibson（1997）最早对这种个人内部偏好的反转进行了正式的分析，其框架是家庭生命周期消费和储蓄模式以及永久收入假说。①

Amador（2002）在财政政策方面，讨论了这种形式的时间不一致性。Bertelsmann（2009）将 Laibson 的拟双曲线贴现函数引入到 Barro 关于债务问题的税收平滑模型中来分析主权债务问题。在有一个天真的（或不够老练的）决策者并且有拟双曲线贴现函数的情况下，政府每一期都会偏离其之前制定的最优政策。因此，政府会无限期推迟提高税收收入，并且用不断膨胀的债务来为支出的增加融资，直到危机袭来。然而，从经济学角度来看，这一粗糙的结果是令人不满意的，因为它意味着无知和非理性行为。

Bertelsmann（2009）得到了一个时间一致的解，它是一个老练的决策者及其未来"自我"的动态博弈的子博弈均衡。使用贝尔曼解法，可以发现博弈的马尔可夫完美均衡策略。在这个设定中，一个成熟的政府会意识到永久拖延策略的负回报，而且拒绝推迟执行提高税收收入的任务，前提是它相信所有未来的"自我"都会同样这么做。政府知道，可行税率有一个上限（拉弗曲线的最高点），而且，这个阈值又对财政政策的其他所有要素也施加了上限，包括政府债务。当债务达到可持续的最高水平时，税收收入也会达到其最大值。因此，税收收入和公共债务的时间路径会收敛到一个唯一的稳态，达到稳态时，债务水平和税率都接近其上限，而这些上限取决于整体的经济活动。

这个模型可以解释，为什么在 2007—2009 年金融危机爆发时，很多 OECD 国家的债务占 GDP 比例都达到（或接近）上述讨论的阈值范围。理论上，在金融危机爆发之前，这些国家的债务水平可能是合理的、可持续的。但是，在危机爆发后，金融冲击会减少债务的稳态上限，同时迫使政府增加债务

---

① 在 Laibson 的开创性研究之前，传统模型使用指数贴现函数，而且假设在连续时间内时间偏好率不变，来捕捉这一观察：相对于延迟回报，人们更偏好眼前的回报。Laibson 使用家庭数据进行大量研究（包括研究 401(k) 养老金计划、投资组合和信用卡债务），发现双曲线和拟双曲线的函数形式能更好地描述实际家庭消费的模式。与家庭做出长期权衡取舍相比，家庭在做短期的权衡取舍时，往往会更加缺乏耐心，而且家庭的偏好反转经常导致拖延、过多债务积累和其他的次优行为。

存量来为各种危机后干预措施融资。Bertelsmann的模型为以下制度改革提供了理由：将实际的债务积累限制到远低于上限的水平，进而使国家有更多的余地来应对突发事件。

Reinhart和Rogoff（2009b）分析了过度乐观主义，即政治家和选民持有信念，认为未来会明显比现在更好。他们认为，这是导致在整个历史中反复出现银行危机和债务危机的另一个重要原因。政府和选民往往认为，他们现在可以超支并且迅速积累高额债务，他们相信未来经济会更繁荣，他们将有能力来偿还这些债务。这种心理倾向已经被称为"这次不同以往"心态。

"这次不同以往"心态的起因尚不完全清楚，但是，现有经济理论提供了一些可能的解释。例如，多重均衡模型提供了一种可能的解释：与评估经济崩溃的几率或时间相比，让政府承认经济是脆弱的，更加容易。①多重均衡模型可以解释，为什么即使在极高的债务水平下，政府还会相信"这次不同以往"，而且不能认识到问题的存在，直到为时已晚，经济已经濒临崩溃的边缘。欧元区的危机，可以被解读为"这次不同以往"的一个例子。在危机前，道德风险延迟了对违约风险的感知（尽管一些成员国的公共债务水平远高于阈值），各国一直假设欧元区的成员身份在一定程度上构成了保护盾。

一个密切相关的心理现象是过分自信，或是家庭有低估未来冲击可变性并且在不确定性下做出错误判断的倾向。过分自信的后果是，家庭对未来不确定性的防范不足，储蓄或保险不足。Kahnenman，Slovic和Tversky（1982）列举了这种现象的几个例子。他们的分析也适用于政府，可以在一定程度上解释政府的负储蓄。

某些制度可能会为短期主义、过度乐观主义和过分自信提供特别肥沃的土壤，滋生了这些现象。例如，较短的任期可能会提高政治家的有效贴现率，并使他们没有动力将未来风险和政策的递延成本内部化。例如，Grilli，Masciandaro和Tabellini（1994）发现，政权交替更快、政府更不持久的国家，其赤字

① 一般的多重均衡模型来源于Diamond和Dybvig（1983）关于银行挤兑的分析，解释政府债务危机的多重均衡模型包括Sachs（1984）、Calvo（1988）及Obstfeld和Rogoff（1995，第6章）。

水平更高；而且，较高的债务水平和行政机构的变动频率高度相关。

一个国家的政治制度和预算制度的组成和设计，也起到显著作用。Alesina 和 Tabellini（2007）认为，赤字偏差可能更多地归咎于不正当的制度激励，而非短视或其他心理因素。例如，普遍观察到，政治家有激励花公款来买选票和确保连任。Rogoff 和 Sibert（1988）发现，选举前和选举后的财政政策明显不同，后续研究证实了这些趋势的存在。也有证据表明，在预算制度更透明的国家，滥用公共债务以谋取政治利益的行为可以被限制住（von Hagen，1992）。

债务不仅来源于政党和选民之间的互动，而且产生于政党之间的互动。债务可能会在政党之间的谈判中随时间提供战略优势。Persson 和 Svensson（1989）表明，偏好较低政府支出的保守党，有激励来实施赤字财政，以约束未来左倾政府的支出计划。Alesina 和 Tabellini（1990）进行扩展分析发现，如果政府认为，对于支出结构，其继任者有着与其不同的偏好，那么，任何政府，不论是右翼还是左翼，都可能会有激励来运行赤字并且限制其继任者的支出。

在政治进程中，债务可能是一个有效工具，但它也可能是政治谈判和问题协调失败的消极后果。Weingast，Shepsle 和 Johnsen（1981）最先指出，赤字是公共池问题的后果；具体而言，一些政治家（或政党）利用经济的税收收入的公共池，来为有利于其青睐的利益集团的公共支出融资。债务也可能是以下动态过程的后果：政府偏好短期支出，而以长期经济增长和持续性为代价（Amador，2008）。

Alesina 和 Drazen（1991）发现，如果不同社会政治团体没有对财政负担的分配达成一致，那么，公共债务的偿还会被延期。Krogstrup 和 Wyplosz（2008）将此分析应用到货币联盟中，并且发现，国际的和国内的公共池外部性可能在一定程度上导致了赤字偏差；当不同的国家利益集团对转移支付的分配持不一致意见时，这种外部性就会产生。Roubini 和 Sachs（1989）提供了关于协调失败影响的进一步证据。他们发现，较低的赤字和政府力量有关，其中，政府力量是指政策在多大程度上被一个政党控制以及不同政党利益之间的竞争在多大程度上被约束。

政府可能无法理解跨期预算约束的影响，而且，对负债的价值也缺乏足够的了解，即使有些负债已清晰地呈现在资产负债表上。这或许是由于债务不能被自由买卖，因此很难定价；亦或许是核算不充分或者政治化。很多研究发现，对公共账户的报告不够透明，是一个普遍的做法。例如，von Hagen（2010）发现，欧洲各国政府对未来财政表现的预测，并不十分详实。在委托模式下运行的政府，倾向于高估未来的经济增长和税收收入，尤其是当选举临近的时候；在强大的财政规则下运行的政府，倾向于使其经济增长和税收收入的预测值出现向下的偏差。研究结果表明，政府会战略性地使用经济预测，而且抗拒披露所有相关信息。

独立的预测可能偏差更小，但是，即使是独立的经济学家，对所有的政府债务进行可靠、彻底评估的能力也十分有限，因为他们往往不能及时获得有关公共财政的所有信息。在缺乏准确信息的情况下，政府不能充分对抗财政风险，选民不能充分追究政府在偏离原定财政政策或者出于政治（或战略）动机而实施政策等方面的责任。所以，在缺乏准确信息的情况下，政治动机以及基于短视、过分自信和过度乐观主义的假设，对财政政策有更大的影响。

5.6 独立财政机构的作用

正如上文所讨论的，过多的公共债务在经济上十分昂贵。但是，受一系列相关的、混合的心理倾向和制度激励的影响，政府不可能采取充分措施来约束债务。基于上文讨论的公共债务问题的理论，本节描述了独立财政机构的一系列职能，这些职能可以帮助政府解决赤字偏差和债务偏差并且维持财政纪律。

可以设计有效的独立财政机构，来处理之前讨论过的每个心理倾向和政治倾向以及其他行为趋势，如政府隐瞒或有债务、虚报资产负债表。例如，独立财政机构可以通过如下方式来对抗现有偏差：发挥咨询顾问的作用；定期向财政政策制定者做报告，不仅报告政府债务和财政政策长期影响（预测值）的真实情况，而且报告在减少投资者信心和抑制经济增长方面的即期成本。

具体而言，独立财政机构的授权可以包括3个方面，在不同程度上帮助控制公共债务的增长。在最低限度上，独立财政机构可以被委托，以提高公共财政的透明度。在这方面，其职权范围可能包括，在政府受到旨在限制公共债务的财政规则约束的国家，监测政府对这些规则的遵从度。在更高的层次上，独立财政机构可以被授权向政府提供政策建议，来恢复债务的持续性；建议的政策可以是相机抉择的行动，也可以是在以规则为基础的财政框架下进行。在最高的层次上，独立财政机构可以被赋予决策权，包括对不遵守债务上限的制裁。

越来越多的OECD国家已经建立或者正在考虑建立独立财政机构，机构的职能范围包括上述大部分职能。本书在后续具体国家的章节中对此展开讨论。这些国家这样做，在很大程度上是为了限制公共债务的增长。在过去的30年中，公共债务不断增长；近期金融危机爆发之后，公共债务的增长进一步加速。①虽然不同的独立财政机构具有不同的构成、规模、预算和职权范围，但是，大多数独立财政机构有一些共同的主要特征，而且，一系列国际公认的良好做法开始出现。②

在财政透明度方面，公众缺乏信息和知识，这可以通过教育和认知活动来解决，包括使其了解全球债务周期。不过，最重要的解决途径是，使其及时获取财政领域发展的全面信息以及各种政策提案的分析报告。从本质上看，大多数独立财政机构都对公共财政进行实时监控，做出经济预测，而且估算立法提案的成本以弄清政策在短期、中期和长期对财政产生的影响（最后一项职能由美国国会预算办公室初创和开发）。

很多政府，甚至包括发达国家的政府，都实行高度不透明的会计核算制度。因此，独立财政机构的基本责任，就是揭露政府隐藏或虚报经济信息的行为，而且对政府债务的轨迹和危险程度做出独立的评估。理想的情况是，独立

---

① Debrun等（2009）、Calmfors和Wren-Lewis（2011）及冯·哈根（第3章），提供了在世界范围内对独立财政机构的调查。

② Kopits（2011）对OECD国家的独立财政机构进行了综述，总结了一些共同特征，并且利用各国经验提出了国际公认的良好做法。

财政机构的评估应该包含中央政府和地方政府的债务（如比利时的财政高级委员会）。通过提高公众的认知度以及建立透明度的新标准，独立财政机构可以加强政府的问责和纪律，进而稳定预期并且恢复可信度。

独立财政机构可以促使政府频繁地公布财政数据，进而确保公众可以及时地获得信息。独立财政机构应有获得广泛财政信息的权限，进而使得机构能够检测和揭露伪造账目的行为，并且对政府预测中的系统性偏差提出质疑。实际上，独立财政机构可以进行独立的宏观财政预测，并使其成为财政政策制定的基础（如荷兰的中央规划局）。或者至少，独立财政机构可以监控并评估政府的预测结果，并对有偏的估计提出质疑。虽然独立财政机构的预测可能同样容易出错，但它们会被完整地、公开地记录下来，必要时还会报告使用的所有数据和方法。

独立财政机构的主要任务是定量评估公共部门债务的成本和风险（包括与预算外担保、国有企业、养老金计划、医疗保险项目相关的隐性债务，或有负债以及其他无资金准备的债务），尤其是当这些债务在很多政府的预算中占越来越大的份额时，定量评估尤为重要。[①]根据这些评估，独立财政机构可以在风险反映在政府的资产负债表或债券市场上之前，就警告政府有财政危险。这样的警告为政府提供了充分的提前期来实施逐步的政策调整，而不是到万不得已、不得不采取痛苦的紧缩措施时才来解决这些问题。这些警告还可以提高公众意识，如果政府不能及时地进行改革，消息灵通的选民可追究政府的责任或者更换政府。

根据选民是否倾向于剥夺其选出的代表对财政政策的一些控制权，独立财政机构可以发挥咨询或监督的作用（如瑞典财政政策委员会），或者被赋予法定控制权，如控制政府支出的绝对水平（但不是支出构成，从本质上看，支出构成永远是一个政治问题）。即使独立财政机构自身没有发挥决策作用，但独立财政机构仍然可以在财政政策的制定和实施中充当重要的角色，即裁判。

---

① Kopits 和 Craig（1998）给出了透明度问题的全面分析。

选民偏好和政府偏好的动态不一致性，可以在一定程度上被有约束力的政策或程序规则所克服。在货币政策领域，中央银行可以锚定它们的政策，并且通过采用货币政策规则（如通货膨胀目标）来更好地协调预期。废除这些规则，需要严格的多数票或总统否决。

关于可行的、以规则为基础的承诺机制，有一些例子。其中，一些是程序规则，如现收现付规则，要求新的支出方案必须由税收的增加或者其他项目支出的削减来资助。其他类型的规则包括支出规则（限制了政府支出的增长）和债务规则（如匈牙利之前对公共债务实际存量的限制）。一些国家已经推出了规则，来限制公共部门的工资增长。其他国家已经引入了数值规则，或者对债务占 GDP 的比例施加一个具体的限制，或者将预算平衡作为目标，或者在经济周期内保持盈余。从总体来看，大多数规则都旨在（直接地或间接地）恢复和维持公共债务的持续性。

越来越多的文献表明，精心设计的财政政策规则在恢复可信度方面是有效的，并且在加强财政纪律、促进经济增长以及保持长期的财政稳定性方面也是有效的。①财政委员会可以帮助政府设计巧妙的财政政策规则（而不是随意的或弄巧成拙的规则），然后监控政府对规则的遵从度。通过让媒体披露政府行为的偏离，同时依靠公众舆论和债券市场所产生的压力，财政委员会也可以阻止政府食言。

一旦政府兑现了对财政规则的承诺，就可以从公众感知变化和市场预期变化中获得好处。Kopits（2011）指出，英国的新政府兑现了遵从中期预算平衡目标的承诺，并且建立了预算责任办公室来监督遵从度，同时匈牙利的新政府却在破坏财政委员会，而此时债券市场对这两种相反的政策信号迅速地做出了反应。尽管英国有较高的公共赤字，其主权利差却在稳步下降，而匈牙利的主权利差飙升。这表明，市场的反应可以为政府提供有效的动力来维持财政纪律。由独立财政机构监督政府对财政规则的遵从度，可以使主权风险溢价下

---

① 例如，参见 Kopits 和 Symansky(1998)提出的精心设计的财政规则的标准。

降，并最终减少政府的应付利息，使政府可以腾出收入用于其他项目，同时还能保持债务的持续性。此外，随后发生的债务水平下降和高速经济增长，产生了一个良性的宏观财政循环。20世纪90年代中期以来，瑞典的经历便是如此。

独立财政机构也有助于减少固定规则所带来的重大风险。一方面，反对规则的一种观点认为，规则是一种生硬的工具，可以导致财政政策的顺周期性，这和 Barro 的税收平滑结论相反。近期的很多理论文献认为，最优的财政政策涉及对冲击做出反应、服从随机游走的稳态债务，而不是保持在某一目标水平、恒定不变的债务。[①]另一方面，有证据显示，在很多国家，相比于以规则为基础的政策，相机抉择政策下的财政状况一直不稳定。[②]总而言之，和过度刚性的命令相比，让政策制定锚定规则但最终由独立财政机构的专家来灵活指导，可能会更好。

反对规则的另一种观点是，根据古德哈特定律，规则会鼓励作弊。政府可以通过谎报或改变变量的定义，来假装遵从规则。例如，一些国家（瑞士和美国）的地方政府在满足所谓的黄金规则的压力下，十分善于将某些支出重新划分为投资。独立财政机构可以减少这种风险，而且可以通过提高整体财政透明度和揭露不良行为来提高遵从度。

规则的最后一个缺点是，任何对规则的偏离，无论多么必要或者合适（鉴于当时的经济形势），都会使整个以规则为基础的框架面临不可信的威胁，并且会使该框架瓦解。经验表明，如果独立财政机构因其良好行为而积累了可信度，那么，对于独立财政机构的偏离，市场是宽容的。这就和一个拥有良好声誉的货币委员会没有实现通货膨胀目标时所发生的情况一样。独立财政机构可以帮助制定一系列的条件，在这些条件下，可能会违背规则。这会帮助公众评估，偏离规则是否合理。因此，独立财政机构可以帮助维持规则和相机抉择之间的微妙平衡。独立财政机构还可以增强财政政策的反周期性，进而强化财政

---

① 参见 Benigno 和 Woodford（2003）、Schmitt-Grohe 和 Uribe（2004）、Kirsanova 和 Wren-Lewis（2006）及 Leith 和 Wren-Lewis（2006）。

② 例如，参见 Taylor（2000）、Auerbach（2002）及 Fatas 和 Mihov（2003）。

政策作为克服经济衰退工具的作用。例如，除结构预算盈余目标之外，最近瑞典财政政策委员会敦促政府采取扩张性的财政政策。

对于克服政府短视和偏差，独立财政机构起作用的另一种方式就是与政治进程绝缘。独立财政机构的雇员由学术界的经济学家和技术专家组成，这些雇员的任期比当选的政客要长，这使机构对政府快速更替和党间权力转移的影响提供了一个额外的缓冲。此外，如果一些财政政策制定的责任被委托给有着较长任期的、独立财政机构的成员，那么，这可能会在政府间提高财政政策的稳定性和连续性，并且可以减缓选举周期和党派争论的影响。

最后，独立财政机构通过及时评估立法机构审议的所有立法提案（不仅是常规立法提案），可能会在解决公共池问题方面发挥越来越大的作用（如美国的国会预算办公室和加拿大的国会预算办公室）。此外，独立财政机构也可以通过设定财政目标或者总支出或总税收的规模来引导财政预算讨论（如美国负责恢复公共债务持续性的国会超级委员会近期充满政治色彩的讨论），但是，独立财政机构应将财政政策更政治化的方面，如支出的构成，留给政客们来决定。

在最高层次上，独立财政机构可能被赋予对预算提案的决策权。独立财政机构的举措与旨在控制预算赤字并将公共债务带回可持续路径的规则相一致。一旦确定政府无法坚持规则，独立财政机构将对主要的自主性支出实施全面削减进而强制执行规则。Harden 和 von Hagen（1995）提出，欧盟成员国应建立所谓的独立的国家债务委员会（NDB），但这个提议在欧盟内外并未获得支持。然而，可以设想，近期在欧元区内推动财政统一的行动，将会包括使每个成员国建立一个国家债务委员会；国家债务委员会由欧盟委员会进行监督，有强制执行权力和半自动的经济或法律制裁，同时也在欧洲法院的管辖之下。

为了有效地完成上述职能并且避免被选民认为是不民主的，独立财政机构需要建立真正无党派和真正独立的声誉。这些机构也必须注意，不要作为由试图接管财政政策的技术专家所组成的非民选机构出现，而是作为一种有益的公共资源，而且能够承担责任。独立财政机构出现的任何政治偏向，都会损害其声誉，破坏其影响力。

当然存在这样的风险，即独立财政机构的独立性可能被破坏，同时机构成员可能受到政治压力。为防止独立财政机构的政治合作并确保其独立性、透明度和有效性，独立财政机构之间互相监督并且互相邀请来对彼此的活动进行定期的同行评审，显得至关重要。此外，独立财政机构可以被国际权威组织在外部进行监控，即国际货币基金组织、欧盟委员会或经济合作与发展组织（假设这些国际组织在技术上有能力进行这种监控）。这些国际组织应通过为政府建立其应遵循的一系列国际良好做法，来保护独立财政机构，使其免于国内政治的干扰。

5.7 结 论

对于建立独立机构来提高财政持续性并避免债务危机，本章展示了一系列有力论点。关于机构改革，主要论点是较高水平的公共债务会使经济增长减速；然而，尽管有成本，仍能观察到政府有积累过多债务的倾向。根据从行为经济学和政治经济学中提取的公共债务理论，本章描述了独立财政机构的一系列职能。通过履行这些职能，独立财政机构可以帮助政府消除赤字偏差并维持公共债务的持续性。

政府不可能赋予独立财政机构作出最终预算决策的权力，这最终是个政治选择，应以民主方式来决定。然而，通过使公共部门更透明、为各种政策在宏观经济和财政方面的影响提供有说服力的分析，独立财政机构可以产生十分显著的影响。非常重要的是，独立财政机构有相当大的自主权，并且和政治进程绝缘；否则，这些机构将容易出现在政治决策者身上所观察到的偏差。

参考文献

Alesina, A., and A. Drazen (1991). 'Why are Stabilizations Delayed?' *American Economic Review*, 81(5): 1170-88.

Alesina, A., and G. Tabellini (1990). 'A Positive Theory of Fiscal Deficits and Government Debt.' *Review of Economic Studies*, 57(3): 403-14.

Alesina, A., and G. Tabellini (2007). 'Bureaucrats or Politicians? Part 1: A Single Policy Task.' *American Economic Review*, 97(1): 169-79.

Amador, M. (2002). A Political Theory of Sovereign Debt. Mimeo, Stanford University.

Amador, M. (2008). Sovereign Debt and the Tragedy of the Commons. Mimeo, Stanford University.

Ashworth, J., and L. Evans (1998). 'Seigniorage and Tax Smoothing in Developing Countries.' *Journal of Economic Studies*, 25(6): 486-95.

Auerbach, A. J. (2002). Is There a Role for Discretionary Fiscal Policy? In Rethinking Stabilization Policy- A Symposium Sponsored by the Federal Reserve Bank of Kansas City Jackson Hole, Wyoming, August 29-31, 109-50.

Auerbach, A. J., J. Gokhale, and L. J. Kotlikoff (1994). 'Generational Accounting: A Meaningful Way to Evaluate Fiscal Policy.' *Joumal of Economic Perspectives*, 8(1): 73-94.

Balassone, F., M. Francese, and A. Pace (2011). Public Debt and Economic Growth in Italy. Economic History Working Papers No.11, Paper presented at Italy and the World Economy, 1861-2011-A Conference, Rome, Banca d'Italia.

Baldacci, E., and M. S. Kumar (2010). Fiscal Deficits, Public Debt, and Sovereign Bond Yields. IMF Working Paper, 10/184.

Barro, R. J. (1979). 'On the Determination of the Public Debt.' *Journal of Political Economy*, 87(5): 940-71.

Benigno, P., and M. Woodford (2003). Optimal Monetary and Fiscal Policy: A Linear Quadratic Approach. NBER Working Paper 9905.

Bertelsmann, J. (2009). Barro Meets Laibson in the Tax-Smoothing Model. Mimeo, Harvard University.

Buchanan, J. M., and R. E. Wagner (1977). *Democracy in Deficit: The Political Legacy of Lord Keynes*. New York: Academy Press.

Calmfors, L., and S. Wren-Lewis (2011). 'What Should Fiscal Councils Do?' *Economic Policy*, 26(68): 649-95.

Calvo, G. (1988). 'Servicing the Public Debt: The Role of Expectations.' *American Economic Review*, 78(4): 647-61.

Cecchetti, S.G., M. S. Mohanty, and F. Zampolli (2010). The Future of Public Debt: Prospects and Implications. BIS Working Paper, No. 300.

Cecchetti, S. G., M. S. Mohanty, and F. Zampolli (2011). The Real Effects of Debt. Paper Prepared for Achieving Maximum Long-Run Growth- A Symposium Sponsored by the Federal Reserve Bank of Kansas City, Jackson Hole, Wyoming.

Chalk, N., and V. Tanzi (2002). 'Impact of Large Public Debt on Growth in the EU: A Discussion of Potential Channels.' In Buti, M, J. von Hagen, C. Martines-Mongay(eds), *The Behaviour of Fiscal Authorities: Stabilization, Growth and Institutions*. London: Palgrave.

Checherita, C., and P. Rother(2010). The Impact of High and Growing Government Debt on Economic Growth: An Empirical Investigation for the Euro Area. European Central Bank Working Paper Series, No. 1237.

Diamond, D., and P. H. Dybvig(1983). 'Bank Runs, Deposit Insurance, and Liquidity.' *Journal of Political Economy*, 91(3): 401–19.

Debrun, X., D. Hauner, and M. Kumar (2009). 'Independent Fiscal Agencies.' *Journal of Economic Surveys*, 23(1):44–81.

Fatás, A., and I. Mihov(2003). 'The Case for Restricting Fiscal Policy Discretion.' *Quarterly Journal of Economics*, 118: 1419–47.

Grilli, V., D. Masciandaro, and G. Tabellini(1994). 'Political and Monetary Institutions and Public Financial Policies in the Industrial Countries.' In Persson, T., and G. Tabellini(eds), *Monetary and Fiscal Policy*. Boston: MIT Press.

Harden, I., and J. von Hagen (1995). 'Budget Processes and Commitment to Fiscal Discipline.' *European Economic Review*, 39(3–4): 771–79.

Hausmann, R.(2004). 'Good Credit Ratios, Bad Credit Ratings:The Role of Debt Structure.' In Kopits, G. (ed.), *Rules-Based Fiscal Policy in Emerging Markets: Background, Analysis and Prospects*. London: Macmillan, 30–52.

Kahneman D., P. Slovic, and A. Tversky(eds)(1982). *Judgment Under Uncertainty: Heuristics and Biases*. Cambridge: Cambridge University Press.

Kirsanova, T. and S. Wren-Lewis(2006). 'Optimal Fiscal Feedback on Debt in an Economy with Nominal Rigidities', CDMA Conference Paper Series 0609, Centre for Dynamic Macroeconomic Analysis.

Kopits, G. (2011). 'Independent Fiscal Institutions: Developing Good Practices.' *OECD Journal on Budgeting*, 11(3):35–52.

Kopits, G., and J. Craig (1998). Transparency in Government Operations. IMF Occasional Paper, No. 158. Washington DC: IMF.

Kopits, G., and S. Symansky (1998). Fiscal Policy Rules, IMF Occasional Paper, No. 162. Washington DC: IMF.

Krogstrup, S., and C. Wyplosz (2008). A Common Pool Theory of Supranational Deficit Ceilings. The Graduate Institute of International Studies, Geneva.

Kumar, M. S., and J. Woo(2010). Public Debt and Growth. IMF Working Paper, No. 174.

Laibson, D. (1997). 'Golden Eggs and Hyperbolic Discounting.' *Quarterly Journal of Economics*, 112(2): 443–77.

Leith, C., and S. Wren-Lewis(2006). Fiscal Stabilisation Policy and Fiscal Institutions. WEF Working Papers 0007, ESRC World Economy and Finance Research Programme,

Birkbeck, University of London.

Malley, J., A. Philippopoulos, and G. Economides (2002). 'Testing for Tax Smoothing in a General Equilibrium Model of Growth.' *European Journal of Political Economy*, 18(2): 301–15.

Obstfeld, M., and K. Rogoff (1995). *Foundations of International Economics*. Boston, MA: MIT Press.

Persson, T., and L. Svensson (1989). 'Why a Stubborn Conservative would Run a Deficit: Policy with Time-Inconsistent Preferences.' *Quarterly Journal of Economics*, 104(2): 325–45.

Reinhart, C. M. (2010). This Time is Different Chartbook: Country Histories on Debt, Default, and Financial Crises. NBER Working Paper, 15815.

Reinhart, C. M., and K. S. Rogoff (2009a). 'The Aftermath of Financial Crises.' *American Economic Review*, 99(2): 466–72.

Reinhart, C. M., and K. S. Rogoff (2009b). *This Time is Different: Eight Centuries of Financial Folly*. Princeton, NJ: Princeton University Press.

Reinhart, C. M., and K. S. Rogoff (2010a). Growth in a Time of Debt. CEPR Discussion Paper, 8310.

Reinhart, C. M., and K. S. Rogoff (2010b). From Financial Crash to Debt Crisis. NBER Working Paper, 15795.

Reinhart, C. M. (2010c). This Time is Different Chartbook: Country Histories on Debt, Default, and Financial Crises. NBER Working Paper, 15815.

Reinhart, C. M., and K. S. Rogoff (2011). A Decade of Debt. Washington, DC: Peterson Institute for International Economics.

Reinhart, C. M., K. S. Rogoff, and M. Savastano (2003). 'Debt Intolerance.' In Brainerd, W., and G. Perry(eds), Brookings Papers on Economic Activity.

Rogoff, K., and A. Sibert (1988). 'Elections and Macroeconomic Policy Cycles.' *Review of Economic Studies*, 55(181): 1–16.

Roubini, N., and J. Sachs (1989). 'Government Spending and Budget Deficits in the Industrial Countries.' *Economic Policy*, 4(1): 99–132.

Sachs, J. (1984). 'Theoretical Issues in International Borrowing.' *Princeton Studies in International Finance*, 54.

Schmitt–Grohe, S., and M. Uribe (2004). Optimal Simple and Implementable Monetary and Fiscal Rules. NBER Working Paper 10253.

Taylor, J. B. (2000). 'Reassessing Discretionary Fiscal Policy.' *Journal of Economic Perspectives*, 14(3): 21–36.

von Hagen, J. (1992). *Budgeting Procedures and Fiscal Performance in the European Community*. Mannheim: University of Mannheim.

von Hagen, J. (2010). 'Sticking to Fiscal Plans: The Role of Institutions.' *Public Choice*, 144(3–4): 487–503.

von Hagen, J., L. Schuknecht, and G. Wolswijk (2011). 'Government Bond Risk Premiums in the EU Revisited: The Impact of the Financial Crisis.' *European Journal of Political Economy*, 27(1): 36–43.

Weingast, B. R., K. A. Shepsle, and C. Johnsen (1981). 'The Political Economy of Benefits and Costs: A Neoclassical Approach to Distributive Politics.' *Journal of Political Economy*, 89(4): 642–64.

第二部分

内部推动产生的独立财政机构的经验

6 美国：财政监督的先锋

尤金·斯图尔勒和斯蒂芬妮·兰宁[1]

6.1 引 言

美国国会预算办公室（CBO）有着悠久的历史，并在世界范围的财政监督机构中负有声望。但大家对国会预算办公室的理解，需要与旨在改善预算编制的其他相关举措相结合。此外，国会预算办公室依赖其他预算和分析办公室的诚信度、专业技术和广度来准备自己的报告。

1974年的《国会预算和截留控制法》（也称为《预算法案》）建立了国会预算办公室。[2]该法案试图重申国会对联邦预算的控制权，部分原因是应对理查德·尼克松总统对"截留"的使用，进而防止机构挪用已经被拨付的资金（US Senate，1998）。

国会预算办公室显然会削弱总统的管理与预算办公室的重要性。更一般

---

① 作者感谢菲利普·乔伊斯、乔治·科彼茨、凯莱布·奎肯布什、鲁道夫·彭纳、爱丽丝·里夫林和保罗·范德沃特的宝贵建议和帮助。

② 在美国，加利福尼亚州的立法分析师办公室（LAO）是第一个财政监督机构，它于1941年建立在一个次国家级的立法机构之中。

地，该法案会减少行政机构对预算的影响。然而，当时"水门事件"正处于高潮时期，总统面临被弹劾的威胁，他不想做任何可能会惹恼国会的事情。

在国会预算办公室成立后的几年中，总统的立法权进一步减弱。游说者在追求特殊规定时，已经越来越多地绕过了行政机构。对于第一轮预算草案的启动，国会已经承担了越来越多的工作，这是在20世纪行政机构权力扩张之前国会经常发挥的作用。Schick（2009）也指出，这是议会制的一个立法复兴，即使在立法机构并不独立于行政机构的国家，也是如此。立法能动性的提高，与不断变化的政治环境有关，也与预算作为经济管理工具的作用日益突出有关。这也加强了国会预算办公室的权力，并且增加了对国会预算办公室的需求。

在预算过程中增设一个无党派的国会预算办公室，可能会改善预算过程和信息系统，哪怕这只是因为又多增加了一双眼睛在检查预算。但是，国会预算办公室的成功，在很大程度上源于它与日俱增的声誉和保持地位的能力，也归功于它在面对批评时仍能产生有意义的产出。国会预算办公室能有今天的地位，很多因素都发挥了作用。但是，其中的主要因素是国会预算办公室将很多无党派的报告公开，而行政机构（拥有更大权力）出于政治目的，过度地控制了信息向公众的流入。

简要介绍美国预算过程的制度背景之后，本章讨论国会预算办公室和类似机构为公众提供最好服务的条件：无党派、可信度、独立性、分析和估计能力、说服力以及竞争性的（非单一的）信息来源。

然后，本章会讨论国会预算办公室仍面临的一些挑战，包括：估计和预测时，不可避免地会产生误差；估计贷款、担保、政府支持的企业以及信贷项目时的复杂性；重点关注赤字和成本；编制跨领域改革方案的能力有限；特别是考虑到国会预算办公室的政治敏感性，在进行分析和估计以更好地调动各种政策的增长作用方面，国会预算办公室受到约束。

国会预算办公室面临的最重要的挑战是，帮助官员找到方法，来处理长期预算，包括应对公共债务不可持续的趋势。很多国家都面临这一挑战。这一挑战使独立监督机构的授权受到重视。可以认为，不受控制的预算赤字只是一个更大疾病的一个症状：财政民主性下降，因此立法机构试图控制未来预算而不仅是当前预算，其控制程度已经远远超出了历史水平（Steuerle，2012）。现在独立财政机构应该帮忙使当前赤字的影响更透明，也应使当前预算中所包含的很多未来控制措施（和未来赤字）的影响更清晰。

6.2 制度背景

美国联邦预算的分析、估计和制定，涉及大量的公共机构，其中有一些机构只是起到辅助作用。在美国的分权制下，责任在立法机构和行政机构之间进行划分。行政机构主要负责准备预算提案、收集数据以及准备初步的量化估计，而立法机构必须最终批准并拨出预算。国会预算办公室成立之后，国会可以核实行政机构估计结果的可靠性，并且自己进行估计。

国会预算办公室依赖其他官方机构提供的信息，不能脱离开这一点来理解国会预算办公室的运作。在支出方面，信息的主要来源是管理与预算办公室（OMB）。在收入方面，税收数据由美国国内收入署（IRS）提供，而财政部的税收分析局（OTA）进行了大量的税收研究和模型开发。①国会的税收联合委员会（JCT）往往承担了财政部税收分析局的工作（包括税收模型的优化），并为税法起草委员会进一步完善这些工作。国会预算办公室可能和其他机构意见不统一，或者让其他机构去做进一步的工作。但是，在大多数情况下，国会预算办公室依赖于其他机构提供的数据。

国会预算办公室和管理与预算办公室，分别是立法机构和行政机构中承担主要预算责任的两个办公室，但它们的目的不同。国会预算办公室履行估计和分析的职能，为国会中所有政党服务。而管理与预算办公室直接为总统服务，其职能包括制定预算、在部门之间协调、分析各种方案、支持官方政府立场以

---

① 模型包括简单的电子数据表以及计量模型、一般均衡模型和微观模拟模型的预测。在很多模型中，假设法律是可以变化的(例如，一个简单的情况是，税率是变化的)，而且模型计算该变化对个体、对社会保险体系以及对经济的影响。更精致的模型,往往会增加模型所依赖的假设。

及管理并监督预算在部门层面的执行。管理与预算办公室及税收分析局的财政预测，其使用的宏观经济预测值由总统经济顾问委员会提供，并与政府的政治目标保持一致。

在评估预算提案和现行项目方面，为国会提供额外信息和分析的其他独立国会机构包括国会研究服务部（CRS）和政府问责局（GAO）。前者受托对现行政策和法律的广泛议题进行研究，而后者执行联邦政府的财政和绩效审计。

国会预算办公室独立地分析主要财政政策提案的预算成本以及短期和中期的影响，无论这些提案由总统提出（预算过程的第一阶段）还是由国会成员提出。国会预算办公室最初的使命是直接为国会提供估计结果，而不是简单地依赖管理与预算办公室所提供的估计结果和预测结果。《预算法案》明确规定，只有各委员会的主席和高级官员可以要求国会预算办公室提供成本估计和研究报告，以及国会预算办公室优先为众议院和参议院的预算委员会服务，然后是拨款委员会、众议院筹款委员会和参议院财政委员会，最后是所有其他的委员会（US Senate，1998）。

国会预算办公室履行两项基本职能。国会预算办公室评估委员会通过的预算方案（即估计预算方案的影响），并进行政策分析。在国会预算办公室内部，有两个团队分别承担这些任务，但是这两个团队有时也会一起进行成本估计。1990年的《预算执行法》提高了成本核算的重要性，该法案要求国会预算办公室评估一项增加支出（强制性支出或福利性支出）或减少税收的提案是否有资金支持（即其是否符合"现收现付"规则）。另外，国会委员会总是想要即时的成本估计，当国会预算办公室的反应花费了一些时间时，国会委员会就会非常沮丧。因此，从政策分析转换到提案评估，为了快速满足要求，国会预算办公室的工作人员一直承受较大压力。

在特定的立法会议期间，压力可能会变得非常大。2009—2010年，当奥巴马总统的医疗改革提案正在考虑之中时，国会预算办公室的工作人员就投入了相当多的时间来分析该提案。虽然工作人员已经加了很长时间的班，但是国会成员还是抱怨他们需要等待预算估计或预测的结果。与此同时，国会预算办公室也需要完成其他任务，如政府预算的常规报告、对总统提出的预算方案进行评估以及完成其他的政策分析。国会预算办公室的工作人员也需要对模型进行开发和维护，包括对退休和相关问题的长期模拟。顺便说一句，这项工作补充了社会保障和医疗保险的受托人（一个包括公共和私人受托人的监督团体）在对养老、残疾和医疗福利项目的持续性编制年度精算报告方面的职责。

本章重点关注国会预算办公室。但是，需要说明的是，税收联合委员会自从1926年成立以来，对税收相关的议题也进行了相似的独立分析。从技术层面来看，税收联合委员会为税收法案提供收入的估计值，并且国会预算办公室在当前的法律下（假设没有政策变化），基于自己所作的宏观经济假设来作出基准的收入估计和预测。然后，税收联合委员会使用国会预算办公室的估计值和预测值，来估计法律的修改方案对税收收入的影响。在讨论医疗改革提案期间，国会预算办公室依赖税收联合委员会提供的医疗改革提案中涉税变化的收入估计。

国会预算办公室作用的演变，可以参照美国宪法（第1条，第8款）来理解。宪法将大部分的财政权交给了国会；除了提出预算提案和说服公众以外，总统的唯一权力就是行使否决权，而该权力可被国会的有效多数投票所推翻。因此，所有的税收和支出方案都必须被国会批准。这有助于解释，为什么国会预算办公室在预算过程中有特权地位。

国会预算办公室的负责人早就决定不会发布规范性的声明。这反映了对分析限制的实际考虑，也反映了政治考虑，即如何为上级提供最好的服务。虽然在"计划项目预算"、"零基预算"、"目标管理"和"绩效评估"等方面的多次尝试有技术上的优点（Hatry，1999；Mosher，1984），但是，不能指望让它们来替代当选官员在决策中的特权。任何绩效评估结果都不应以这样的方式呈现：假装人们可以简单地基于一些分析者对所有政府活动的净社会回报率的比较来制定法律。更一般地，为了生存，独立财政机构必须退居当选官员之后。无论是以正式的还是非正式的方式，国会预算办公室自身的生存，都在一定程度上依赖上述规则。国会预算办公室经常想方设法地避免公开的对抗。

6.3 特征和职能

随着时间的推移，国会预算办公室的运行条件和很多正面特征，不仅导致了它的成功，也是它能够生存下来的关键。这些条件和特征包括无党派、可信度、一定程度的独立性、分析和估计的能力、说服力和信息的竞争性来源。

6.3.1 无党派

虽然大多数国家的公务员通常非政治性地完成自己的工作，包括在预算领域的工作，但是，他们会受到高级政府官员的政治考虑的限制。美国的行政机构也不例外。近几十年来，白宫对预算制定过程施加了越来越多的政治控制，这加强了对国会预算办公室作为一种新形式的制衡工具的需要，也提高了国会预算办公室的声誉。

国会预算办公室的工作人员几乎全是无党派人士。而且，国会预算办公室大胆宣称："任命完全是基于专业能力，和政治派别无关。"根据法律规定，国会预算办公室负责人的任命，"与政治派别无关，完全是基于其履行职责的适合度"，而且，即使在选举后，国会的权力从一党转移到另一党，国会预算办公室的负责人仍然可以继续其正常的四年任期。

国会预算办公室的负责人，由国会的领导以及众议院和参议院预算委员会联合任命，其中，国会的领导包括众议院议长和参议院临时议长。①然而，实际上，代表了多数党的预算委员会主席，掌管了国会预算办公室负责人的任命。两个委员会轮流任命国会预算办公室的负责人。党的领导人对任命的关注，往往限制了预算委员会主席对国会预算办公室负责人的任命，最后他们会任命符合执政党目标要求的人。

尽管法律规定任命要与政治派别无关，但是，国会预算办公室的负责人往

---

① 值得注意的是,当众议院议长和参议院临时议长对任命持不一致意见时,应该如何处理,法律没有对此作出规定。有时,当缺乏一致意见时,任命会被延后。彭纳认为,避免这一问题的一个可行办法是,由1个人或3个人来任命国会预算办公室的领导,而不是由两个人来任命。

往与执政党有关，有时该负责人过去曾是行政机构或立法机构中的政治官员，或者过去属于与党有密切联系的机构。例如，最近的一些候选人，其发表的声明或从事的研究都赞同了某一政党的政治观点（例如，一方面强调减税对资本收入的正面影响，另一方面淡化退休项目和人口特征变化对预算的影响），而且，在离开国会预算办公室之后，他们会回到更有政治倾向的立场。然而，一旦就职，国会预算办公室的负责人会非常严肃认真地对待无党派的要求。实际上，国会预算办公室的所有负责人都是非常专业的，他们往往是杰出的经济学家，而且，他们在招聘工作人员时，并不考虑政治派别。

国会预算办公室负责人的第一次转换，从民主党任命的爱丽丝·里夫林到共和党任命的继任者鲁道夫·彭纳，是对无党派的第一次检验。通过继续雇用大部分工作人员，并且保持组织结构不变，鲁道夫·彭纳消除了人们对党派转换的担忧和潜在的问题。实际上，"从组织的角度来看，在彭纳的领导下，最显著的结果，就是什么都没有真正改变"（Joyce，2011：36）。

随着时间推移，无党派明显提高了国会预算办公室作为一家客观专业机构的声誉。此外，这使预算委员会及其主席能够基于无偏信息，与行政机构及国会的其他委员会进行谈判。税收联合委员会对税法起草委员会的贡献是相似的。

6.3.2 可信度

无党派这个特征，只能通过具体的行动来展示可信度。对国会预算办公室的可信度的一种度量是：国会中几乎每一个执政党都曾或多或少地抱怨过，国会预算办公室没有提供它们想要的估计值，或者国会预算办公室没有按时这样做。

爱丽丝·里夫林（第2章）和Joyce（2011）认为，国会预算办公室的可信度的发展，可以划分为3个阶段。在20世纪70年代中期，总统是共和党的党员，而国会由民主党控制。在最初建立国会预算办公室的法律颁布不久，国会预算办公室对尼克松总统的预算提案提出了批评，此时，国会预算办公室及其由民主党任命的负责人的公正性受到了质疑。然而，当这个负责人（里夫林）

对卡特总统提议的能源政策的一些经济效应提出异议时，国会预算办公室在政治领域和公众眼中赢得了信誉。里夫林的领导，顶住了来自两边的压力，对于组织可信度的建立，是一个重要的里程碑。

在20世纪80年代早期，里根总统和共和党控制了总统职位和参议院。行政机构基于乐观的增长假设，为减税和增加国防支出对赤字的影响提供了一个"美好景象"。首先在里夫林的领导下，然后在彭纳的领导下，国会预算办公室一直自己进行估计，得到的估计值有效地质疑了行政机构的假设。事实证明，与行政机构相比，国会预算办公室的估计更接近正确值（虽然发生于其间的经济衰退给1981年的所有估计值都带来了更高的预测误差）。

在自己提供估计值时，如果国会预算办公室的负责人不想面对行政机构的指责，那么他（她）就需要采取安全路线。例如，国会预算办公室会采用一种方法，来轻微地减少和管理与预算办公室的预测值的差异。尽管事实上国会预算办公室使用一个不同的模型得到的预测结果可能会更准确，但是他们仍然"允许国会对里根白宫的预测提出疑问，而这些预测基于多种富有想象力的假设"（Joyce，2011：58）。在这种情形下，可信度意味着避免冷落执政党。

对于国会预算办公室的可信度的发展，医疗保险改革开启了一个新阶段，强调了国会预算办公室的可信度。自20世纪90年代早期以来，民主党两次赢得了总统职位和国会两院的控制权。在这两次中，总统都试图制定重大改革，来扩大医疗保险的覆盖率，而这都受到了国会预算办公室的详细审查，而且审查都带来了对改革不利的公示和宣传。而在这两次中，国会预算办公室的负责人，却都是由民主党任命的。对于克林顿总统的提案，国会预算办公室的主任罗伯特·赖肖尔认为，强制性的缴费应该被视为联邦预算的一部分，而不是通过管制所产生的个人费用。尽管赖肖尔从未将这些新收入标记为税收，但是"更高的税收"的印象导致了1994年改革的失败。

大约15年之后，在奥巴马总统的医疗改革法案委员会听证会上，国会预算办公室的主任道格拉斯·埃尔门多夫被提问，问题是该法案是否会减缓医疗成本的增长速度。对此，他的回答是"（医疗成本）曲线被提高了"（Montgomery 和 Murray，2009）（为支付医疗保险扩张成本而节约的一些预算，来自于税收增加以及其他无关支出的削减，而不只是额外的医疗支出约束）。

此外，由于自己的估计结果和预测结果经常被各政治派别的分析者所引用，国会预算办公室赢得了可信度。对于与国家预算政策有关的很多分析，国会预算办公室都已经成为重要的信息来源（Klein，2009）。除美国联邦储备体系之外，国会预算办公室拥有最多高素质的经济学家，他们可能在任一联邦政府机构中工作。

6.3.3　一定程度的独立性

根据 Schick（2009），国会预算办公室是"独立但从属的"。撇开语义上的争论，我们简单地认为，它是独立的。这是从以下角度来看：在国会预算办公室之外，没有人告诉它，应该在报告中写些什么，尽管在怎么作分析以及怎么写报告方面，国会预算办公室受到法律和传统的约束。

最重要的是，国会预算办公室不提出任何政策建议。相比之下，有一些预算责任的其他无党派机构，如政府问责局和国会研究服务部，偶尔会提出一些政策建议。例如，政府问责局会识别出各机构内部需要被改革或淘汰的项目和程序。

与此相关的是，国会预算办公室通常会想方设法地列出各项立法提案的优点和缺点，即使有时提案几乎没有什么优点或缺点。不过，通过采用尽可能客观和公正的假设及分析，往往很难在通读优点和缺点的列表之后，还得不出一个非常强的结论。

最初决定禁止提出政策建议的人，是国会预算办公室的第一任主任爱丽丝·里夫林。这在一定程度上也是参考了罗伯特·赖肖尔的建议。后来，罗伯特·赖肖尔成为了国会预算办公室的第三任主任。正如 Joyce（2011：29）所言："首先，让我强烈地大声宣称，国会预算办公室要做到公平和无党派，而且这能被人们所感知；当我们发现问题时，国会预算办公室要成为一个直接进行分析的专业组织，对问题提出质疑，不带任何偏见或政治倾向。现在这是很难实现的。"然后，里夫林区分了政策建议和技术建议。其中，政策建议是国会预算办公室不应给出的；如果政府有要求，可以提一些技术建议，如对预算编制方式的技术建议。"并不是法律禁止我们提出政策建议，而是一旦我们开始提出政策建议，我们就没有办法来抗拒政治压力或者抵制人们对于我们屈服于政治压力的感知。"

　　然而，有时候，国会预算办公室主任的言论表明，界线是模糊的。例如，Reischauer（1992）对一项关于平衡预算的宪法修正案作出回应，他在众议院预算委员会面前发表声明，认为这是一个"残忍的骗局，让美国公众觉得，再以宪法修正案的形式添加一个程序上的承诺，就能完成任务"。他接着说明："如果不作出削减特定项目支出并且增加特定税收的痛苦决策，赤字不可能会减少。"而这应该是显而易见的。关于赖肖尔的辩词，人们可能认为他的建议是关于程序而非政策的，这符合自我施加的约束。

　　自我保护要求国会预算办公室必须从属于立法者。一个组织越远离立法机构，就会有越多的自由来设定自己的计划或者对政策方向发表更广泛的意见，但是之后它将不得不牺牲一些自由来换取信息访问权限和一种不同类型的影响。

　　与此同时，国会预算办公室的主任和工作人员的工作，往往具有前瞻性。对于任何财政机构的负责人而言，最重要的领导素质是预测未来的需求并为即将到来的政策问题做好准备。有时候，需要用几年的时间来作准备、建立模型及培养工作人员。当问题发生变化时，国会预算办公室的计划也必须改变。有时候，国会预算办公室的主任会为他们认为对其评估十分重要的项目，提出立法请求。在准备具有潜在争议性问题的公开报告时，他们尤其想获得国会的支持。

　　对于建立并保持一定程度的独立性和可信度，先例十分重要。开创先例的一个简单办法就是，使人们形成这样一种预期：覆盖同一个问题的同一种类型的报告将会定期发布。例如，国会预算办公室较为流行的一个报告，详述了多种预算方案，这些方案一般都旨在通过增加税收和削减支出来减少赤字。国会预算办公室并未特意在任一特定政府财政提案公布时发布这个关于预算方案的报告，而是遵循自己的时间表，并且在报告中作出自己的假设。在对特定问题定期发布报告方面设置先例，是国会预算办公室发布无偏信息的一个重要方法，否则其发布的信息可能会被认为是政治敏感的。

6.3.4　分析、估计和预测

在国会预算办公室的早期发展中，一个关键性的决定是允许其进行分析，而不仅仅是数量上的估计或预测。对不同政策方案的讨论、详细解析和检验，提高了国会预算办公室的产出对立法者和公众的价值。

对于分析职能，虽然最初有相当多的国会讨论，但是，里夫林能够在一开始就让国会预算办公室履行分析职能。国会预算办公室的工作人员被分为两部分，分别负责分析和估计的工作。而且，分析和估计被赋予了同等的重要性。税收联合委员会和税收分析局的情况有些相似，这两个机构都将收入估计职能和税收分析职能分开履行。

在早期，国会预算办公室选择将分析报告公开。在政府机构中，这个选择不能被认为是理所当然的。实际上，里夫林召开新闻发布会，解释国会预算办公室关于卡特能源政策的估计结果，被认为是一个不同寻常的、备受瞩目的事件，特别是考虑到这些估计结果对政府的政策质疑。

国会预算办公室的分析职能的演变，一直持续到今天。例如，公共养老金和医疗保险项目的精算预测，在传统上一直由社会保障总署和医疗保险与医疗补助服务中心的一组颇具声望的工作人员来操作。然而，国会预算办公室最近开始采用微观模拟的方法，努力改进对长期财政持续性的预测和分析，尽管那些精算计算中没有用过这种微观模拟的方法，国会预算办公室还是与努力建立模拟模型的精算师们交换信息。

6.3.5　说服力

如果国会预算办公室不具有说服力，那么，上述特征都不能很好地为公共政策服务。因为国会预算办公室的作用是提供估计和分析，当决策者作决策时，将估计和分析的结果告知决策者，所以，国会预算办公室的劝说作用是间接的，而不是直接的。立法者非常重视国会预算办公室的估计结果，这些估计结果最后往往成为立法者支持或反对某项政策的决策基础。

国会预算办公室的估计结果具有说服力，部分原因在于立法过程越来越依赖这些估计结果。就像其他很多国家一样，美国已变得越来越沉迷于债务，因此，国会已对未来1年、5年、10年甚至是更长时间的预算施加了更多的约束。这些约束包括现收现付规则以及收入、支出和赤字的目标。在开始讨论预算法之前，预算委员会的主席和成员往往会等待国会预算办公室的估计结果。

游说者也越来越对国会预算办公室的估计结果感兴趣，因为他们意识到很多政策都将被这些估计结果所推动。现在他们聘请私人部门的顾问，来提供可能反映国会预算办公室估计结果的估计，这样他们就可以相应地构建或重建立法提议。彭纳指出，自国会预算办公室成立以来，游说者的行为已经发生了很大变化。

公众对国会预算办公室的分析报告和预算信息的依赖，加强了国会预算办公室的说服力。这种依赖性日益增长，主要原因是之前提到的行政机构在这方面的失败。可同时也增加了国会预算办公室的压力，将其分析主要限制在实情调查，而这样国会预算办公室就不会被认为有政治动机。

有效性极难被量化，并且有些影响是间接的。可以类比，一个企业使其竞争对手变得更有效率。例如，行政机构、管理与预算办公室和财政部的工作人员在准备财政提案时，会就国会预算办公室对提案可能作出的反应提醒他们的上级，他们可能会面临在公众面前遭遇难堪的威胁，这样会促使他们提供出准确、公正的估计。即使在国会预算办公室并没有采取任何特别行动的情况下，这也带来了更有效的政策。

6.3.6 信息的竞争性来源

为了使分析和估计更加完善，国会预算办公室与处理财政问题的其他公共机构进行交流是十分必要的。相对于工作量而言，国会预算办公室的人力非常有限。正如前文提到的，国会预算办公室最终得到的估计结果，在很大程度上依赖政府的数据和估计值。税收分析局和税收联合委员会是税收问题的主要信息来源，而支出构成的信息大部分来源于各个行政部门内部，这些行政部门会直接地或者通过管理与预算办公室来与国会预算办公室分享信息。①实际上，虽然法律并没有要求各机构协同工作，但是，法律要求各机构为国会预算办公室提供数据。

为了努力解决不同估计结果之间的差异，工作人员之间存在一个非正式的协定，即要利用每个人的竞争优势。可是，当国会预算办公室的工作人员强烈地感觉到一个机构的估计已经出现了错误，他们并不会修正此估计。而是当出现了差异时，试图解释差异的来源。国会预算办公室所作的额外的计算，确实迫使财政机构清楚说明在自己的计算中使用的一些基础假设（Howard，1987）。有时候，不同估计值之间的差异并未被消除，这就可能给官员带来困惑。

未被解决的差异，给国会预算办公室的工作人员带来了更多压力。彭纳指出，他们一直面临持续不断的压力，所以将国会预算办公室的估计值加上相应机构的估计值之后再除以 2（即求平均值）。他认为，应由国会预算办公室来向国会提供最好的、可行的技术信息，而不考虑其他机构的观点。尤其是当其他机构的估计结果有政治倾向时，更应如此。例如，国防部获得了大量增加支出的权限，但是五角大楼估计，这对国防开销几乎不会有任何影响，因为为了尽量减少对赤字的影响，国防部并不会花费这笔已被授权的支出。虽然有和五角大楼合作的压力，彭纳仍然拒绝同意这个观点，因为国防部的估计显然是非常荒谬的。

估计结果或预测结果的差异，可能是非常有争议的。1995—1996 年，政府关闭期间的一个主要问题是，克林顿总统基于管理与预算办公室的预测，建议在未来 10 年中平衡预算，而共和党控制的国会基于国会预算办公室的预

---

① 在美国预算用词中，税收分析局提供了两种收入的估计值（"receipts"和"revenues"）。其中，第一种收入的估计值，是在现行法律和其他经济假设下得到的收入估计值；第二种，是针对正在讨论的提案和法案所得的收入估计值。在国会内部，国会预算办公室提供第一种收入估计值，而税收联合委员会提供第二种收入估计值。

测，提出要在未来7年中平衡预算。^①一方面，国会面临总统否决权的威胁，另一方面，国会又不愿意接受总统的立场。这导致了一个僵局，并使一些不重要的政府服务暂时关闭（Schick，2007）。

国会预算办公室通常会为立法辩论及时发布成本估计结果，一般会在立法最终投票表决之前不久发布。这是因为，国会要根据国会预算办公室的估计，来制定预算目标以及实现这些目标的措施。当国会预算办公室的估计结果在其他政府机构的估计结果之后出现时，国会预算办公室应该能够改进第一个出现的结果。例如，在管理与预算办公室发布对总统预算提案的估计之后，国会预算办公室发布自己的估计结果。到目前为止，国会预算办公室的估计在很大程度上推动了立法进程，以至于国会预算办公室的负责人被称为"首席数字运算员"（Klein，2009）。一旦这个进程全速进展，行政机构通常会停止发布自己的估计值，以避免搅乱进程。例如，2009—2010年，医疗保险重大改革正在进行时，情况就是如此。

需要强调的是，信息还有另一个来源。具体而言，是由非政府智库作出的估计。例如，2010年奥巴马总统的全国财政责任和改革委员会（辛普森-鲍尔斯委员会）的建议，就在一定程度上基于城市布鲁金斯税收政策中心提供的收入估计值。但是，该中心指出，它没有考虑重要的交互作用，如政策建议与直接支出项目的交互作用。而且，考虑到国会预算办公室或税收联合委员会所使用的假设的一些不确定性，该中心的研究也没有完全纳入行为反应效应。此外，全国财政责任和改革委员会的工作人员，大多是由外部的智库和基金会来资助的。

这个总统委员会的工作，可能与2011年成立的、旨在削减赤字的参议院-众议院联合特别委员会（超级委员会）的工作形成鲜明对比。由于超级委员会

---

① 国会和总统都同意要努力平衡预算，但是所需年限不同。克林顿总统反对国会在一些项目上的支出削减，如医疗保险和教育。他认为，对于平衡预算而言，这些削减不是必要的。但是，分歧的出现，也是因为管理与预算办公室和国会预算办公室对一些指标有不同的估计结果，如经济增长和医疗成本增长。此外，这是40年来共和党第一次赢得了众议院的控制权，并且同时控制了国会的两院。

是由国会创建的，它立即雇用了国会预算办公室、税收联合委员会和其他的国会工作人员。这可能会使估计值在立法进程中保持一致，但是，这跳过了评审过程。一般而言，当行政机构向国会提交与其提案相关的估计值时，评审过程就会启动。

总体而言，来自于竞争性信息源的成本估计和预测，极大地提高了立法辩论和行动的质量。在避免偏差和提高准确度方面，竞争也给所有工作人员施加了压力，使他们做得更好。在对抗政治压力方面，竞争也提供了额外的保护。目前，不切实际的方案不大可能在管理与预算办公室出现，而且，国会预算办公室的工作人员被高标准要求着。不过，当估计结果出现差异时，角色和作用需要被明确界定，以尽量减少摩擦。

6.4 过去和未来的挑战

上一节列出了一些特征和条件，这些特征和条件在很大程度上使国会预算办公室在预算过程中成为一个有用的、成功的参与者。下面我们讨论国会预算办公室在过去和未来面临的一些挑战。很多挑战都是由其无法控制的原因所导致，而且，解决这些挑战是很多机构的共同责任。

6.4.1 估计误差和预测误差

近年来，由于国会预算办公室发挥了越来越重要的政策作用，它一直受到批评。一个普遍的批评是，从事后来看，估计和预测是不准确的。例如，近期一些分析者批评国会预算办公室，因为它低估了医疗保险项目提案可节约的预算或者高估了该提案的成本（Gabel，2009）。

显然，独立性并不能保证准确性。除简单的测量误差之外，预测不准确主要有两方面的原因：基本信息不完整、假设法律在未来将保持不变。

关于第一点原因，在很多法案中，能够作为估计基础的信息十分匮乏。在立法辩论和法案通过之前，不管数据是否可得，每一项影响支出或税收的法案，都必须被国会预算办公室和税收联合委员会"评估打分"（也就是说，要计算一项立法提案对预算产生的影响）。显然，不完整的信息会影响估计的准确度。

关于第二点原因，国会预算办公室并没有在预测中包含未来的立法变化，即使这些变化是可以预期到的。换言之，国会预算办公室的预测，不是实际的预测，而是有条件的预测，其条件是财政政策保持不变。国会预算办公室必须要按照法案的文字内容来评估，即使其中的政策是不可持续的。2010 年的《平价医疗法案》，情况差不多就是这样。该法案假定，医疗保险补偿会大幅削减，而没有人认为这会随时间持续下去。

政治家有时会学习如何玩这个游戏。例如，一个国会成员可能会要求国会预算办公室只分析一项提案的一个特定的方面，或者要求它为实现某个特定预算目标的政策变化留有余地而不明确指出这些政策变化将是什么。2011 年，在关于预算赤字的立法辩论中，国会预算办公室被要求作出假设，即一项特定的长期综合计划（众议院预算委员会主席的计划）将在某种程度上提高税收收入占 GDP 的比例，直至目标水平，而不明确指出这将如何实现。

国会预算办公室的前主任彭纳，在一些预测中发现了一种路径依赖。例如，对收入的乐观假设往往是序列相关的，悲观假设也是如此。彭纳解释道，相关性可能来源于，在发生错误时，对是否要改变估计方法的犹豫不决；如果改变发生太快，"可能被认为是，试图在关于未来赤字水平和谁导致赤字的党派争论中偏向一党或另一党"（Penner，2008）。换言之，虽然预测中的路径依赖有一致性的优点，但它可能会导致进一步的错误。

国会预算办公室每年会发布预测结果，同时将结果与上一年进行比较，并对差异的来源进行解析，包括差异是技术上的还是经济上的。这是非常有用的，有助于解除疑虑，即过去的估计或预测受到了政治因素的影响。改进估计和预测的技术，总会是一个挑战。有时，模型的开发以及工作人员涉足预期未来十分重要的领域，也会使国会预算办公室面临这一挑战。

没有任何一家公共机构或私人机构使用的预测方法、模型或估计方法是绝无错误的。然而，与其他机构的预测相比，国会预算办公室的预测往往有着比较优势。这是因为国会预算办公室有独立性，可以避免政治偏差。这些年来，国会预算办公室一直努力提高透明度，手段是展示其使用的基础数据和方法。但是，在某种程度上，这变成了一项不可能完成的任务。这是因为，现在每天都产生了数百或数千的数字和模型假设，来处理与不断变化的经济相互作用的数千提案。

6.4.2　贷款担保、政府支持的企业及其他信贷项目

几乎所有预算办公室都面临的一个长期存在的问题是，当现金流不能很好地代表随时间变化的预期成本时，应如何立法。近期的金融危机表明，需要更好地核算政府在支持受惠群体和活动获得信贷额度方面的责任，包括房屋抵押贷款、银行存款、助学贷款、退伍军人住房贷款、农业信贷项目及小企业管理贷款和担保。政府贷款包括一些不能被偿还的贷款，当借款人违约时，政府的担保就给纳税人带来了负债。此外，政府支持的企业，可能会在几十年中成功地获得现金流利润，直到出现金融危机。

在美国的新住房贷款中，有很大一部分都由房利美和房地美来投保。虽然房利美和房地美在法律上并不是政府机构，但是，现在国会预算办公室也在预算预测中纳入了这两家公司的金融交易，而管理与预算办公室一般只反映现金交易。当政府搭救储蓄机构或银行时，使用现金流方法的一个后果是，巨额的贷款担保费被快速地散发；对这些贷款的部分偿还或回收，在后来的预算中作为负的支出出现，即使那一年新的政府活动（如对新贷款的新担保）有正的预期成本。

另一个问题是，即使使用现值而非现金记账，应当如何处理风险。1990年的《联邦信贷改革法》（FCRA）规定，新贷款或贷款担保的预计生命周期总成本，应在贷款被发放的那一年予以记录。私人机构会使用有着相似风险和期限的资产回报率，对未来的现金流进行贴现。然而，政府使用国债的利率，来进行贴现。这种核算并不能完全解释所发生的风险。这样做的后果是，联邦信贷项目的预算成本要低于同等支出项目的成本，按市场价格销售贷款会导致预算的损失。国会预算办公室已经发表了很多声明，表明其偏好预算成本的公允价值估计（CBO，2012）。

6.4.3 根据赤字来评判政策

目前，在试图遏制不断上升的公共债务时，政府有时表现得好像赤字并不重要，有时又表现得好像政府的存在只是为了减少赤字。在很多方面，财政监督机构日益扩大的权力，都和正在实施的预算政策的健全程度负相关。因此，决策者更期望从国会预算办公室得到的，是成本估计值以及对某项特定政策会在多大程度上增加或减少预算赤字的评估，而不是更广泛的分析，如提案对工作努力、投资、储蓄和收入平等等问题的影响。

鉴于美国正在面临不可持续的财政形势，将关注点集中在预算赤字上，当然是可以理解的。实际上，如果财政政策更灵活，并且预算在经济周期中接近平衡状态，那么，将会更少地将政策方案按照成本大小和对赤字的贡献来排序。

理想的情况是，每个立法行动的目标，都是使净的社会边际收益最大化。这需要对现行项目和新方案的收益及成本进行权衡和评估。重点关注旨在削减赤字的立法，会使减税或增加支出的新行动的收益不再受到重视，尽管人们可能认为，这些新行动是为了制衡采取相反举措的政治倾向。然而，没有立法行动时，自动发生的增长成本，也不再被强调。在理论上，国会预算办公室的分析，可以扩展到更均衡的层面。但是，时间和资源的约束以及持续不断的赤字压力，严重地限制了国会预算办公室在这方面的努力。

预算数字往往推动了立法决策。例如，1986年，为准备颁布《税收改革法案》而拟定税收改革方案时，财政部提出了一项同时具有赤字中性和收入中性的提案，国会需要在两年的时间里维持这个目标。在1990年和1993年，初步协议提前达成，以期在5年中实现大约5 000亿美元的赤字削减（Schick，2007）。在总统否决的威胁下，近期的医疗保险改革立法必须满足赤字中性的标准。

甚至在讨论政策方案之前，预算约束往往就被设定了，包括赤字中性和收入中性或者是一个具体的赤字、收入或支出目标。而且，预算约束可以凌驾于其他政策目标之上。然后，立法机构围绕着这样的约束，来玩各种游戏。例如，如果赤字削减的目标是 5 年期，成本就会被推到第 6 年及以后。这种做法有时会导致出乎意料的结果。例如，2001 年制定的税收法案提出，要逐步减少遗产税。具体措施是，只对在 2010 年去世的人取消遗产税，然后在 2010 年新法失效之后，再恢复旧法。这一结果背后的推动力，是参议院的程序规则。该规则阻止了在任何"和解法案"的 10 年期之外制定提高赤字的措施（CBO，2009）。

关于国会如何操纵赤字削减目标，然后这些目标必须由国会预算办公室来评估，还可以给出很多例子。医疗保险给医生的费率，按计划会有超过 20% 的削减。但是，该计划一直被年复一年地推迟。类似地，研发的税收抵免会定期制定，但只有一个短暂的有效期。所以，全部的研发成本并没有反映在任何有着 10 年期收入目标的法案之中。在一些情况下，一个 1 年期的收入损失，将由一个 10 年期的支出减少或税收增加来补偿，因此，每一年只覆盖了（粗略估计）1/10 的预期成本。以这种方式，对于支持者希望永远继续下去的一个支出项目或税收减免，现任立法机构不会承担支付全部的 5 年或 10 年成本的责任。

在非常宽松地应用现收现付规则的前提下，一些政治努力，即证明"现行法律"下的未来预测结果接近平衡预算，带来了很多扭曲。通过这样的操作，一个当选的官员总是可以声称，未来的赤字会更小，虽然维持当前政策不变的调整负担都被留给了未来的国会。

总之，目前，人们过多地聚焦于成本和赤字，而忽视项目的有效性和长期的财政持续性。特别是在一个既定的核算期内，这种对成本和赤字的过度关注，极易被滥用。

6.4.4 系统改革的方案极少

在 20 世纪 90 年代晚期的一个短暂时期中，联邦预算似乎暂时是平衡的，或者至少赤字问题是暂时被搁置的。直到医疗保险成本开始真正上涨以及婴儿潮一代开始退休，这种情况才发生改变。然后，国会预算办公室衡量了它的定期报告《削减赤字：支出与收入选择》的价值。该报告过去非常专注于赤字，现在不得不考虑更广泛的改革方案。经过短暂的过渡，该报告在 2000 年被改名为《预算方案》。然而，在2011年，名字又恢复到和以前一样。

通过增加税收和削减福利的方式来减少赤字的方案，已经被提出。但是，出于很多目的，就像国会预算办公室的这份报告，遗漏了关于减少税收和提高福利进而增加赤字的大量分析。如果考虑到立法行动会带来变化，经济波动所推动的自动稳定器也会带来变化，那么，在长期中，政府实际上会同等对待减少赤字的政策和增加赤字的政策，这两类政策都会被使用。所以，对于这两类政策，都需要做好分析。

在制订方案来完成系统改革时，除了抵御来自强大利益集团的一贯压力以外，政府还要面对一个特殊的问题。将多个目标结合起来，可以说这的确很难，尤其是当这些目标涉及多个项目、多个部门或国会的多个委员会时。虽然国会预算办公室在这个领域具有特别的技术优势，但是，国会预算办公室坚持中立的态度、对工作人员的时间要求以及避免提出政策建议的做法，使其在提供更全面的改革方案方面的能力有限。

下面两个例子，展示了国会预算办公室和其他预算机构都很少会提出的方案类型。提高退休年龄，是一项反复出现的改革方案。由于低收入者的预期寿命更短，这项方案往往被认为是累退的。然而，结合最低给付收益，该方案可以提高累进性，并减少提前退休的预算成本（Mermin和Steuerle，2006）。将慈善性支出扣除扩展到更多的纳税人（那些使用标准扣除而不是分项扣除的纳税人），会花费一些钱。但是，这样做可以增加慈善捐赠，如果与捐赠的第一批美元（如收入的1%）免于扣除的门槛相结合，也可以筹集资金。显然，系统的改革要求作出更多的权衡取舍。

平心而论，国会确实经常要求行政机构进行政策研究，但是，各行政部门发布的报告，都会服务于白宫的政治目标。各行政部门通常会试图避免与总统当前的政策立场相冲突，也会避免与任何特定的选民群体产生矛盾。一个例外是，1984年财政部对广泛税收改革的研究表明，可以选用一系列的改革方案，尽管这些方案都不能将支出变化与税收变化相结合。

一个可行的解决方案是，行政机构可以发布无党派的"白皮书"。这也是其他国家的惯常做法。出于这个目的，管理与预算办公室可能会开发经济分析能力和建模能力。而对于国会预算办公室而言，这些能力都是已经具备的。或者，可以加强国会预算办公室的能力，给予其必需资源，使其执行这个非常重要的任务。对于国会预算办公室而言，为了保持其无党派的立场，它可能经常需要为系统改革研发一些方案（但并不总是如此）。

6.4.5 经济影响和动态评估

正如前文所述，如果某个总体指标看起来会夺取立法职能，那么，国会预算办公室就不能根据这个指标来对政策进行排序。但是，对"动态评估"技术的需求，会使国会预算办公室有很大的压力来这样做。这个技术可能会为立法调整提供"免费的午餐"。自由派往往想要将社会项目评估为有着长期回报的人力资本"投资"，进而减少这些项目的预算成本。保守派倾向于将减税政策评估为：该政策会产生刺激供给的影响，进而会使收入下降的幅度很小甚至不下降。任何一方通常都不会想要一个完整的核算，其中包括他们提议的改革给赤字带来的经济成本和风险。

例如，众议院筹款委员会的前主任比尔·托马斯，给税收联合委员会施加压力，让其集合外部专家，来更全面地检验减税政策的反馈效应（政策可能会刺激经济活动）如何传导到税收的收入上，他预期将会发现净成本下降的问题。而最后这个问题得到了充分的研究，但是，不管是税收联合委员会的工作人员还是外部专家，都没有得到能够确认托马斯脑海中完整反馈效应的估计结果。减税的正面影响，会被随后发生的预算赤字的负面影响所抵消。

国会预算办公室一般会对未来前景作出宏观经济假设，并且在立法进程中、在评估提案时坚持这些假设。管理与预算办公室也会作出假设（即如果国会采纳了总统提议的预算方案，经济将会是什么情况），而且在假设中考虑了反馈效应。[①]国会预算办公室、税收联合委员会和税收分析局确实考虑了财政政策的行为反应效应，捕捉到了财政政策对资本收益变现和福利申请的影响，

---

① 与日常的立法评估不同，广泛预测的技术问题并非无法克服。参见匈牙利财政委员会以模型为基础进行预测的经验，也可参见科彼茨和罗姆哈尼(第11章)。实际上，在作总体预测时，国会预算办公室和管理与预算办公室考虑了这些宏观经济效应的反馈作用。

但没有考虑到总体的就业效应。动态评估的方法受到这样的限制，有多种原因。其中的一个原因是，每年都对众多政策变化进行估计，这是不切实际的，更何况每年还有很多法案及修正案需要作评估。[①]

然而，对于上述观点，也有一些合理的反对意见。例如，根据新古典理论，由税收引起的资本成本的下降，会导致固定投资增加，进而可能带来更快的经济增长。一些实证研究也验证了这一点。

类似地，相当多的文献表明，在公共养老金计划下，提高退休年龄会增加工作量，进而减少福利支出并增加税收收入。然而，当这样的一项改革方案被评估时，通常得到的估计结果并不会支持以下观点：劳动力供给增加，会带来宏观经济预算的节约。

2011年，国会预算办公室第一次发表研究声明，认为调整退休年龄，确实可能会产生这样的宏观经济效益和收入效益。不过，当进入这个危险区时，国会预算办公室必须非常小心；所有的立法者都相信，他们的法案将对经济产生有益的影响，所以，他们都想要建立一些正面的反馈效应。

6.4.6　财政民主和公共债务持续性

美国面临的一个重大财政挑战，虽然与其他很多发达国家表现的程度不同，但类型相同。在新闻中和大多数政治辩论中，这个挑战被称为"赤字"问题。然而，正如其他作者指出的（Steuerle，2012），目前被关注的焦点是问题的症状，而不是问题的原因。

问题不仅仅是当期赤字或长期公共债务持续性的问题，也是立法者越来越擅长控制未来预算而不光是当期预算的问题。在支出方面，他们采纳了允许福利项目永久性增长的法律（如自动包括新形式的医疗服务，或者随着工资增长和预期寿命的提高，自动增加退休福利）。在税收方面，他们面临强大的压力来制定永久性的减税方案，使税收低于为政府融资的必要水平，或者没有搭配与减税成比例的支出削减。

---

① 此外,这造成了一些实际问题:对于新法案的每一条内容,动态评估都要求更新基准。动态评估也要求作出关于货币政策效应和财政政策效应及其交互作用的假设。参见 Auerbach(2005)。

这种情况的发展，在近几十年来不断加速。现在正是这个问题，在一定程度上导致了未来债务持续性的匮乏。我们将这个问题标记为财政民主的下降。在历史上，年复一年的新立法行动是长期财政问题的来源。目前的情况是：过去的立法者所通过的法律已经使预算不可持续，即使新的立法者在制订新的支出方案或税收削减方案时十分谨慎，也无法扭转预算不可持续的趋势。

一旦政策制定者为未来的支出"签订了协议"，他们就会迫使预算办公室只针对他们已经签订的协议内容进行估计，尽管这些支出是不可持续的。国会预算办公室和管理与预算办公室现在为所有项目发布未来10年的预算预测结果。除了社会保障和医疗保险的受托人每年为公共养老金和医疗保险项目所准备的75年期精算计算之外，国会预算办公室偶尔也会发布10年以上的情景计算。

长期预测的目的在于，提高政治家和公众关于需要进行综合性财政改革的意识。然而，基准预测也使当选官员，甚至是有经验的预算分析者认为，在现行法律下，未来的盈余在现在也是可得的，盈余可以花费在已承诺的福利增长或更多的永久性减税上。提前承诺未来的税收收入增长（由经济增长推导得到）应该如何被花费，会减少后代实施相机抉择财政政策的空间。

这些财政压力增加了对国会预算办公室的需求：一方面，揭示这些财政问题的独特历史性质；另一方面，为这些问题提供解决方案。为加强解决问题的能力，可能需要放松两个已经提到的约束：过多地关注赤字，特别是关注短期赤字而不是结构性赤字；在提供更广泛的、跨部门的、系统性的、有计划的改革方案方面，没能开发相关的能力。此外，解决这些基本的财政问题，需要制订程序改革的方案，包括提供信息以使官员更负责任。

6.5 结 论

本章介绍了对国会预算办公室的有效性有突出贡献的关键特征。无党派确保机构不会拥护某种特定的政治立场，即使是基于一个"平衡"的角度。可信度使机构的产出可信并且可靠。一定程度上的独立性使机构的结论是基于自己的假设和分析，尽管机构的工作被上级立法机构或其他上级机构的需求所影响。除了估计和预测能力之外，分析能力保障了机构的工作，并且为政策方案的讨论提供了出路。说服力主要来源于其他特征、非常重视工作的高质量以及避免提出政策建议。最后，不同预算机构之间的合作和竞争，提供了一组可比较的估计结果，也提供了解决结果差异的机制，并为机构免受政治干涉提供了一些保护。

在有很多其他政府机构提供信息和技术支持的制度背景下，在国会预算办公室发展的历程中，上述所有特征都在不断演进和完善。在政策制定者和选民面前，将近40年的经验使国会预算办公室处于不可挑战的地位。

国会预算办公室已经面临并且仍将继续面临很多挑战。关于预测，不确定性较大几乎是不可避免的，尤其是在长期的预测中。受到政治和分析两方面的约束，贷款、担保、政府支持的企业和其他信贷项目的预期成本，往往很难在当前的基础上、在适当对风险作出调整之后列入预算。与此同时，对于政策制定者而言，赤字和成本评估的视角，十分狭隘。政策制定者还需要处理更广泛的政策设计问题。可以想象，国会预算办公室可以为系统性改革制订更综合的政策方案，但是作为评估者，国会预算办公室已经有很多任务，而且它一直不愿意朝这个方面努力。同时，这样的任务往往要求提供多种方案，以避免损害在公正性方面的声誉。另外，国会预算办公室既有为持续检验多项立法而维持一个稳定的宏观经济预测的日常需求，也有使政策选择不对改革有偏见（如可能增加劳动力供给或促进经济增长的改革）的弥补性需求。国会预算办公室一直很难协调这两种需求。

参考文献

Auerbach, A. J. (2005). 'Dynamic Scoring: An Introduction to the Issues.' *American Economic Review*, 95(2): 421–25.

Congressional Budget Office (2009). Federal Estate and Gift Taxes. Washington, DC: U. S. Government Printing Office.

Congressional Budget Office (2012). Fair Value Accounting for Federal Credit Programs. Issue brief. Washington, DC: U. S. Government Printing Office. March.

Gabel, J. R. (2009). 'Congress's Health Care Numbers Don't Add Up.' *New York Times*, August 25.

Hatry, H. (1999). *Performance Measurement: Getting Results*. Washington DC: Urban Institute Press.

Howard, J. A. (1987). 'Government Economic Projections: A Comparison between CBO and OMB Forecasts.' *Public Budgeting and Finance*, 7:14–25.

Joyce, P. (2011). *The Congressional Budget Office: Honest Numbers, Power, and Policymaking*. Washington, DC: Georgetown University Press.

Klein, E. (2009). 'The Number Cruncher in Chief.' *The American Prospect*, January 14.

Mermin, G. B. T., and C. E. Steuerle (2006). Would Raising the Social Security Retirement Age Harm Low-Income Groups? Retirement Policy Brief 19. Washington DC: The Urban Institute.

Montgomery, L., and S. Murray (2009). 'Budget Analyst Assails Cost of Congress's Health-Care Proposals.' *The Washington Post*, July 17. <http://www.washingtonpost. com/wp-dyn/content/article/2009/07/16/AR2009071602242.html> (accessed April 2013).

Mosher, F. C. (1984). *A Tale of Two Agencies*. Baton Rouge: Louisiana State University Press.

Penner, R. G. (2008). 'Federal Revenue Forecasting.' In *Govenment Budget Forecasting: Theory and Practice*, Sun, J., and T. D. Lynch (eds), Volume 142 of *Public Administration and Public Policy*, Berman, E. M., and J. Rabin (eds), 11– 25. Boca Raton: Taylor & Francis Group.

Reischauer, R. D. (1992). Statement before the Committee on the Budget U.S. House of Representatives, May 6. <http://www.cbo.gov/ftpdocs/49xx/doc4936/doc18.pdf> (accessed April 2013).

Schick, A. (2007). *The Federal Budget: Politics, Policy, Process*. 3rd edition. Washington, DC: Brookings Institution Press.

Schick, A. (2009). The Legislature's Budget Role: No Longer Fully Dependent, Not Yet Independent. <http://www.oecd.org/dataoecd/50/60/42464324.pdf> (accessed April 2013).

Steuerle, C. E. (2012). 'Fiscal Democracy or Why Sound Fiscal Policy, Budget Consolidation and Inclusive Growth Require Fewer, Not More, Attempts to Control the Future.' In *Promoting Inclusive Growth: Challenges and Policies*, de Mello, L. and M. A. Dutz (eds). Paris: Organization of Economic Cooperation and Development Publishing.

U. S. Senate，Committee on the Budget (1998). Congressional Budget Process: An Explanation. Washington，DC: U.S. Govemment Printing Office.

7　荷兰：培养关于财政政策的共识

弗里茨·博斯和科恩·特林斯[①]

7.1　引　言

荷兰经济政策分析局（CPB），当地称之为中央规划局，是在第二次世界大战之后不久建立起来的，并且是世界上最古老的财政监督机构之一。在其生命周期中，中央规划局在荷兰社会中建立了关于独立性和能力的良好声誉。中央规划局是经济分析的一个广泛、可信的来源，包括短期的宏观经济预测、中期和长期的公共财政预测以及对一系列政策提议（在税收、社会保障、教育和基础设施建设等领域）的成本－收益估计。荷兰的一个独特的特征是，在大选之前，政党会要求中央规划局对其竞选纲领的经济效应作出评估；虽然参加评估是自愿的，但是，所有的主要政党都会参加。荷兰对经济政策和财政政策的制度设计，以及中央规划局在公共辩论中所发挥的突出的分析和监督作用，已

① 作者感谢乔治·格劳夫、埃德温·范德哈尔、艾伯特·乔林、乔治·科彼茨和维姆·苏克对本章较早版本的有益建议。

经被盛赞是成功的。[①]

本章研究这一成功的主要因素。7.2节介绍了历史概况。7.3节和7.4节讨论了中央规划局在荷兰财政政策制定中的职能范围，分别关于4年选举周期和年度预算进程。7.5节评论了保障中央规划局的独立性、质量和相关性的正式安排和既定做法。7.6节进行总结。

7.2 历 史[②]

在简·丁伯根的指导下，1945年中央规划局成立，正式受托从事评估《中央经济计划》的工作。实际上，在发布荷兰经济的管理指导方针方面，中央规划局从未作过任何规划。[③]在成立初期，中央规划局十分重视宏观经济评估和预测，而且，每年的《中央经济计划》（CEP）从未包含任何指导方针。但是，当其名中央规划局在荷兰变得根深蒂固时，机构并没有改名。在国际上，机构以荷兰经济政策分析局的名字出现。

然而，中央规划局花费了一些时间才融入到政策制定过程中，并且在政治领域之外建立了声望，尤其是在财政政策的有效监督方面的声望。[④]中央规划局对财政政策的第一次重大贡献是1946年伴有中央规划局宏观经济预测的政府预算。[⑤]具体而言，财政部对公共收入和支出的估计与中央规划局对国民经济的估计建立了联系，进而限制了政治操纵的范围，而且增加了财政部在与各支出部门谈判时的可信度。此外，中央规划局开始对公共财政提供定期的基于宏观经济视角的看法，作为其宏观经济预测和分析的一个部分，其中，公共财政包括地方政府和社会保障基金。

---

① 例如，参见 IMF（2006）和 OECD（2010）。

② 关于中央规划局的历史，参见 Boogaard（1998）、Don 和 Verbruggen（2006）、Passenier（1994）和 Van Zanden（2010）。关于荷兰财政框架的演变，参见 Bos（2008b）。

③ 战后当选的第一任政府，没有承担规划职能。其意图是，减少政府的作用。

④ 参见 Passenier（1994，3.4节）。

⑤ 参见 Bos（2006，2008a）。

在1953年，中央规划局的第一个宏观经济模型开始运行，并且成为20世纪50年代大多数年份的预测和政策建议的基础。这是开创性的工作，因为在当时建模被认为只是一项学术活动。模型被用于评估指定政策提案的预期影响，这帮助了决策者选择他们偏好的政策集合。[1]

荷兰的财政政策以规则为基础。最著名的规则可能就是，1961年引入的、以趋势为基础的政府赤字准则（本质上是一个结构性赤字规则）[2]。它的目的在于，为确定财政姿态以及消除时间不一致性和公共池问题提供一个多年的基准，也是对政治家和游说团体发表的预算声明的一种防御。在采纳该准则的同时，中央规划局开始发布年度的宏观经济预测报告（其中包括财政估计值），来与政府预算相伴。虽然该准则在早期运作得相当好，但是，随着时间推移，为了适应日益扩大的预算赤字，它的应用变得不透明，直到1974年它被废止[3]。这证实了，这个领域缺乏有效的外部监督（即中央规划局的监督）。在一定程度上基于制定具有约束力规则的需要，在1971年，第一个财政政策顾问组被任命来制定更加严格的规则，中央规划局也参与其中。就像7.3节将讨论的，从那时起，在每次大选之前，顾问组都会重新集合开会，为即将到任的政府提供建议。然而，随着时间推移，中央规划局也承担了积极监督政府对财政规则的遵从度的工作。从1995年开始，财政规则包括对实际净支出和赤字的上限限制，然后是欧盟《稳定与增长公约》的赤字和债务限制。在欧元区的成员国中，荷兰是少数几个没有出现过多赤字问题的国家之一。可以认为，中央规划局对此有较大贡献。

1974年第一次石油危机之后，荷兰经济进入了滞涨阶段，同时具有较高的通货膨胀率和较高的失业率。GDP的年均增长率从5%下降至2%。因此，在1975年，小额政府预算盈余变成了3%的赤字。经济遭受了"荷兰病"：较大规

---

[1] 这种方法反映了Tinbergen(1956)关于规划的观点：虽然政策制定者应该界定政策目标，但是，实现这些目标的实际工具集，应该基于经济模型来挑选。

[2] 参见Zalm(1997)和Bos(2008a)。

[3] 对这个规则的批评，作为对古德哈特定律的一个说明，参见Wellink(1996)。

模的天然气资源的可得性，增加了可支配收入，并将劳动力供给拉向了国内提供非贸易品的部门。出口部门失去了竞争力。此外，天然气资源用于为一个较大规模的残疾保险计划融资，该计划使大约100万工人不再提供劳动力供给。中央规划局对荷兰经济停滞不前的状况进行分析，并且指出，劳动力成本的过度提高损害了荷兰经济的竞争力。一个新的宏观模型，即VINTAF模型，提出了减缓工资增长的政策建议（Hartog和Tjan，1976）。此前，中央规划局使用的是凯恩斯模型，该模型强调经济中需求的重要性。在VINTAF模型中，较高工资率对产能的负面影响十分明晰。VINTAF模型及其政策建议受到了荷兰经济学家和政治家的激烈讨论。中央规划局的观点逐渐地被广泛接受。在20世纪80年代早期，中央规划局降低工资增长率的请求已经生效。

作为一项重大创新，1986年，应主要政党的请求，中央规划局开始对竞选纲领进行评估。具体而言，中央规划局分析竞选纲领中的提议的经济效应，包括对经济增长、失业、家庭收入和公共财政的影响。这些内容会在7.3节进行详细介绍。此后，中央规划局分析的范围扩大了，并且对热门辩论的影响也增加了。

在20世纪80年代的后半期，较高的所得税边际税率、社会保险缴费率以及失业救济金对供给产生的影响，在政策辩论中受到越来越多的关注。为了捕捉这些影响，中央规划局建立了一个劳动力市场的一般均衡模型（MIMIC），致力于增强其分析能力。[①]中央规划局关于财政激励对劳动力供给重要性的新想法，再次引发了经济学家和政治家之间的广泛讨论。这些想法逐渐被广泛接受。同时，左翼党原本很难接受税收和失业救济金会对劳动力供给产生抑制作用的这种想法，后来他们被MIMIC中所含机制说服。从1992年开始，MIMIC一直被频繁用于政策分析。在评估竞选纲领时，该模型也发挥了作用。

早在1950年，中央规划局就已经开始开发长期情景分析。第一批情景分析，强调了宏观经济预测中隐含的不确定性，以及面对这些不确定性时政策要

---

① 参见Gelauff和Graafland（1994）、Donders和Graafland（2000）及Graafland等（2001）。

灵活应变的需要。在1992年的长期情景分析中，在其他的分析视角下，机构的重要性和政府的作用第一次被清晰认定。[1]这是对中央规划局传统的量化建模方法和定性分析的一个综合，通过识别关键的权衡取舍关系和瓶颈问题，长期情景分析为战略性的政策决策提供了一个分析框架。

1993年，中央规划局开始将情景分析方法应用到对德国制度和荷兰制度的综合比较中，这有助于引起人们对政府失灵和市场失灵的关注。[2]具体而言，这种方法理清了为什么德国和美国的制度可以在促进经济增长和提高福利方面取得成功。从那时起，中央规划局会定期发布对特定部门的制度分析，包括社会保障、医疗保险和教育。

在20世纪90年代中期，中央规划局引入了对大规模公共基础设施项目的成本－收益分析（CBA）。[3]虽然政府一开始忽视了这种分析方法所得到的任何不利结果，但是从2000年开始，对于这种分析方法，一直有国家层面的指导方针，来确保假设和方法的统一性。目前，所有由中央政府出资的重大基础设施项目，都要根据这些指导方针进行成本－收益分析。实际上，很多成本－收益分析都不是由中央规划局完成的，但是，中央规划局会对这些分析的质量及其对国家指导方针的遵从度提出意见。

1997年，中央规划局为荷兰引入了代际账户（根据 Auerbach 等（1991）的研究），来评估人口快速老龄化对公共医疗保险和养老金债务的影响。到目前为止，这种前瞻性的分析方法，已经在荷兰的公共财政领域被广泛采用，包括对竞选纲领的评估。7.3节将对此加以说明。

从中央规划局的历史中，可以得到两点重要启示。[4]第一点是，一个独立

---

① CPB(1992a)展示了世界经济的4个长期情景,基于3种不同视角:基于新古典增长理论的均衡视角,政府起到重要作用的凯恩斯协作视角,以及企业发挥主要作用的、不确定性和不完美信息的自由市场视角。CPB(1992b)详细阐述了荷兰经济的这些情景。

② 参见CPB(1997)。

③ 1954年,在荷兰部分地区遭受大洪水灾害之后,在丁伯根的监督下,中央规划局对修高堤坝的计划进行了成本－收益分析。20世纪80年代初期,在预算削减之后,成本－收益分析方法被放弃使用。

④ 对于中央规划局在荷兰政策制定中所起作用的总体概述,参见 Bos 和 Teulings(2010)及 Butter(2009)。

财政机构想要在政策制定过程中扎根并且在质量和独立性方面赢得声誉，需要花费一些时间。起初，由于其他地方没有相似的机构，中央规划局的工作人员和政府对于中央规划局的合意任务及使命，只有一个非常模糊的概念。通过提高公共财政的透明度并揭示公共财政与经济的交互作用，中央规划局循序渐进地、成功地影响了政策辩论，其手段是向政策制定者和广大公众阐明重要的权衡取舍关系。对这些权衡取舍关系的共识，有助于为政策改革赢得政治支持。由于这些改革影响了大型施压团体的利益，中央规划局的声誉和影响不能一蹴而就，并不奇怪。

荷兰经验的第二点启示是，拥有广泛职能范围的财政监督机构，可以和职能范围主要限制在监督财政决策透明度方面的财政监督机构（如美国）一样成功。中央规划局总是对一系列广泛的政策问题进行研究并公开研究结果，例如，向公众提供劳动力供给激励的重要性的计量估计，以及使用代际核算方法分析老龄化对财政持续性的影响。然而，在经济危机和政治动乱的一些时期，如20世纪70年代初期和20世纪80年代预算赤字和债务失去控制时，中央规划局在引导公共辩论方面一直不太成功。

7.3 在选举周期中的作用

在荷兰，每4年会举行一次新国会的选举，或者当政府失去了国会的信任投票时，也会举行选举。荷兰实行多党制，没有一个政党曾在国会中占据过多数席位。因此，在选举之后不久，控制了国会中多数席位的数个政党，会就联合政府的持续达成协议。该协议有变得越来越详细的趋势，因为政党发现很难在选举周期的中途对一些问题进行调解，所以他们更愿意在选举周期伊始就解决这些问题。在为下一个选举期设定财政框架的过程中，中央规划局发挥了重要的作用。中央规划局的作用，包括5个步骤。下面将对此展开讨论。

最值得注意的是，在大选之前，中央规划局会评估主要政党的竞选纲领。在竞选活动中，评估结果的发布，是一个重大的媒体事件。在选举之后，有意成立联盟的政党，会根据中央规划局对竞选纲领的评估结果，就新政府的计划进行谈判。谈判完成后，中央规划局会使用和评估竞选纲领时相同的标准，来评估该计划。按照这样的方法，评估结果是可比的。在此过程中，中央规划局确保了透明度，也保证操作会接近专家判断和政治之间的分界线。这要求有清晰的实施准则，这些准则必须基于中央规划局和政党的共识。

此外，中央规划局在很大程度上参与了年度预算的准备过程。中央规划局提供官方的宏观经济预测结果，并分析这些预测结果对公共支出、税收收入和预算赤字的影响。联合协议为这 3 种财政绩效指标（即公共支出、税收收入和预算赤字）提供了目标，而且，目标在一定程度上取决于经济状况。中央规划局的作用，就是检测政府在多大程度上实现了这些目标。中央规划局所发挥的作用，再次处于专家判断和政治之间的分界线上。为构建中期财政框架，中央规划局一共遵从 5 个步骤。

7.3.1 步骤 1：中期和长期预测

在选举前一年，通向新联合协议之路启动。中央规划局在假设当前政策不发生变化的前提下，对下一任政府的经济和公共财政作出基准预测。此外，中央规划局在假设当前税收体系和公共服务（如医疗保险、教育和公共养老金）不变的前提下，对长期的财政持续性进行分析。[1]

如果当前的公共安排可以被"永远"保持下去，而相对于经济活动的水平而言，公共债务不会激增，那么，就认为公共财政是可持续的。中央规划局提供了持续性缺口的估计值，指明为实现财政持续性，政府支出占 GDP 的比例必须被减少的幅度，或者税收收入占 GDP 的比例必须被增加的幅度。例如，根据中央规划局的计算，在首相吕特政府的联合协议下，持续性缺口将出现约占 GDP 的 3% 的缩减，但仍留下约占 GDP 的 1% 的持续性缺口。

公共财政的持续性，可被视为一个代际收入分配问题。对持续性进行分析，实际上是对政府政策影响代际公平性的一个财政检查。虽然该分析指出了

---

① 例如，参见 Horst 等（2010）。

权衡取舍关系，但是，它并未从福利的视角来提供究竟何种政策措施更为合意的准则。例如，在医疗技术方面的创新，可以增加预期寿命，进而有着较高的社会回报率。但是，在财政持续性方面，医疗研究的公共投资的评估结果极差，因为它不仅增加了公共支出，也通过延长预期寿命而增加了公共养老金。这一推理思路也同样适用于基础设施建设、教育或环境质量方面的支出。

7.3.2　步骤2：顾问组关于财政政策的报告

顾问组受内阁委托，为指定的问题准备报告。此外，顾问组评估过去的预算程序，并为下一个选举周期的财政目标及规则提供建议。中央规划局的中期和长期预测，以及它对特定问题的分析，为顾问组提供了重要信息。顾问组的报告，为长期持续性提供了政策建议。此外，该报告还提供了详细的调整措施，以防万一收入、支出或总体经济在选举期中途偏离了预测值。这些措施是非常重要的，因为很难在选举期中途对预算削减达成一致，所以这些措施是非常重要的。

就总体而言，整个选举周期的支出水平一开始是固定的。对于3大类支出（社会保障和劳动力市场、医疗保险和中央政府的其他支出），存在支出上限，后来这些上限被支出部门分解。每一个部门都有责任将支出保持在预设的上限之下。因此，在某个部门的预算内，如果在一个项目上出现超额支出，应降低在其他项目上的支出来进行补偿。

收入的规则，是不同的。在选举期伊始，税率和其他费率是固定的。在现收现付规则下，由税率或费率变化所导致的收入变化，应由其他地方的抵消性税率或费率变化来补偿。但是，经济周期带来的收入变化，并不需要抵消性的政策变化来补偿。这是为了让自动稳定器来发挥作用。历史表明，没有这类规则时，联合政府往往通过增加税收来抵消超额支出。[①]毋庸置疑，政府在执政期间，一直努力尝试通过巧妙的重新解读来回避规则。例如，收入较低和支出较高之间的区别，并不总是那么突出。那是由于一项补贴可以被视为支出，也

---

① 更多的细节，参见 Bos(2008a)。

可被记为税收减免。因此，根据顾问组的建议，规则的细节被定期调整，来关闭漏洞。关于新规则的建议，通常大多都会被联盟伙伴接受，而且，从总体上看，程序都运行良好。

　　一个主要缺陷是，对结构性经济冲击的任何调整都被留到对一个新联合政府的谈判中，通常每4年才进行一次。当GDP进而税收收入都变得在结构上低于中央规划局在上次谈判中所预期的水平时，规则并不要求政府调整财政立场来适应这种负面冲击。只有在下一次选举结束后，在随后的联合计划的谈判中，调整才会发生。因此，最好有一个分析框架，分析冲击在多大程度上是结构性的以及财政政策的最优反应。目前，中央规划局在其正在进行的研究计划中，正在解决这个问题。

7.3.3　步骤3：竞选纲领的评估[①]

　　中央规划局的一个独特特征是，应每个政党的要求，分析政党竞选纲领的经济效应。实际上，所有主要政党都参与到评估中，因为如果不参与，政党就向选民发出了信号：他们的计划可能在经济上和财政上是不健全的。

　　评估为很多目标服务。其中一些目标，在1986年第一次评估时就已确定，还有一些目标随着时间推移不断演变。首先，和中央规划局的讨论，有助于政党完善它们的计划。政党最初提出的很多政策，都有意想不到的后果。这尤其适用于税收提案。中央规划局系统地研究提案，并且帮助在技术上完善这些提案。实际上，很多提案都根据中央规划局的建议进行了调整。中央规划局也对提案在经济上和法律上的可行性进行了检验。没有通过这项检验的政策，不对其进行评估。为了被准确评估，政策提案往往需要列明具体条款。

　　其次，评估有助于促进政党之间对新政府计划的谈判。通过使所有提案的成本核算具有一个共同的基础，在谈判期间，关于事实的争议被避免（或减少）。使用相同的基本经济假设和方法来评估每个竞选纲领，从而使评估结果

[①]　更详细的讨论，参见 Graafland 和 Ros（2003）及 Bos 和 Teulings（2011）。

的差异不可能源于对经济的不同假设。因此，政党不能夸大提案的收益或低估提案的成本，也不能使用会计花招。[1]此外，提案都以相同的方式展示，以便各政党的承诺可以相互比较。

最后，在竞选活动中，评估发挥着重要作用。中央规划局尽量努力至少在选举前12周就发布评估结果。但是，这并不总是可行的，如政府垮台导致选举突然举行。通过在选举前发布评估结果，中央规划局努力避免对选举结果产生直接影响。

中央规划局一再强调，对竞选纲领的评估，并不是一项审查。但是，媒体正是将其视为审查。中央规划局认为，评估只是使人们深入了解执行提案的后果。政党在此过程中投入了很多努力，而且对评估结果十分敏感。记者们在选举前的最后几周，会使用评估的结果来完成重要的文章和采访。

评估的关键指标是，提案对预算赤字、家庭实际收入和总体经济的影响。[2]评估从两个方面，记录了竞选纲领之间的差异。一方面，评估对竞选纲领在特定领域的影响进行了深入分析，如教育（这是解释未来经济增长的一个重要因素）、房地产市场（严重被扭曲）、基础设施建设、气候变化和医疗保险。另一方面，评估使用代际账户，估计提议政策的长期影响，进而评估公共财政的持续性。例如，退休年龄的逐步增加，有利于促进长期的持续性，但是其执行将超越当前的选举周期。为了阻止政党提出远在下一次选举之后才变得有效的建议，中央规划局在评估中只包括那些在下一次选举周期中至少对可支配收入产生一定影响的政策。即使这样，政党在设计提案时，也颇有创意。这些提案可以改善财政持续性，但在下一任政府任期内，不会影响任何利益集团的利益。在2010年对每个政党的评估中，特定问题的主要指标概览见表7-1（CPB，2010b）。

---

① 例如，使用中央政府的天然气储量、社会保障基金的金融资产或私人房产公司为额外的政府支出或税收减免来"融资"。

② 报告的经济指标是对GDP、就业和失业、工资及通货膨胀的长期影响。对家庭实际收入的影响，可能在不同类型的家庭之间有很大不同。所以，这些影响被表示在一个散点图中，图中有不同组别的家庭和不同水平的初始收入。

表7-1

荷兰：2010年政党的竞选纲领的影响

（除非特别说明，否则都是相对于基准情况的变化）

	CDA	PvdA	SP	WD	PW	GL	ChrU	D66	SGP
提高2015年欧洲货币联盟的平衡（10亿欧元）	18	11	10	20	$15\frac{3}{4}$	$10\frac{1}{4}$	16	$14\frac{3}{4}$	18
公共财政的持续性（10亿欧元）	33	31	16	39	17	35	35	37	32
2015年家庭的购买力（10亿欧元）	$-3\frac{1}{2}$	$+\frac{1}{4}$	$+1\frac{1}{4}$	$-1\frac{1}{2}$	-2	0	$-2\frac{3}{4}$	-3	-8
企业的利润（10亿欧元）	1	-1	$-4\frac{1}{4}$	$-1\frac{1}{4}$	$-2\frac{3}{4}$	$-4\frac{1}{4}$	$-4\frac{3}{4}$	$-1\frac{3}{4}$	$-1\frac{1}{4}$
结构性就业（百分点）	4	$2\frac{1}{2}$	-1	$5\frac{3}{4}$	$\frac{1}{4}$	$4\frac{1}{2}$	$1\frac{1}{4}$	$3\frac{3}{4}$	$2\frac{1}{2}$
公共或私人交通设施（10亿欧元）	$\frac{3}{4}$	$\frac{3}{4}$	$-\frac{1}{4}$	$\frac{1}{4}$	$\frac{1}{4}$	$-\frac{1}{2}$	$\frac{1}{2}$	$\frac{3}{4}$	$\frac{1}{2}$
2020年汽车使用量（%）	-10/-15	-10/-15	0	0	0	-20	-10/-15	-10/-15	-15
2020年公共交通使用量（%）	5/10	5/10	5	0	0	15	5/10	10	5/10
温室气体的减少（百万吨二氧化碳）	36	44	21	2	2	63	38	31	28
大自然的质量（2020）	0	+	+	--	-	++	0/+	0/+	0
大自然的数量（2020）	0	+	0/-	--	-	+	0	0/+	-
教育的GDP效应（结构性的，%）	$2\frac{1}{4}$	$4\frac{3}{4}$	$\frac{1}{4}$	4	$\frac{1}{4}$	$4\frac{1}{4}$	$1\frac{3}{4}$	$3\frac{1}{4}$	$3\frac{1}{4}$
科学或创新（预算，10亿欧元）	-0.07	-0.2	-0.06	-0.1	-1.2	+0.4	-0.33	+0.2	+0.22

续表

	CDA	PvdA	SP	WD	PW	GL	ChrU	D66	SGP
房地产市场（福利收益占GDP的百分比）	0.1	0.5	0.4	0.3	-0.1	0.8	0.5	0.9	0.7
房价的变化（2015，%）	-1	-7	-6	-2	0	-6	-5	-10	-6
2015年租金净额的变化（%）	5	1	-3	10	0	6	6	10	8
2015年的医疗和就业（千）	-10	-15	15	-50	10	15	-30	-40	-35
2015年的自担风险医疗保险（欧元）	230	200~600	0	300	210	150~300	200~600	210~400	150~500
在医疗治疗中有更多（+）或更少（−）的市场力量	+	0/+	--	++	0	0/+	+	++	+

注：

CDA：基督教民主党

PvdA：工党

SP：社会党

WD：人民自由民主党（右翼自由党）

PW：自由党

GL：绿党

ChrU：基督教联盟

D66：六六民主党（左翼自由党）

SGP：改革政党

资料来源：中央规划局。

关于这种评估做法的好处，有广泛的公开讨论。主要的反对意见则体现在三方面。第一，这种做法过度限制了政治辩论。中央规划局是根据潜在的技术依据来对提案进行评判。然而，对于一些问题，经济科学无法给出明确的答案。因此，中央规划局故意抑制对一些问题的评判，即经济学家感觉可以通过纯实证的观点来加以解决，但政党和社会整体认为这是政治上的问题。极端地讲，经济学家只将各代内部和代际的收入分配问题视为需要作出规范判断的问题。其他所有问题都可以根据帕累托效率来定夺，同时，使用市场价格或公民对特定结果的其他显示性偏好指标作为加总的方法。然而，在评估竞选纲领时，中央规划局不愿使用帕累托效率或希克斯－卡尔多福利标准这样的概念。①这些概念试图以技术理由来解决辩论，而实际上这些辩论是高度政治化的。例如，政党对闲暇和市场活动之间的权衡取舍关系有强烈的意见，而经济学家可能只用工资作为闲暇的价格，并留给个人来决定他想要工作多长时间。所以，以更少的闲暇为代价换来的GDP的增长，可能对效率或希克斯－卡尔多福利没有影响。然而，中央规划局只报告了提案对GDP的影响，并没有报告对福利的影响，而后者才应该是被政党所重视的。相似地，是否将市场机制引入医疗领域，在理论上，这是一个可以纯粹以效率为依据来解决的问题。②通过将关注点聚集在效率上，对竞选纲领的评估会干扰政治辩论，其手段是根据观点（被感觉到）的低效率，来贬低特定政党的观点。中央规划局只在对基础设施和房地产市场项目进行成本－收益分析时，使用了希克斯－卡尔多福利标准，因为此时没有扭曲成本的替代指标。

因此，从总体上看，技术（或实证）和政治（或规范）问题的划分，是在公共辩论的过程中设定的，而不是根据福利经济学的理论来设定。中央规划局在公共辩论中发挥了作用。例如，正如7.2节所述，中央规划局提供MIMIC得

---

① 在基础设施项目的成本－收益分析中，中央规划局使用了希克斯－卡尔多福利标准。影响尽可能被量化，并且被转换成货币形式，如使用市场价格。

② 这种说法不能转换成标准观点：大多数政策都同时影响效率和福利分配，而且通常没有工具来纠正对福利分配的影响。

到的估计值，使公平和效率之间的权衡取舍关系更明晰。目前，该模型为竞选纲领的评估提供了重要信息。然而，公共辩论的变化需要时间，不仅只涉及中央规划局，还包括更多参与者。

另外，中央规划局会谨慎挑选评估的问题，这些问题在一定程度上覆盖了所有政党的偏好。例如，过多地关注气候变化会有利于绿党，而忽视环境问题将有利于那些不想过多关注这些问题的政党。①实际上，中央规划局会根据公共辩论的过程以及中央规划局内部的专业知识或总体经济科学的可用性，来决定评估所包括的问题。纳入一个新问题，需要长期的准备。中央规划局需要建立起专业知识，它往往和学术界的专业研究人员合作。此外，在中央规划局纳入一个问题之前，在部门间和政党间会展开广泛的讨论，这是因为中央规划局希望政党对该问题在评估中被处理的方式有正确的认识。

第二个反对评估的意见是，这种做法使辩论偏向一些提案的影响，而这些影响是中央规划局能够进行定量估计的。②例如，医疗机构的重大改革，即允许民营医院自由进入市场并且允许医院破产倒闭，其影响很难评估。这导致政党对中央规划局施加压力，使中央规划局在评估中包括越来越多的问题，并且为提案提供更详细的成本核算。所以，虽然政党有时声称，评估覆盖了太多的问题，但是同时政党在向中央规划局施加压力，使其扩大分析的范围。类似地，中央规划局关于免费午餐可得性的怀疑，实际上可能有利于内部人的小团体，他们收集了大量的租金，而这些租金可能是从广大公众的利益中谋取。对于这些改革能否成功的可行性或不确定性的怀疑，可以成为一个保守力量。

第三，这种做法可能使辩论偏好短期影响，因为长期影响更不确定而且要在下届政府任期结束之后才会出现。特别是当短期影响主要具有凯恩斯主义的性质而长期影响是指经济结构的完善和更好的激励机制时，这个问题尤为重

---

① 中央规划局和另一家公共组织合作，即环境评估局(PBL)，来分析政策对气候变化和环境的影响。

② 对于一些政策提案，中央规划局只给出定性的评估。

要。针对这个反对意见，中央规划局已经将注意力从短期的凯恩斯效应转移到财政的持续性和政策对劳动力供给及长期GDP的结构性影响，如社会福利的工资替代率下降所带来的影响。这一转换通过使用MIMIC来实现。

大量的媒体报道以及评估在竞选活动中所发挥的重要作用，都要求中央规划局提供一系列关于评估质量和客观性以及交流评估结果的清晰规则（见表7-2），以避免政党之间的不公平竞争以及从一党向另一党的信息泄露。[①]中央规划局对一党竞选纲领的评估，以该党提交的信息为基础。中央规划局不会检查提交的信息和该党的其他声明的一致性；留给其他政党和记者来检查不一致之处。如果有必要，中央规划局会澄清其报告的措辞，但是会避免站在辩论的某一队。

表7-2   荷兰：评估竞选纲领的规则

1. 政党不能选择对某一个或多个问题退出评估
2. 基准预测是基于政策不变假设的一个中立的推断
3. 政策预测只包括新的政策提案，基准预测不包括这些提案
4. 在评估所有政党的竞选纲领时，使用相同的方法
5. 在评估中只包括足够清晰、规定明确的政策提案
6. 在评估中只包括能由中央政府（单方面）执行的政策提案
7. 在政府的下一任期内，政策提案应该在法律上和实际操作上是可行的
8. 在评估中不包括影响不能被充分可靠地估计的政策措施
9. 在政府的下一任期内，政策提案应该有实际的影响

7.3.4　步骤4：对联合协议的分析

在选举后，谈判立即开始，来形成一个新的联盟。财政政策顾问组的报告和中央规划局对竞选纲领的评估，是谈判的主要辅助材料。一组政党一旦同意开始谈判，这些政党竞选纲领中的一系列共同提案（被中央规划局评估过），

---

① Bos和Teulings（2011）讨论了这些规则以及评估竞选纲领时的其他很多规则。

就被作为谈判的起点。对于在谈判期间可能被考虑到的各种政策措施，可以将中央规划局对它们的概述作为基础数据。特别地，其他政党的预算削减和额外增收的措施，是灵感的一个普遍来源。作为谈判过程的一个部分，当谈判接近尾声时，中央规划局一般被要求对联合协议的草案进行评估，评估使用的基本方法与评估竞选纲领的方法相同。在谈判结束后，中央规划局要对联合协议进行最终评估。

7.3.5　步骤5：中期财政框架

最后的一步是，财政部从联合协议和中央规划局最新的宏观经济预测着手，来设定财政规则并准备中期的财政框架。考虑到联合协议和最近的财政变化信息，实际支出上限、税收收入、政府赤字和政府债务的水平是固定的。在确定中期财政框架时（包括社会保障、税收和医疗计划等），中央规划局的估计结果是一个重要的基准。因此，在确定新联合协议和制定财政框架的过程中，所考虑的新政策措施都在早期由中央规划局检查了其可行性及在中长期对国民经济和公共财政的影响。

7.4　在年度预算过程中的作用

在年度预算过程中，中央规划局发挥了至关重要的作用（见表7–3）。中央规划局发布经济的季度预测。其中，两个预测结果作为有着官方地位的特殊出版物发布，即3月的《中央经济计划》和9月的《宏观经济预测》（MEV）。这些预测被辅以与荷兰经济相关的、特别关注当前问题的深入分析。对于政府预算和预算赤字，中央规划局分析了宏观经济总量的预测值对预算的影响。[1]作为监督职能的一部分，中央规划局向国会报告，在联合协议中设定的支出上限、收入目标和政府赤字及债务目标是否被实现，以及这些目标是否与欧盟的《稳定与增长公约》一致。

---

[1]　参见 Bos（2008a：表2.3）。

表 7-3   荷兰：年度预算过程

到期日	活动
T-2 11 月	财政部向各部门发布预算通函，开始内部准备工作
T-1 1 月或 2 月	中央规划局向各部门提交初步的《中央经济计划》，其中包含了本预算年度及以后的、更新过的宏观经济和公共财政估计结果
T-1 2 月	各部门向财政部发送政策信件，表明支出的优先次序和可能的预算变化
T-1 3 月或 4 月	财政部根据政策信件向内阁提出调整拨款或削减支出的建议，内阁准备重新调整多年的支出框架
T-1 3 月	中央规划局在假设政策不变的基础上，发布《中央经济计划》
T-1 4 月或 5 月	内阁决定预算的支出方面。由财政部向各部门分发《总额信》
T-1 5 月或 6 月	财政部和各部门对部门的预算构成进行详细谈判。中央规划局向各部门发布《初步的宏观经济预测》，这包含了对荷兰经济和公共财政的最新估计结果
T-1 6 月初	中央规划局向各部门发布《初步的宏观经济预测》，这包含了对荷兰经济和公共财政的最新估计结果
T-1 6 月	《春季备忘录》：国会被告知当年预算计划的概要及第一季度的预算执行情况
T-1 8 月	根据《初步的宏观经济预测》及对预算收入方面的决策，对预算作进一步微调
T-1 9 月中旬	向国会提交国家预算和中央规划局的《宏观经济预测》
T-1 9 月	中央规划局分析反对党提交的预算提案。在国会的第二院然后是第一院，讨论国家预算和其他的预算提案
T-1 12 月末	由国会两院批准通过全部预算章节

注：T 是财政年度。

　　在估计预算时，财政部完全依赖中央规划局的宏观财政预测结果。中央规划局 9 月的预测，和财政部的国家预算同时发布。这消除了预测上的政治压力，而且减少了官方估计中（削减开支或增加税收的影响）的乐观偏差。

MEV和CEP中所含的初步的宏观经济预测结果，将会在内阁会议上被讨论。在该会议上，中央规划局和内阁可以交流意见。这是一个优点，但是，它是有代价的。第一，它在预测的完成和发布之间，强加了一个为期一个月的时滞，而且可能会使初步的预测结果泄露给媒体。这样就会妨碍部门间为避免在实际政策和当前改革方案中出现事实错误而进行的磋商，而事实错误往往会损害研究的可信度。此外，内阁并没有充分的时间来准备首次公开回应。

第二，内阁有时会利用内阁会议对中央规划局施压，这损害了中央规划局作为独立机构的声誉。然而，这个压力只是会改变中央规划局对政府政策评论的措词，不会改变其宏观经济预测结果。对预算赤字的预测，更是有问题的，因为中央规划局不得不在一定程度上依赖于财政部提供的信息。在一定程度上，财政部能够操纵预算赤字的官方数字，如将支出或收入从一年转移到另一年。

在9月，中央规划局应要求对反对党的预算提案的短期影响进行分析，分析基础与政府提案相近。然后，这些分析会和官方预算及MEV一起在国会中讨论。

中央规划局的宏观经济预测，在公共部门和私人部门的工资谈判以及制定长期合约中，也发挥了十分重要的作用。在工资谈判过程中，工会和雇主联合会将中央规划局对合同工资增长的预测结果作为谈判基准。因此，预测是产生最终结果的一个关键点。

上述对选举周期和年度预算过程的概述表明，中央规划局已经深深扎根于政策制定过程中。该过程的程序和时间点被很好地安排，以使中央规划局的预测和分析能够被高效地利用。另外，中央规划局的预测和分析，得益于对机密信息的及时获取。对竞选纲领的评估，为早期对各种政策提案的利与弊进行的事实讨论提供了信息。正式参与政策制定过程的一个危险在于，它给人的感觉是，中央规划局不够独立。

中央规划局在预算过程中的中心地位，要求在中央规划局的独特作用和政党的作用之间有明确的分界线。中央规划局提供经济分析和一般的政策建议。

政策建议不是在规范意义上的，而是从政策分析中得到的。中央规划局预测的时间点，使辩论双方尊重中央规划局的这些作用。例如，对于3月CEP中的预测结果，中央规划局组织新闻发布会来加以说明，但是对于9月MEV中的预测结果，中央规划局没有这样做。这是因为，9月的预测与国会对预算的讨论在时间上有重叠，进而需要避免对政治辩论的干涉。这些做法的主要缺点是，它们很难改变，即使它们已经变得功能失常。例如，3月预测的完成和最终发布之间存在为期一个月的时滞，这已经成为根深蒂固的传统，但阻碍了和广大公众的及时交流。

福利经济学使用帕累托效率标准，在划分实证分析和政治分析之间的界线上，提供的指导作用有限。这是因为福利经济学的分析领域太宽。政治家将很多问题视为规范性的问题，需要作出政治判断，而经济学家经常认为这些问题是实证领域的一部分。财政监督机构应该注意不要过度扩张实证分析的范围，尤其是在评估竞选纲领的时候。然而，机构的研究活动已经为界线逐步向实证分析移动铺平了道路。

7.5 独立性、质量和相关性

1947年的法律所规定的中央规划局的正式结构，是很简单的。它只规定了理事会和中央规划委员会（CPC）的组成。从形式上看，中央规划委员会只是一个咨询机构。但实际上，它起到监督机构的作用，维护了中央规划局的公共责任，同时排除了政府的干涉。2011年以来，从形式上看，对于3个规划局[1]，有一个总规则，规定其工作计划、独立性及与各部门和国会的联系。虽然中央规划局在法律上是一个政府机构[2]，但是，60多年来的传统和

---

[1] 中央规划局负责经济政策问题，社会文化规划局（SCP）负责社会和文化政策问题，而环境评估局负责环境问题。

[2] 从形式上看，中央规划局位于经济事务、农业和创新部之内。部长在和政府其他成员协商后，任命中央规划局的负责人，任期是7年。由部秘书长来评估中央规划局负责人的表现。中央规划局的正式独立程度，弱于荷兰统计局或审计法院，后者的独立性是由宪法规定的。

实践比正式法案更重要。传统已经在程序和实施规则中根深蒂固，所有相关政党都对此十分了解。在雇佣及其他人力资源管理问题、研究结论、新闻发布、发布时间点和拟订研究计划等方面，中央规划局已经很好地建立起独立性。例如，对于研究计划的拟订，如果内阁的准许曾是一个前提条件，那么，中央规划局对代际核算方法的应用可能会更晚发展起来。虽然中央规划局要求所有相关部门对研究计划的主题提出建议，但是，中央规划局可以根据中央规划委员会的建议，自由设定其研究重点。然而，试图直接干涉的行为，多次出现。

政府的一次性补贴占中央规划局资金的80%。其他的20%由指定用于特定项目的额外资金组成，这些资金从政府和欧盟委员会申请。有一个约束中央规划局的规则，使其最多可以吸引一次性补贴的20%作为额外的资金。更大的比例，可能会损害中央规划局的独立性。

中央规划局也应反对党、工会、雇主联合会、国会和整个社会的要求，来提供分析报告。这增强了中央规划局的独立性。中央规划局的出版物，可以免费从其网站下载。反对党可以请求中央规划局对政策想法进行秘密分析。然而，一旦有人参考这一分析结果，中央规划局就会公开发布这个分析报告，以避免其他人不能对其中的观点进行核实。

中央规划局的独立性，要求它不干涉政治辩论，也不干涉政党之间争取选民支持的竞争。中央规划局核心的业务，就是提供源于经济理论的观点。中央规划局试图尽量清晰地表达这些观点，并尽量让更广泛的人群了解这些观点。然而，说服选民支持一个政策而非另一个政策，是政治家的特权。

这意味着，在辩论的初始阶段，在对某个问题提出观点时，中央规划局有着更大的自由度，这时政党尚未对该问题采取强硬立场。中央规划局相应地安排其研究的发布时间。中央规划局试图在辩论之前发布。然而，如果关于某个问题的公共辩论已经在进行之中，中央规划局只应相关政党的要求来作出评估；或者当公众期望中央规划局作出评估时，它也会这样做。中央规划局努力避免成为一个没有授权的仲裁者，但是，实际上它经常被要求扮演这样的角色。

如果公众或反对党不再相信中央规划局的意见的公正性，则会导致中央规划局的地位和声望严重受损。可见，透明度是一个至关重要的条件。中央规划局在分析中使用的所有假设和数据都是公开的，也是可检验的。政府对中央规划局施加的任何压力，都会唤起反向力量。国会和新闻界很快就会发现有麻烦。常设的国会经济事务委员会定期邀请中央规划局的负责人，来讨论中央规划局最近的出版物。公务员努力避免与中央规划局的各部长直接接触，以避免公众产生政府施压的印象。最终，就像在任何开放的民主社会一样，自由的新闻界可能是保护中央规划局独立性的最佳盟友。

中央规划局的研究及分析的科学质量，是其建立声誉的前提条件。大约每5年，中央规划委员会就会任命视察委员会，对中央规划局工作的政策相关性和科学质量进行评估。负责评估政策相关性的委员会成员都是荷兰公民，而负责评估科学质量的委员会主要由国际专家组成。最近科学委员会（CPB，2010a）得出结论：中央规划局使用最先进的方法，在学术研究和政策制定的交汇处，完成了高质量的工作。但是，通过更系统的努力，包括在学术期刊上发表文章以及与学术界建立联系，科学质量可以被进一步提高。该委员会认为，建模占用了过多的资源，其代价是其他形式的政策相关的实证工作可用的资源太少，包括更加充分地运用理论来指导描述性分析和简化式方程的实证研究。该委员会还主张，减少在竞选纲领的评估中所投入的资源，但这个意见没有被中央规划局采纳。

7.6 结　论

经济学家能够在日常的决策中发挥什么作用？对此，Coats（1989：118）持温和的态度。忘记最优政策。经济学家希望能够做到的，最多是"将损害最小化"。这可以伴随着"修改、完善甚至封锁由外行提出的、不妥当的政策提案，手段可以是强调某个行动的机会成本，或者更广泛地说，强调特定政策对整个系统的影响"。如果上述做法成功，就会使公共政策较少受到特定利益集团的影响，也使其较少产生意外后果。关于何种因素有助于减少糟糕政策的损害，中央规划局在65年的经历中获得了一些经验教训。

第一，对于财政监督机构的成功而言，质量和独立性的声誉至关重要。建立起这样的声誉，需要花费一些时间。中央规划局得益于其创始人和第一任负责人简·丁伯根的声望，他不仅是一位科学家，也是荷兰社会的道德代言人。另外，关于投入要素、方法和得出结论的方式，中央规划局是完全透明的。此外，中央规划局对其研究实行永久性的质量控制，并且每5年都会邀请外部的监督委员会来进行评估。

第二，独立财政机构的有效性，关键取决于该机构和政党角色的明确划分。说服选民支持一项政策而不是另一项政策，是政治家的特权。中央规划局致力于为政策提供客观的分析，并不干涉政党之间对选票的竞争。中央规划局试图在政治辩论之前发布分析报告。一旦采取了政治立场，中央规划局就很难提供明智的经济观点。完善的程序在使分界线变得清晰可见的过程中发挥了十分重要的作用，因为它们为政府、国会和公众澄清了，一个特定的辩论究竟与实证分析有关还是与政治偏好有关。

第三，在实证分析和政治判断之间划分界线时，福利经济学的指导作用十分有限。这是因为，福利经济学中使用的帕累托效率的概念，在划分界线时，过多地偏好实证分析，而为价值判断留下的空间不大，也忽视了市场的不完美。基于这个原因，财政监督机构的研究范围不应受到过多限制。中央规划局广泛的职能范围，已经促进公众对相关的权衡取舍关系和政策方案形成共识。这增强了中央规划局的声誉（如通过激烈讨论中央规划局所用模型的基础假设等方式）。这也有利于在政治领域得到正确的解决方案。

第四，财政监督机构和政府之间的联系，有获取内部信息和在决策过程中发挥作用的优点，但缺点是实际的（或感知到的）独立性更难保持。在很大程度上来说，中央规划局在财政政策方面的作用在世界上是独一无二的，而且反映了荷兰的历史环境（如联合政府的普遍存在）。然而，荷兰的经验教训与其他国家是相关的，可以转用到其他国家。荷兰将独立专家机构和高级别的财政政策顾问组结合在一起，给人以无限启发。

参考文献

Auerbach, A. J., J. Gokhale, and L. J. Kotlikoff (1991). Generational Accounts—A Meaningful Alternative to Deficit Accounting. *NBER Working Paper* 3589.

Boogaard, A. van den (1998). *Configuring the Economy; The Emergence of a Modelling Practice in the Netherlands, 1920–1955*. Amsterdam: Thela Thesis.

Bos, F. (2006). The Development of the Dutch National Accounts as a Tool for Analysis and Policy, *Statistica Neerlandica*, 60(2): 225–58.

Bos, F. (2008a). 'The Dutch Fiscal Framework; History, Current Practice and the Role of the CPB.' *OECD Journal on Budgeting*, 8(1): 1–42. Also published as CPB Document 150.

Bos, F. (2008b). Uses of National Accounts: History, International Standardization and Applications in the Netherlands. MPRA Paper 9387. University Library of Munich, Germany.

Bos, F., and C. Teulings (2010). CPB and Dutch Fiscal Policy in View of Ageing and the Financial Crisis. CPB Document 218.

Bos, F., and C. Teulings (2011). 'Evaluating Election Platforms: A Task for Fiscal Councils? Scope and Rules of the Game in View of 25 Years of Dutch Practice'. Paper to be published in the *Proceedings of the Banca d´Italia Fiscal Policy Workshop* 2011. Also downloadable as *MPRA Paper 31536*, University Library of Munich, Germany, <http://mpra.ub.uni-muenchen.de/31536/> (accessed April 2013).

Butter, F. den (2009). 'The Industrial Organisation of Economic Policy Preparation in The Netherlands.' In: Weingart, P., and J. Lentsch (eds), *Between Science and Policy: Quality Control and Scientific Policy Advice*. Cambridge: Cambridge University Press, 227–84.

Coats, A. W. (1989). 'Economic Ideas and Economists in Government.' In Colander, D., and A. W. Coats (eds). *The Spread of Economic Ideas*. Cambridge: Cambridge University Press, 109–18.

CPB (1992a). *Scanning the Future: A Long-Term Scenario Study of the World Economy 1990–2015*, CPB Special Publication No. 1. The Hague: SDU Publishers.

CPB (1992b). *Nederland in Drievoud, een Scenario Studie van de Nederlandse Economie 1990–2015*, CPB Special Publication No. 2. The Hague: SDU Publishers.

CPB (1997). *Challenging Neighbours: Rethinking German and Dutch Economic Institutions*. Berlin and New York: Springer.

CPB (2010a). Focusing on Quality: Report from the CPB Review Committee 2010 (M. F. Hellwig, T. M. Andersen, R. W. Boadway, J. Elmeskov, R. Griffith, and S. van Wijnbergen).

CPB (2010b). Keuzes in Kaart 2011–2015: Effecten van Negen Verkiezingsprogramma´s op Economie en Milieu, CPB Special Publication 85.

Don, F. J. H., and J. Verbruggen (2006). 'Models and Methods for Economic Policy; 60 Years of Evolution at CPB.' *Statistica Neerlandica*, 60(2): 145–70. Also published as CPB

Discussion Paper 55.

Donders, J. H. M., and J. J. Graafland (2000). 'CPB Models and Employment Policy in the Netherlands.' In Butter, F. den, and M. Morgan (eds) , *Empirical Models and Policymaking: Interactions and Institutions*. London: Routledge, 10– 25. Also published in Economic Modelling, 1998, Vol 15(3): 341–456.

Gelauff, G. M. M., and J. J. Graafland (1994). *Modelling Welfare State Reform*. Amsterdam: North-Holland.

Graafland, J. J., R. A. de Mooij, A. Nibbelink, and A. Nieuwenhuis (2001). *MIMICing Tax Reform*. Amsterdam: Elsevier Science.

Graafland, J. J., and A. P. Ros (eds) (2003). *Economic Assessment of Election Programmes: Does it Make Sense?* Dordrecht and Boston: Kluwer Academic Publishers.

Horst, A. van der, L. Bettendorf, N. Draper, C. van Ewijk, R. de Mooij, and H. ter Rele (2010). *Vergrijzing verdeeld; toekomst van de Nederlandse overheidsfinanciën* [Ageing and Distribution; The Future of Dutch Public Finance]. CPB Special Publication 86.

Hartog, H. den, and H. S. Tjan (1976). 'Investments, Wages, Prices and Demand for Labour.' *De Economist*, 124: 32–55.

IMF (2006). Kingdom of the Netherlands: Report on the Observance of Standards and Codes–Fiscal Transparency Module, and the Aide-Mémoire Regarding the Fiscal Framework. *IMF Country Report No. 06/124*.

OECD (2010). *Economic Surveys: The Netherlands*. Paris: OECD, 25.

Passenier, J. (1994). *Van planning naar scanning: een halve eeuw Planbureau in Nederland*. Groningen: Wolters-Noordhof.

Wellink, A. H. (1996). 'Budgetary Control: Goodhart´s Law in Government Finances?' In Kool, C., J. Muysken, and T. von Veen (eds), *Money, Banking, and Regulation: Essays in Honour of C. J Oort*. Dordrecht: Kluwer Academic Publishers, 69–89.

Zalm, G. (1997). 'Economic Science and Fiscal Policy.' In P. A. van Bergeijk, A. Lans Bovenberg, E. van Damme, and J. van Sinderen (eds), *Economic Science: Art or Asset? The Case of the Netherlands*. Rotterdam: Research Centre for Economic Policy.

Zanden, J. L. van, (2010). De spagaat van het CPB, Tilberg, The Netherlands: *Me Judice*, 3, 24 December 2010.

8 比利时：促进联邦体系中的财政纪律

吕克·科恩和吉尔特·兰格努斯[1]

8.1 引　言

比利时财政高级委员会建立于1936年，由很多以前的咨询机构合并而成，是最古老的独立财政机构之一。然而，由于政治干预，它很快就被废弃。它在1967年才被恢复，之后进行了几次改革。[2]更重要的是，在1989年，该委员会的结构和授权从根本上被改变，其依据是为建立联邦国家而进行的宪政改革。同时，这也是为了应对随着地方自主权增加而需要协调宏观财政稳定性的普遍担忧。

财政高级委员会对比利时的与老龄化相关支出进行了长期预测，并且受托在财政政策领域（不只是中央政府的财政政策）发挥重要的监督和咨询作用。这些作用主要由公共部门借贷需求部（PSBR）来执行，该部门建立于1989

① 作者感谢盖哈德·克西盖斯纳、乔治·科彼茨、拉尔夫·克隆伯格和格哈德·斯蒂格的有益建议和意见，但作者对余下的所有错误负责。

② 在委员会的网站上，有简短的历史概述（只有荷兰语的版本）：<http://docufin.fgov.be/intersal-gnl/hrfcsf/onzedienst/PDF/BONDIGEGESCHIEDENIS_HRF.pdf>。

年。然而，该部门并不负责准备短期的宏观经济预测，这项任务被委托给其他独立机构，而这个预测结果正是政府预算的基础。具体而言，国民经济核算研究所（NAI）完成（或分包）一系列的经济统计和预测工作，它成立于1994年，是一家独立的公共机构。[①]

本章重点关注财政高级委员会对预算政策的贡献，尤其是它对整个政府及其下级部门（包括次国家级政府）的预算目标提出的建议。我们评估该委员会在促进比利时财政政策的健全性和合理性方面的表现，并对未来如何加强该委员会的作用及有效性，提出一些思路。

本章结构如下：8.2节对财政高级委员会进行介绍，并评估其授权、结构和任务。8.3节概述了比利时近期的财政政策发展历程，并指出了未来几年在预算方面将面临的挑战。8.4节分析了财政高级委员会的政策建议在多大程度上对财政结果产生了有利的影响。考虑到近期的经历，8.5节提出了一些关于组织方面和强化制度的建议，以增强财政高级委员会在促进财政纪律方面的有效性。最后一节是结论。

8.2 授权、结构和任务

8.2.1 当前的组织和职能

目前，财政高级委员会的一般授权，是对税收、财政和预算政策的相关问题，向财政部长和预算部长提供建议。在这方面，该委员会可以对这些部长的要求作出回应，或者自发提出建议，这些建议在其报告中公开。[②]

该委员会由两个常设的部门和一个研究委员会组成（不像常设部门的成

---

① 实际上，国民经济核算研究所有着特殊的用途，它将自己的任务分包给联邦规划局、比利时国家银行和比利时统计局。联邦规划局准备经济预算，然后由国民经济核算研究所的经济预算科学委员会审批通过，经济预算通常用来准备政府预算（Bogaert等，2006）。

② 财政高级委员会的所有文件，都可以从委员会的网站上下载：<http://docufin.fgov.be/intersalgfr/hrfcsf/adviezen/Adviezen.htm>。2000年之前的报告，参见联邦公共服务财政部发布的文件通报。

员，研究委员会的成员不是财政高级委员会的当然成员）。税收和社会保障缴费部，负责所有和税收政策相关的问题，包括社保缴费。公共部门借贷需求部，负责预算分析和建议。老龄化研究委员会负责分析人口老龄化对预算和社会的影响，并且提供详细的长期宏观财政预测。

财政高级委员会由财政部长担任主席。目前，该委员会有两个副主席，包括比利时国家银行的副行长。该委员会的主席、副主席、各部门的负责人和选定的成员，组成了委员会的官员。虽然在原则上，该委员会的官员负责准备和组织委员会的工作，但是实际上，委员会的活动主要是由两个部门和研究委员会决定的，它们享有很大程度的自主权。

根据财政部长、预算部长、社会事务部长、比利时国家银行、次国家级政府和联邦规划局的建议，比利时王室颁布法令来任命财政高级委员会的成员，并赋予可续任的5年授权。在委员会现在的构成中，除了主席和副主席以外，24位成员均等地分布在两个部门中。此外，一半的成员由联邦政府提名，而另一半由次国家级政府提名。联邦和地区的议会在任命程序中没有起到正式作用，尽管成员资格已经在一定程度上被6个"传统"政党瓜分，同时也在地区、联邦和语言代表方面维持平衡。成员的任期，不和选举周期一致。

财政高级委员会包括其常设部门的秘书处，由财政部的工作人员组成，具体成员由财政部长任命。实际上，秘书处的职责范围较广，包括准备文件和报告的初稿。财政高级委员会的成员和秘书处的工作人员，都在其他机构有全职岗位，而且他们在委员会的服务没有获得任何报酬。

在同类机构中，财政高级委员会是第一个在集体领导制下建立的机构。与其他地方的类似机构相比，该委员会拥有最多的成员，其成员数量超过了秘书人员的两倍。考虑到其历史演变过程，财政高级委员会在组织上是最复杂的。虽然到目前为止，该委员会在比利时享有公正的声誉，但是，考虑到其成员具有多个机构关系和党派关系以及无偿的服务，在财政部长主席职位之下的其他所有人，都对利益冲突、无党派和独立性提出了质疑（Spahn，2007）。然而，考虑到该委员会在相互竞争的利益之间的规范作用，可以认为，公正性只能通过在地区、机构、语言和政治层面的精心平衡来保证。

8.2.2 公共部门借贷需求部的作用①

本章的剩余部分主要关注公共部门借贷需求部，因为它主要负责财政高级委员会中与财政问题相关的工作。这个部门的监督和咨询任务的完成情况，在两个年度报告中呈现。

第一个报告，传统上在第一个季度末发布，包括了对上一年预算执行情况（近年来，是稳定计划的执行情况）的批判性评估。这包括分析整个政府及其下级部门对财政目标的遵从度，而且当目标没有实现时，指出其原因。虽然分析没有遵循一个固定的模式，但它非常详细。公共部门借贷需求部使用结构性预算平衡的指标，检查了公共财政的潜在发展变化趋势。这些指标已对经济周期和非经常性因素进行了校正。

第二个报告，被称为"年度报告"，传统上在初夏发布。它包括了公共部门借贷需求部对中期和长期预算目标的建议。对于长期预算目标，公共部门借贷需求部考虑了老龄化研究委员会的预测结果。这个预测结果在一个年度报告中发布，发布时间比公共部门借贷需求部的报告早了几周。公共部门借贷需求部的建议，适用于整个政府和次国家级政府。②

在第一个报告中，对财政政策的评估没有严格遵从任何法律义务，而公共部门借贷需求部对所有次国家级政府的借贷需求的年度建议，源于1989年关于行政大区和语言区的财政法案。在这种情况下，该部门可能会向（联邦）财政部长提出建议，来限制某个次国家级政府的借贷。这可能是自发的，也可能是应财政部长的请求。这是为了避免损害国家的经济和货币联盟，或者是为了防止结构性的预算偏移。根据这些建议，联邦政府可以对该次国家级政府的借贷实施长达两年的限制。虽然这个条款看起来非常严苛，但是，需要强调的

---

① 这个部门的官方名称有些误导性，因为在原则上，这个部门只考虑整个政府的借贷需求，而不是公共部门。公共部门还包括了公共企业。

② 虽然比利时有3个行政大区和3个语言区，但是，佛兰德大区和佛兰德语区的机构合并了。因此，对地方政府的建议，主要适用于4个主要实体（佛兰德语区、瓦隆大区、法语区和布鲁塞尔首都大区），而德语区和布鲁塞尔首都大区的语区机构不太重要。

是，到目前为止，它从未被启用。总体来看，对单个行政大区和语言区的借贷施加的任何"联邦"限制，都很可能会引发巨大的政治动荡。

近年来，两个报告之间的差别变得有点模糊。此外，内含中期和长期建议的报告，在一年中的不同时期发布。部分原因是，欧盟规定的稳定计划的提交时间发生变化。近期，在提交稳定计划之前就有一个提出建议的报告发布。

公共部门借贷需求部的建议是公开的，而且有一些媒体报道。但是，这些建议没有在国会中被正式讨论。政府没有正式义务来采纳或讨论这些建议。稳定计划中的财政目标，大多锚定在公共部门借贷需求部对整个政府预算平衡的建议上，但过去曾多次发生较小的偏离。然而，虽然在报告被公布之前，财政高级委员会和政府之间没有正式的接触，但是在公共部门借贷需求部的建议中，明显存在"政治现实"的因素。这是因为该部门的成员往往会考虑决策者的现有共识，这构成了独立性的一个潜在威胁。

公共部门借贷需求部的建议，通常限于预算目标。该部门不会对旨在实现这些目标的具体整固措施提出建议。除了在国民经济核算研究所的预测中所展示的估计值之外，该部门也不会提供这些具体措施的预算影响或宏观经济效应的估计值。[1]

8.3 财政发展和展望

在过去的几十年中，比利时的公共财政经历了重大变化。具体可划分为3个不同时期：20世纪80年代和90年代是两个重要的财政整固时期（中间有短暂间隔隔开），在欧元区成立之后是一个显著的财政松弛时期，其表现是周期性调整的基本预算余额和结构性基本预算余额的改善以及随后的公共债务占GDP比例的下降（见图8-1）。

---

[1] 税收和社会保障缴费部提出税收政策方面的建议，但其获得的政治支持较少，对政治辩论的影响也较小。

整个政府的预算余额和债务

不同层级政府的总余额

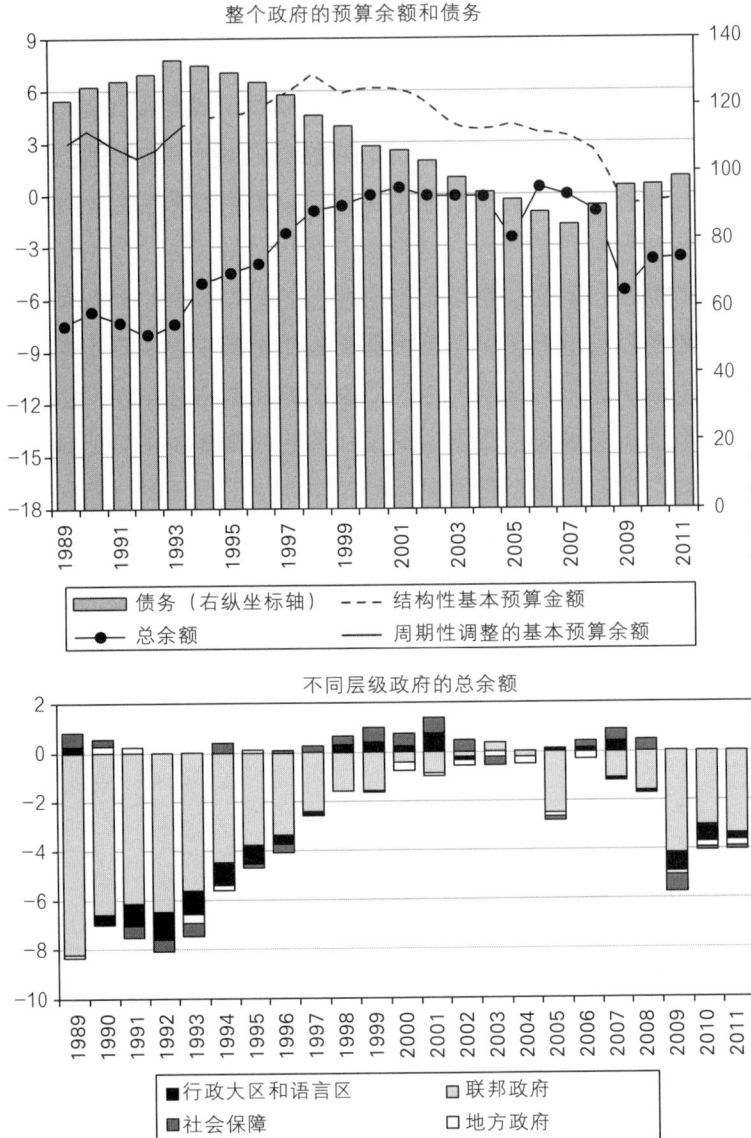

图8-1　比利时：1989—2011年公共财政的发展变化（占GDP的百分比）

资料来源：National Accounts Institute，Study Committee on Ageing，National Bank of Belgium。

财政松弛最初被活跃的周期性变化所抵消，这些变化包括减少利息费用和临时措施，最终使名义赤字仍接近于零。然而，2008年开始的经济衰退使比利时的公共财政完全脱轨。2009年的预算赤字再次冲高至近GDP的6%。2010年，预算赤字占GDP的比例被减至4%以下，这主要归功于很多负面的暂时性因素消失、经济活动小幅回升以及结构性基本预算盈余的改善。2011年，预算赤字的规模几乎保持不变。

在整个政府内部，预算平衡的最大变动发生在联邦政府身上。在1989年，联邦政府的赤字占GDP的比例超过8%。之后，联邦政府削减了赤字。几年以前，赤字接近于零。但是，2009年，赤字再次扩大到超过GDP的4%。2010—2011年，赤字减至略多于GDP的3%的水平（见图8-1）。

尽管和2009年的水平相比已有一些轻微改善，但是，2011年的基本预算余额仍显示，在结构性项目上，赤字占GDP的比例大约是0.3%。这是20世纪80年代中期以来未曾出现过的水平（以往大多为预算盈余）。此外，公共债务的下降趋势被打断，公共债务再次逐渐接近GDP的100%。这使国家的公共财政易受利率上升的影响。

从债务持续性的前瞻性视角来看，受到人口快速老龄化的影响，比利时预算状况的问题格外突出。老龄化研究委员会最近的预测（High Council of Finance，2011）指出，到2060年，与老龄化相关的支出占GDP的比例会增加5.6%（见图8-2）。人口老龄化工作组（European Commission，2012）最近基于一系列不同的假设，预测的与老龄化相关支出增加更多，支出占GDP的比例增加9.2%（在风险情景下，增加10.4%）。

因此，比利时的决策者在未来的几年中面临着重大的财政挑战。第一，过多的赤字需要被消除。根据经济和金融事务委员会（ECOFIN）的建议，赤字必须被恢复并保持在低于GDP的3%的水平。第二，考虑到代际公平性，提前为老龄化的部分成本融资，是合理的（Balassone等，2009）。然而，如果没有实施削减成本的结构性改革，这就要求有一个进一步的、快速的财政调整，以确保有大量预算盈余。上述所有举措加起来，就是一个整固计划，可以和20世纪80年代及90年代的巨大财政努力相媲美。

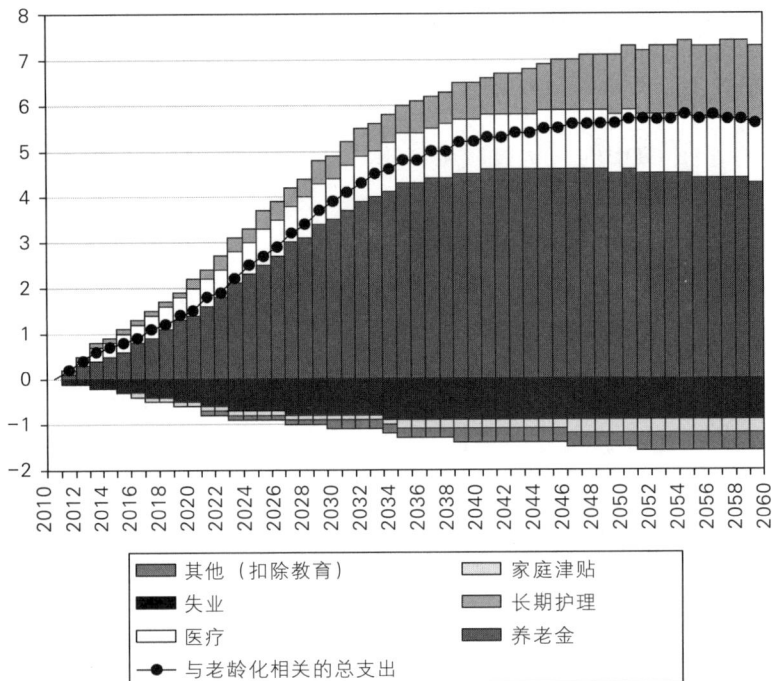

图 8-2　比利时：2010—2060年与老龄化相关支出增加的预测值（占GDP的百分比，
相对于2010年的变化）

资料来源：Study Committee on Ageing（2011）。

2010年6月联邦选举以来，拖拉的政治谈判，特别是两大语言群体的政党之间的谈判，导致必需的多年期整固计划和结构性改革被推迟。在2011年末，新联邦政府开始应对这些挑战。与此同时，关于财政联邦制安排的改革，也已达成政治协议。然而，财政也努力在不同层级政府之间适当分配的问题，仍然需要解决。老龄化成本的最大部分以及大量债务的还本付息，都沉重地压在了联邦预算上，而收入共享机制继续将转移给行政大区和语言区的税收收入与收入增长联系起来（而且，近期的改革实际上增加了这些地区的收入增长）。在这样的安排下，行政大区和语言区很少有激励，通过在次国家级层面产生预算盈余，来对整个政府必需的财政整固努力作出贡献。

8.4 影 响

8.4.1 整个政府

1.建议的时间线

财政高级委员会的建议，可以被大致划分为三个不同的时期。

1989年公共部门借贷需求部建立之后，其最初的建议是以可以接受的速度，来降低较高的赤字和债务比例。在该部门的第一个年度报告中（High Council of Finance，1990），提出到1995年，要达到赤字占GDP的比例在2%到3.5%之间的目标。①这转化成基本支出的年度实际增长率上限是0.7%。到1992年，早期的建议被微调。而且，公共部门借贷需求部重点关注，到1996年将赤字降到低于欧盟参考值（即GDP的3%）的水平。1996年是遵从马斯特里赫特标准的第一年。

在公共部门借贷需求部的后续年度报告中，在考虑了最新的财政决算和宏观经济预测之后，重新定义了合适的预算路径。但是，最终目标从未被调整（因为它被前文提及的趋同性标准所指定）。这意味着，之前年份的财政偏离，不得不在接下来几年进行更大的财政调整来弥补。然而，当遵从趋同性标准的基准年份被推迟到1997年，在周期性经济衰退的背景下，公共部门借贷需求部也在其1996年的年度报告中调整了目标年份，建议在1997年使赤字占GDP的比例达到2.8%，同时明确强调，关于赤字参考值，轻度的"安全余量"是必要的。

在20世纪90年代中期，在比利时决定成为第一批欧元区加入者之后，公共部门借贷需求部开始开发关于合适的财政政策的观点。最初，这些观点仍然直接和对较高债务比例的担忧相关。这是因为，人们预期，根据马斯特里赫特标准，赤字应降至GDP的3%，这会使总政府债务比例下降到一个更可持续的

---

① 这源自政府债务比例的一个目标。总债务的目标被设定在85%的水平（或者净债务大约75%），公共部门借贷需求部认为，这个水平是"保持比利时的宏观经济均衡"所必需的。

水平；但是，这个预期被证明是过于乐观的（1997 年的债务占 GDP 的比例仍然超过了 120%）。当时，应财政部长的要求，财政高级委员会发布了一个报告，分析了旨在逐渐降低债务比例的政策对经济和财政产生的影响（High Council of Finance，1996b）。①这个报告认为，虽然财政整固一开始可能会在某种程度上减少经济活动，但是，一种有益的经济效应（移向一项更可持续的财政政策所带来的信心效应），应该会在短期中实现，并且会逐渐抵消并超过经济增长在一开始出现的下降。

第二轮"后马斯特里赫特时期"的建议，旨在保持较大规模的，甚至是不断增加的基本预算盈余。后来，关注点逐渐转移到整体的预算平衡上，而且，公共部门借贷需求部开始提出具体的预算盈余目标。例如，2000 年的年度报告建议，到 2005 年，盈余占 GDP 的比例要达到 1%（High Council of Finance，2000）。公共部门借贷需求部建议，在预算赤字下降到低于 GDP 的 3%这一参考值以后，继续进行财政整固，并且进一步降低公共债务的比例。考虑到需要为人口老龄化的预算成本提前融资，公共部门借贷需求部才提出了这些建议。②到 2001 年，在老龄化研究委员会成立之后，上述建议与其诱因的联系被制度化。而且，法律要求公共部门借贷需求部在其建议中考虑老龄化研究委员会的预测，以期建立一个所谓的银色基金。③2007 年的报告是财政高级委员会最新改革之后的第一份报告。这份报告根据跨期中立和代际公平的原则，将老龄化部分成本的提前融资和所导致的对大量财政盈余的需求联系起来（High Council of Finance，2007b）。这份报告建议，到 2013 年，预算盈余占 GDP 的比例应达到 1.5%。

---

① 这个报告由财政高级委员会内部的一个特设工作组来准备，而不是公共部门借贷需求部。

② 关于人口老龄化对预算的影响，实际上在财政高级委员会的报告（High Council of Finance，1990）中早已提及。

③ 银色基金在 2001 年通过立法成立。现在回想起来，这是一次注定以失败告终的尝试。它试图在财政整固和未来与老龄化相关支出增加的融资之间，建立一个清晰的联系。其手段是在银色基金中预留所设想的财政盈余。然而，由于银色基金由联邦政府提出，而且只持有联邦政府发行的债券，它只是简单地从政府的债务比例中被扣除。实际上，它从未像最初打算的那样，在积累预算盈余方面起到催化剂的作用。

然而，近年来，巨额的预算偏离，要求公共部门借贷需求部的建议重点作出新的调整。2009年，主要的担忧变成消除再次出现的赤字。而且，鉴于人口老龄化的预期影响，创造盈余的需求在某种程度上逐渐变为第三轮建议的背景。到2009年，公共部门借贷需求部发布的报告集中关注到2015年恢复平衡预算的路径。

2.建议的有效性

财政高级委员会的独立性和有效性经常被人们称赞。例如，Debrun和Kumar（2007）使用一些指标，来捕捉财政高级委员会和国民经济核算研究所对预算纪律的法理影响和实际影响。他们发现，这些指标的打分相对较高。Stienlet（2000）认为，在采用欧元的道路上，财政高级委员会对比利时的财政整固作出了极大贡献，尤其是有效地限制了行政大区和语言区的赤字。

然而，简单比较公共部门借贷需求部的建议和实际的财政结果，发现在采用欧元之后，特别是最近几年，两者之间的一致性较弱。赤字被降至参考值水平（GDP的3%）。这在一定程度上与公共部门借贷需求部的建议一致。而且，在20世纪90年代末，基本盈余的规模较大，使比利时的公共财政接近结构性平衡。然而，到目前为止，公共部门借贷需求部所建议的结构性盈余水平尚未实现。

评估公共部门借贷需求部对整个政府的建议有效性时，可以使用一个综合的年度影响指标，它包括5个维度的信息：清晰度、时间一致性、独立于官方计划、建议的采纳和遵从度（见图8-3）。

虽然在解释指标时应十分小心，尤其是应考虑到其中涉及一定程度的专家判断，但是，我们仍可从中得到一些经验教训。第一，在促进财政整固以使比利时有资格进入欧元区方面，公共部门借贷需求部似乎是非常有效的，1990—1998年指标的平均值较高证明了这一点。预算建议十分清晰且一致，而且一般都得到了遵守。只有第4个标准（q4）较低，这在很大程度上是由于政府的中期财政计划缺乏定期更新（这意味着，正式采纳不易被验证）。

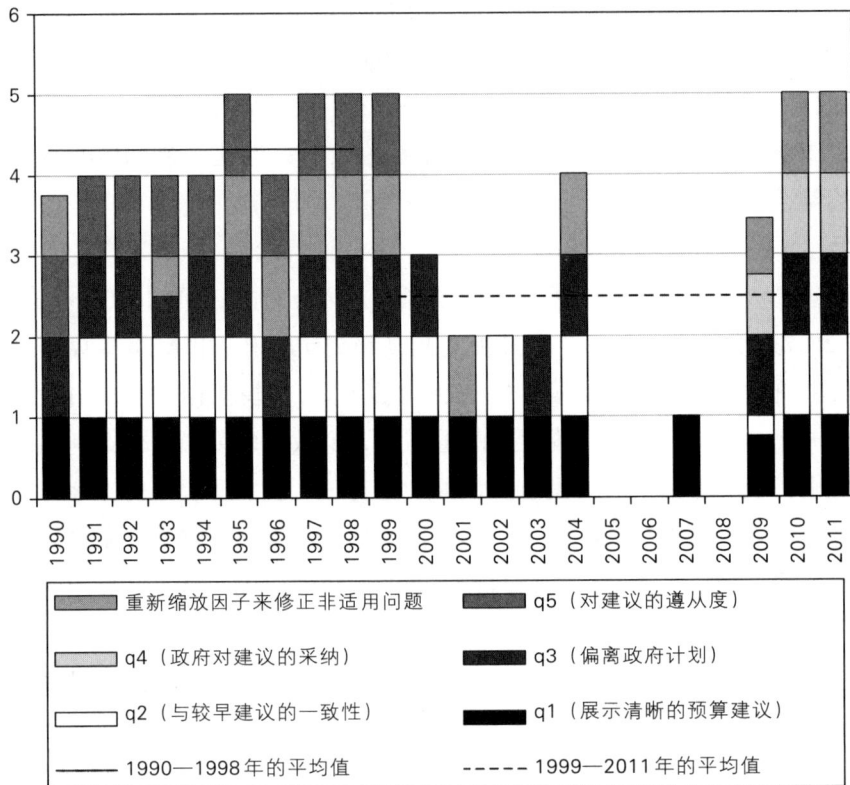

图8-3 比利时：1990—2011年建议所产生影响的综合指标（取值在[0，5]之间，
更高的取值表示更大的影响）

资料来源：附录8.A。

第二，在采用欧元之后，公共部门借贷需求部的影响明显减弱。1998年以后，指标的平均值显著下降。部分原因是，2005—2006年没有中期预算建议。当时，财政高级委员会成员的任期届满，而新成员的任命被大大推迟。对于1999—2010年这个时期，忽视2005—2006年，有效性指标从大约2.5推高到大约3.2，但是这仍然低于第一个时期的平均值。再来看分项指标，似乎可以有把握地说，在第二个时期，公共部门借贷需求部的建议，时间一致性较差，较少独立于提前宣布的政府计划，而且政府对其遵从度较低。

在采用欧元之后，公共部门借贷需求部的建议的有效性下降。这一结果与 Debrun 等（2007）的直觉相符。然而，在解释第一个时期的有效性指标的较高值并将其视为公共部门借贷需求部的建议和预算结果之间存在因果关系的一个证据时，应格外小心。虽然在20世纪90年代，存在关于财政高级委员会对财政绩效有利影响的证据，但是，对这种影响的量化测量，可能会受到公共部门借贷需求部的建议、欧盟财政规则和政府遵从这些欧盟财政规则的决心（因为对不遵从的惩罚特别严厉，例如不能加入欧元区）之间的相关性的正面影响。20世纪90年代的成功故事（如果有的话）表明，如果国家机构和国际机构联合起来运作，其态度和方式是一致的，而且不遵从的成本较高，那么财政结果会受到有利的影响。类似地，最近几年，对于公共部门借贷需求部的建议，其有效性的度量值可能会提高。这是因为，在《稳定与增长公约》超额赤字程序的背景下，这些建议与经济和金融事务委员会（ECOFIN）的建议相符。

8.4.2 次国家级政府

鉴于其在行政大区和语言区层面监督公共财政发展变化的特定能力，公共部门借贷需求部从一开始就对每个实体（行政大区和语言区）提出了非常精准的建议。起初，这些建议锚定了前文提及的、建议的整个政府的基本支出的实际增长率。对于次国家级政府这个整体，公共部门借贷需求部建议，年度基本支出增长率也应限制在0.7%。

然而，对于每个行政大区和语言区，根据限制条件（即到2000年每个实体的债务和转移给该实体的总税收收入的比例必须是稳定的），公共部门借贷需求部提出了差异化的建议。在2000年，前文提到的融资法律的一些过渡性安排宣告结束。这意味着，特别是考虑到不同实体的转移资源的预期变化不同，建议的基本支出的年度实际增长率可以高于（瓦隆大区，特别是佛兰德语区）或低于（布鲁塞尔首都大区，特别是法语区）0.7%的基准。到2000年每个实体的债务存量与收入的比例不能增加的原则，贯穿20世纪90年代，始终决定着公共部门借贷需求部的预算建议。

　　然而，在公共部门借贷需求部1999年的年度报告中，该部门改变了方向，而且修改了对行政大区和语言区的建议；同时明确参考《稳定与增长公约》，该公约要求整个政府的预算在中期接近平衡（High Council of Finance，1999）。然后，该部门建议现有的结构性赤字应被逐渐削减，其目的在于，最晚到2010年在每个行政大区和语言区都达到预算平衡。对于佛兰德语区，这实际上意味着盈余的减少。

　　次国家级政府的具体的中期财政计划，通常在它们和联邦政府的所谓合作协议中被"制度化"。这些协议往往由政府间磋商委员会来拟定，其中规定了年度的预算目标。这些协议的更新没有一个预先确定的频率。但是，实际上，联邦政府和次国家级政府之间的持续谈判意味着会频繁地调整规范，这在一定程度上反映了行政大区和语言区会有新的收入估计值以及更广泛的政治妥协。

　　虽然次国家级政府的中期预算目标的确定过程的规则性和透明度可以被改善，但是，这些目标通常与公共部门借贷需求部的建议一致。特别是，行政大区和语言区自己承诺，到2010年要平衡它们的预算；而且，从整体来看，实际的预算结果远远超过了目标，尽管不同实体间存在差异（High Council of Finance，2007、2010；Van Meensel和Dury，2008）。[1]

　　总之，至少对于行政大区和语言区这个整体而言，公共部门借贷需求部在提出有效预算建议和促进财政纪律方面，似乎是非常成功的。考虑到整个政府的记录是好坏参半的，这意味着，对联邦政府和社会保障体系的建议，其影响一直较弱。

　　然而，近期的经济衰退对行政大区和语言区的公共财政产生了负面的影响。在2009—2010年期间，再次出现了预算赤字，赤字占GDP的比例约为0.75%。然而，到2011年，赤字基本被完全消除（见图8-4）。

---

　　[1]　在大多数年份,佛兰德语区和布鲁塞尔首都大区都超过了目标。相反地,在一些年份,法语区和瓦隆大区都没能达到目标。

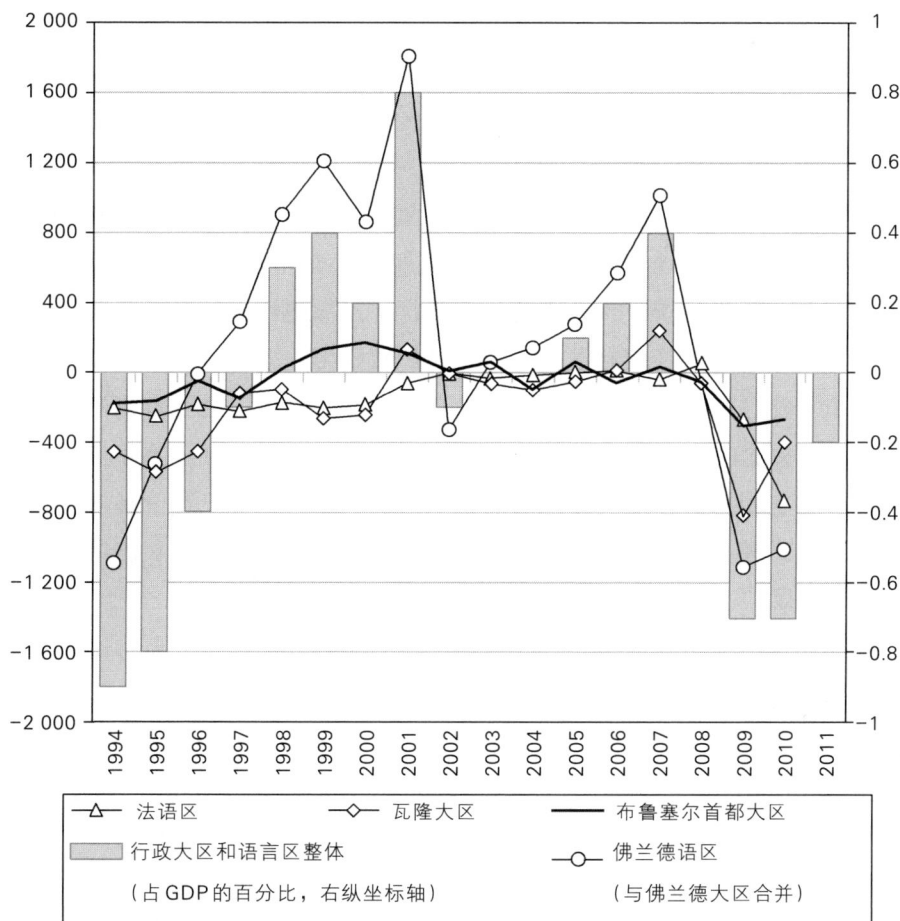

图8-4 比利时：1994—2011年主要次国家级政府的预算余额（左纵坐标轴的单位是百万
欧洲货币单位或百万欧元，右纵坐标轴的单位是占GDP的百分比）

资料来源：National Accounts Institute。

2009年，对于到2015年实现整个政府的预算平衡所需的整固努力，公共部门借贷需求部解决了该努力在子部门之间的分配问题（High Council of Finance，2009）。然而，公共部门借贷需求部现在提出了4套不同的方案，不是像过去一样，基于明确的原则只提出一套建议。这些方案包括每个行政大区和语言区的预算平衡，也包括基于每个辖区占总基本支出和税收收入的比例而制订的方案。这些方案要求，到 2015 年，子部门作为一个整体，应有大量盈余；对佛兰德语区，尤为如此。这意味着，在 2015 年，联邦政府和社会保障体系仍可以出现赤字。

目前，需要作出财政调整努力来使公共财政重新建立在一个更健康的基础之上。对于各个行政大区和语言区在这个非常重要的努力中所占的适当份额，公共部门借贷需求部避免作出明确规定。这一点需要结合比利时近期的制度变化和政治环境来理解。行政大区和语言区的政治影响力已经显著提高，它们倾向于以一个比以前更独立的方式来制定预算政策。例如，公共部门借贷需求部提出的 4 套方案中，至少有 3 套方案不与当前次国家级政府 2009—2014 年的联合协议一致。另外，还有一个问题是，一些次国家级实体已经比其他实体付出了更多的财政整固努力，在实体间划分剩余的财政调整努力时，应考虑各个实体过去的努力。

最近的合作协议只考虑了短期的情况。2009 年 12 月签订的协议，只包括了 2010 年各行政大区和语言区的预算目标。2009 年 9 月，行政大区和语言区的政府也承诺会为整个政府的财政调整努力作出 35% 的贡献（与公共部门借贷需求部 4 套方案中要求最高的一套方案一致），但是，承诺有效期截止到 2012 年。

在此背景下，过去公共部门借贷需求部在次国家级层面促进预算纪律的成功，并不必然保证不同层级政府间的财政协作将会继续顺利进行。像前文提到的，在本章写作时正在运行的制度安排下，行政大区和语言区在快速整固，特别是创造盈余方面的制度激励极其有限。[①]虽然现任政府已经宣布了政府间财政的一些调整，特别是使地区有更大的税收自主权以及将医疗和就业领域的支出责任进一步下放，但是这些调整是否将提高支出效率并促进预算协作，仍有

---

① 在这方面,公共部门借贷需求部曾多次主张,对联邦政府与行政大区和语言区之间的权限分配及收入共享机制,进行大的调整。这是因为,人们认为,现有的制度安排使必需的中期整固努力"不可能"实现(如,High Council of Finance,2009)。

待观察。

8.5 加强财政高级委员会有效性的步骤

财政高级委员会在促进整个政府预算纪律方面好坏参半的记录以及未来几年将面临的非常重大的财政挑战，引发了关于如何提高该委员会的有效性的思考。在本节中，我们提出了很多建议，来促进该委员会在未来几年必需的重要财政整固中发挥积极作用。这些建议是受到过去20年积累的经验教训和遇到的问题的启发。其中，有关于预算制度的建议，包括程序上的和数值上的财政规则，也有关于该委员会运行的建议，特别是公共部门借贷需求部的运行。

财政高级委员会之前的建议，不应被低估，尤其是在比利时的环境中，一个财政委员会只有成为一个健全的、前后一致的财政框架的一部分，它才能是有效的。促进欧盟财政框架的严格执行以及培养更好的预算纪律所需作出的更一般的改善，如更强的政治制度和更大的政治稳定性，超出了本章的讨论范围。需要强调的是，下面提出的一些建议，需要对法律框架作出调整，进而可能需要一些时间来执行。

8.5.1 预算制度

1.精简并协调预算过程

在联邦制国家，如比利时，在原则上，有限数量的次国家级政府可以非常独立地确定自己的财政政策。此时，对于合适的财政表现，一个简化并协调的预算过程十分关键。在这方面，显然有一些改善的空间。最近，两次提交给欧盟机构的稳定计划都相当迟缓，而且在2009年的计划中，甚至都没有呈现重要的预算信息，这促使经济和金融事务委员会让比利时的机构提供一份说明附录。此外，虽然联邦政府和次国家级政府之间的预算协调已经被促进，平均来看，次国家级政府超额完成了预算目标，但是，事前正式协调机制的缺失，可能会危害未来财政整固的成功。

因此，对整个政府的预算过程进行如下调整是必要的。第一，公共部门借贷需求部对整个政府及其子部门的中期预算建议,应该被包含在一份标准化的年度报告中。该报告在年初发布,以及时地影响决策。第二,联邦政府与行政大区和语言区的政府之间,应该进行正式的磋商。通过在现有的政府间磋商委员会中,经过所有相关政府的同意,建立一个固定的预算程序,可以实现这一点。这个程序应使"内部稳定计划"中所涉及的每个政府实体都对中期预算路径达成共识,该路径每年更新,而且比当前的合作协议更透明。对于欧盟的稳定计划,关于该计划的范围、形式和内容,应制定具体的要求。第三,每个政府都应在考虑内部稳定计划的前提下,详细制定预算,而联邦政府准备欧盟稳定计划,该计划与商定的中期预算路径一致。

对于当前的预算程序,建议主要是:将联邦政府与行政大区和语言区的政府之间的常规预算磋商正式化,并提高磋商的透明度。这样做主要的优点是,在欧盟财政框架下,联邦政府正式传达的整个政府的预算目标,总是建立在联邦政府和次国家级政府先前协议的基础上。

2.增加偏离财政高级委员会建议的政治成本

独立财政机构通常会致力于使任何违背预算规则的行为更明显,进而增加这些行为的政治成本。然而,在比利时,在很多情况下,这并不能阻止联邦政府设置没有那么野心勃勃的预算目标(相较于公共部门借贷需求部的建议)。可能要考虑设置更严格的程序规则,来劝阻政府这样做。一个可能的做法是:如果联邦政府或次国家级政府偏离了公共部门借贷需求部的建议,那么,政府有责任在一份公开的报告中解释出现偏离的正当理由,并将该报告提交给(联邦或次国家级)议会进行讨论。

3.提高中期目标的所有权

即使预算目标之间协调一致并且与财政高级委员会的建议相符,如果这些目标对政府没有多大约束力,那么显然并不能保证会得到合意的财政结果。例如,逐渐建立起大量预算盈余来为与老龄化相关支出增加的大部分成本提前融资的承诺,从2000年开始就被纳入比利时的稳定计划,但是,该承诺一直未被遵守。

一个矫正的措施是,根据最近欧盟关于国家财政框架的指令的要求,使国家的数值财政规则与财政框架互相补充，这可能会提高中期预算计划的所有权。在这方面，欧盟其他国家的发展，包括奥地利、德国和西班牙对宪法赤字上限的采用，可以作为一个例子。然而，在银色基金的背景下，为逐渐积累预算盈余的战略建立法律基础的尝试失败了，从中应能得到一些经验教训。银色基金类似于石油储蓄基金，而后者在挪威成功运作。

最后，对不遵守承诺的行为实施更有效的惩罚措施，可能会有助于实现宣布的中期预算目标。目前，国家对违背财政规则行为的惩罚是不对称的：在原则上，联邦政府可以限制某个行政大区或语言区的借贷；但是，联邦层面上的财政偏离，没有受到任何具体惩罚措施的约束。此外，上述惩罚程序是否对行政大区和语言区的公共财政有实际的约束力，或者是否将继续保持实际的约束力，是相当令人怀疑的。这是因为，政府存在心照不宣的默契，认为惩罚措施不大可能被执行。

因此，应该开发更系统、更有效的承诺工具。联邦政府与行政大区和语言区的政府，应对承诺工具的范围达成一致。例如，该范围可能包括简单的同行压力，也可能包括在出现不遵从的情况时对支出增长作出限制（甚至强行提高地区的个人所得税税率）。在这方面，公共部门借贷需求部对预算目标遵从度的监督作用可以被扩展，进而对惩罚措施的应用提出建议；然后，这些惩罚措施的应用建议，必须被前面提到的政府间磋商委员会正式批准通过（在原则上，这不同于欧盟委员会及经济和金融事务委员会在执行欧盟财政框架时所起的作用）。即使政府间磋商委员会批准实施的实际惩罚措施可能就是对有关政府进行"点名批评"，但是，"更软"但更系统的承诺工具可以对预算纪律产生有益的影响，如更明确地追究财政偏离的责任。

8.5.2　公共部门借贷需求部的操作

1.提出明确的、首选的、时间一致的建议

在今后的财政困难时期，财政高级委员会应该继续确定合适财政政策的基准。这意味着，对整个政府及其子部门以及每个行政大区和语言区，提出清晰的建议，是十分必要的。公共部门借贷需求部应该总是明确地指出，哪一个正在考虑中的预算策略是最合适的，特别是在8.5.1节提到的预算过程方面。此外，由于时间一致性是有效性的一个前提条件，公共部门借贷需求部应将其当前的建议锚定在之前的建议上，而且在必要时，清楚地解释对中期财政目标的修改（如和老龄化成本预测值的修改有关）。

2.加强与欧盟财政规则的一致性

显然，有效的国家财政机构必须与欧盟财政框架保持一致。这意味着，公共部门借贷需求部的建议，必须与为执行欧盟财政框架而提出的那些建议相符。因此，公共部门借贷需求部的建议，应该与《稳定与增长公约》一致，具体是指其中的超额赤字程序以及中期目标的趋同性。然而，这要求以可预测的、时间一致的方式，来实施欧盟的财政规则。

3.创建一组常设的技术人员

次国家级政府提名的财政高级委员会的成员数，特别是公共部门借贷需求部的成员数，与联邦政府提名的成员数相等。但是，秘书处只由联邦财政部的官员组成。实际上，秘书处的作用非常大，包括准备公共部门借贷需求部的报告初稿。虽然法律规定由财政部的人员来执行秘书处的职能，但是，法律没有规定职能的具体范围。

为了弥补这个缺陷，可以考虑，在准备公共部门借贷需求部的预算建议时，其他内部安排是否可以进一步加强这些建议在各个层级政府中的所有权。这可能包括，建立一个常设技术人员小组，专门负责准备公共部门借贷需求部的建议。其中，一些成员可以从联邦或地方行政部门借调。这个小组也可以吸收一些外部的财政专家（如大学、联邦规划局和比利时国家银行等机构的专家），这些专家由公共部门借贷需求部来任命。这也和财政高级委员会的具体资金安排有关。

除了帮忙制定公共部门借贷需求部的中期预算建议以外，技术人员也可以对财政政策进行更一般的分析，并增强公共部门借贷需求部的报告的分析基础。在公共部门借贷需求部不得不努力说服决策者相信其预算建议的恰当性的情况下，进行更丰富的分析讨论，而非简单地施加预算目标，可能是一个明显的优点。

8.6　结　论

在大多数国家，独立财政机构的职能范围被限制在准备宏观财政预测或对中央政府的预算政策进行独立评估这些方面。与此不同，比利时财政高级委员会还有一项咨询职能，包括对不同层级政府的精确的预算目标提出建议。通过公共部门借贷需求部提出建议，财政高级委员会对中期财政政策目标的界定和遵从作出了贡献。对财政高级委员会在过去20年中所起的作用进行检验，发现在促进财政纪律方面，有成功，也有失败。

一个综合性指标的评估结果表明，财政高级委员会的财政政策建议在1990—1998年期间是有效的。虽然这并不必然意味着一个因果关系，但是，考虑到遵从马斯特里赫特趋同标准的政治决定，这确实表明，独立财政机构可以创建一个有益于财政纪律的环境。在采用欧元之后，对于财政高级委员会的建议，其有效性明显变差，而且，该委员会对比利时财政政策的影响已经减弱。这主要是两方面发展变化的结果。第一，出现了预算制度的总体减弱（甚至早于政治不稳定性增加的时期，该时期始于2007年的联邦选举之后），这也影响了财政高级委员会，2006年改革之前财政高级委员会的短暂中断佐证了这一点。第二，欧盟的财政规则，特别是《稳定与增长公约》的预防程序，其约束力被认为要小于马斯特里赫特趋同标准，尤其是在初始公约的执行带来了一个制度僵局以及2005年的改革使欧盟的财政规则进一步远离一个纯粹以规则为基础的框架之后。

在次国家级政府层面，我们发现，在平均水平上，行政大区和语言区遵从了财政高级委员会的建议，而且在大多数时候对预算改善作出了显著的贡献。在1997—2008年，他们公布了大致平衡的预算或预算盈余。然而，在2008年开始出现的经济衰退，给次国家级政府的公共财政增加了沉重的压力。展望未来，虽然行政大区和语言区有激励以更独立的方式来制定预算政策，但他们快速整固，特别是建立预算盈余的激励，在当前的制度安排下（包括收入共享机制）似乎十分有限。对于目前一直推进的财政协调，为其寻找"协商一致"的方法，在不久的将来，可能会有越来越大的压力。而且，2011 年末就职的政府所宣布的制度调整，是否将会带来更有效的预算协调，仍有待观察。

在此背景下，我们提出了很多具体建议，以在未来几年加强财政高级委员会的作用并支持财政整固进程。这些建议与程序的及数值的财政规则有关，也与财政高级委员会的结构和运行有关。这些建议通常旨在强化该委员会作为独立财政机构的作用，而且在精简的预算过程中，将该委员会的作用正规化。预算过程包括联邦政府和次国家级政府之间的、明确的事前财政协调。

更一般的是，这里所研究的财政委员会，即提出具体财政政策建议的财政委员会的类型，往往会处于进退两难的境地，而且不得不在两种极端情况之间灵活摆动：一种情况是，提出完全独立的建议，但没有获得政治上的支持，以至于从未被遵循；另一种情况是，简单地复制进而赋予任何可能存在的政治共识以合法性，但是，这些共识可能是不恰当的。考虑到比利时的政治现状，我们认为，本章提出的这些调整，将会帮助财政高级委员会成功采取中间之道。然而，如果财政高级委员会的建议变得更重要，尤其是就像之前提到的，如果偏离这些建议的政治成本增加，那么，决策者为影响这些建议所作的游说可能也会增加。如果是这种情况，那么，可能就有必要来开发额外的机制和程序来保护财政高级委员会，使其远离党派的政治利益，以免其履行法定职能的能力受到损害。这可能包括改变该委员会成员被任命的方式。在这方面，也可以从其他欧盟国家财政框架的近期发展变化中，得到一些经验教训（如增加学术机构和外国公民在财政委员会中的参与度）。

附录8.A 度量建议的有效性

公共部门借贷需求部为整个政府提出的建议，其有效性可以用一个简单的量化指标来估计。该指标覆盖了有效性的各种维度。该指标的取值在[0，5]之间，更高的取值代表更大的影响，而且取值是根据以下 5 个问题来确定的：

$$E_t = \sum_{i=1}^{5} q i_t$$

具体地，取值由第 i 个问题的答案决定。

问题1：关于中期和长期的预算目标，报告包含了一个唯一的（或首选的）清晰建议吗？（如果包含，q1=1；如果没有建议，q1=0；如果有 n 种情景，但没有表明对每种情景的偏好，q1=1/n）。

问题2：当前的建议与之前的建议一致吗？（如果一致，q2=1；如果当前建议与之前报告的 n 个建议的其中之一一致，q2=1/n；如果不一致，q2=0）。

问题3：建议只是简单地复述了政府声明的预算目标，特别是中期计划（如1998年12月的趋同和稳定计划）所界定的预算目标吗？（如果是，q3=0；如果不是，q3=1）。

问题4：建议是否已经被明确纳入政府的中期计划，如1998年12月的趋同和稳定计划？（如果是，q4=1；如果 n 个建议的其中之一被采纳，q4=1/n；如果不是，q4=0）。

问题5：以对未来3年（t+3）的建议作为基准，建议的预算目标是否已经实现？（如果是，q5=1；如果不是，q5=0）。

当公共部门借贷需求部提出一个非常清晰的建议、该建议与部门之前的观点一致、该建议独立于或者至少不能被追溯到政府的意图、该建议被政府正式采纳且遵守时，指标可以取得最高的取值。指标是年度化的。这是指，在公共部门借贷需求部发布两份报告、报告包含中期或长期的预算建议的年份（特别是1992年、1994年和2009年），两份报告的指标的平均值被记录下来。同时，在公共部门借贷需求部没有发布任何有关预算建议的报告的年份，指标取值被设置为零。2005年和2006年就是这种情况，当时是因为在财政高级委员会最近的改革之前，该委员会的运行出现短暂停滞。2008年也是这种情况。

每当问题不适用或者（目前还）不能被回答时，要使用重新缩放因子。特别地，问题5不适用于最近的建议，问题2不适用于第一次建议。

关于问题1，公共部门借贷需求部的报告通常会包含至少一种中期或长期的财政情景，但是，提到这些情景时，使用了不同的形容词（"直观的"、"首选的"等），而且措辞并不总是十分清楚。几乎在所有情况下，我们都已经识别出了一种唯一的情景，作为"建议"的情景。

关于问题 2，当前建议与公共部门借贷需求部之前建议的一致性，要在尽可能广泛的方面来解释。如果建议的中期或长期财政目标没有改变，或者其变化是由外生因素所引起（如老龄化成本的重大修改），那么一致性成立。这意味着，如果公共部门借贷需求部建议，相对于之前建议的在 t−1 年观察到的或者在 t 年预期到的任何财政偏离，都在接下来的几年中被更大的财政努力所抵消，以实现和之前建议相同的中期目标，那么，q2 的取值为 1，虽然在中间几年，建议的目标可能低于之前报告中所建议的目标。然而，如果受到财政偏离的影响，建议的中期目标被放松而且（或者）被推回，那么，q2 取值为零。

关于问题 3，实际上是观察公共部门借贷需求部的建议和之前更新的政府中期计划之间的一致性。在加入欧洲货币联盟之后，政府中期计划的更新在稳定计划中被界定。如果公共部门借贷需求部只是简单地发表声明，认为稳定计划必须被实施，那么，q3 的取值被设置为零。

关于问题 4，其分析了公共部门借贷需求部的建议和随后更新的政府中期计划之间的一致性。如果政府明确采纳公共部门借贷需求部的建议，那么，q4 取值为 1。然而，值得强调的是，在 1999 年之前，包含政府中期计划的趋同计划，没有每年都更新。基于此，到 1994 年，想要确认公共部门借贷需求部的建议是否被政府所采纳，是不可行的。这是因为，政府的中期目标没有明确更新。在这种特殊的情况下，q4 被设置为零。但是，这并不意味着，政府已经明确拒绝了公共部门借贷需求部的建议。最近，值得注意的是，2009 年和 2010 年公共部门借贷需求部的建议，通常刚好在稳定计划更新之前发布。虽然这些稳定计划的更新采纳了公共部门借贷需求部的建议，而且 q4 取值为 1，但是，需要讲清楚的是，当该部门提出建议时，关于调整中期预算路径的政治讨论正在进行之中。因此，在这种特殊情况下，q4 为 1 的取值，可能高估了该部门的影响。

最后，问题 5 直接度量了公共部门借贷需求部所建议的预算目标实际上是否已经被实现。虽然我们通常采用未来 3 年（t+3）的建议作为基准，但是，也需要有一些灵活性。早年间，当建议主要集中在满足马斯特里赫特预算赤字标准时，尤为如此。因为欧洲货币联盟趋同标准的基准年被推到 1997 年，财政高级委员会为 1996 年的目标所提出的建议，被假定为得到了遵守（q5 取值为 1）。然而，实际上，在 1996 年，政府赤字仍然超过了 GDP 的 3%，而且到 1997 年，政府赤字才显著减少，低于该水平。

参考文献

Balassone,F.,J. Cunha,G. Langenus,B. Manzke,J. Pavot,D. Prammer,and P. Tommasino (2009). Fiscal Sustainability and Policy Implications for the Euro Area. ECB Working Paper 994,January.

Bogaert,H. ,L. Dobbelaere,B. Hertveldt,and I. Lebrun(2006). Fiscal Councils,Independent Forecasts and the Budgetary Process: Lessons from the Beigian Case. Federal Planning Bureau. Working Paper,June.

Debrun,X. ,D. Hauner,and M. Kumar(2007). 'The Role for Fiscal Agencies in Promoting Fiscal Discipline.' In Kumar, M. , and T. Ter-Minassian (eds).*Promoting Fiscal Discipline*. Washington DC: IMF.

Debrun,X. ,and M. Kumar(2007). 'Fiscal Rules,Fiscal Councils and All That: Commitment Devices,Signaling Tools or Smokescreens?'in *Fiscal Policy: Current Issues and Challenges*. Rome: Banca d'Italia,29–31.

European Commission (2012). 'The 2012 Ageing Report: Economic and Budgetary Projections for the EU-27 Member States'. *European Economy*,Volume 2.

High Council of Finance. 'Public Sector Borrowing Requirements' Section, *Annual Reports* (*Jaarverslag*),all vintages from 1990 onwards.

High Council of Finance (1990). 'Public Sector Borrowing Requirements' Section. *Jaarverslag 1990*,June.

High Council of Finance (1996a). 'Public Sector Borrowing Requirements' Section. Jaarverslag 1996,May.

High Council of Finance (1996b). *Advies van de Hoge Raad van Financiën betreffende de economische en funanciële gevolgen van een beleid van geleidelijke vermindering van de verhouding overheidsschuld/BNP.*

High Council of Finance (2007a). 'Public Sector Borrowing Requirements' Section. *Evaluatie van de uitvoering van het stabiliteitsprogramma in 2006 en vooruitzichten 2007-2011*,July.

High Council of Finance (2007b). 'Public Sector Borrowing Requirements' Section. '*Naar houdbare en intertemporeel neutrale overheidsfinanciën in het licht van de vergrijzing*', March.

High Council of Finance (2008). 'Public Sector Borrowing Requirements' Section. *Evaluatie van de begrotingen 2007 en 2008 en het nieuwe Stabiliteitsprogramma 2008-2011*, June.

High Council of Finance (2009a). 'Public Sector Borrowing Requirements' Section. *Aanvulling bij het advies' Begrotingstrajecten op korte en middellange termijn voor het aangepaste Stabiliteitsprogramma 2009-2012 van September 2009*,October.

High Council of Finance (2009b). 'Public Sector Borrowing Requirements' Section. *Aanvulling bij het advies' Begrotingstrajecten op korte en middellange termijn voor het aangepaste Stabiliteitsprogramma 2009-2012*,September.

High Council of Finance (2010). 'Public Sector Borrowing Requirements' Section. *Evaluatie 2008–2009 en begrotingstrajecten ter voorbereiding van het volgende stabiliteit-spro-*

gramma,January.

High Council of Finance Study Committee on Ageing(2011). *Jaarlijks verslag.*

Spahn,P. B. (2007). *Intergovernmental Fiscal Relations and Structural Federalism in Belgium*<http:www. wiwi. uni-frankfurt. de/profs/spahn/en/publ. html>.

Stienlet,G. (2000). 'Institutional Reforms and Belgian Fiscal Policy in the 90s.'In Strauch, R. ,and J. von Hagen(eds),*Institutions,Politics and Fiscal Policy,*(ZEI Studies in European Economics and Law). Norwell,MA:Kluwer Academic Publishers.

Van Meensel,L. ,and D. Dury(2008). 'The Use and Effectiveness of Fiscal Rules and Independent Fiscal Institutions.'*Economic Review of the National Bank of Belgium*,June.

9   加拿大：具备良好独立性的监督

凯文·佩奇和托尔加·亚尔金①

9.1 引 言

加拿大拥有一个威斯敏斯特式的两院制议会。②行政机构由总理领导，总理是众议院多数党的领袖。加拿大的党纪很强，在重大问题上，国会议员（MPs）通常不被允许出现违背自己所在政党立场的行为，除非党的领袖明确允许这样做。因此，行政机构有效地控制了立法机构，少数党议会或"悬浮"议会的情况除外。

从历史上看，国会会议召开的原因之一，就是为了批准行政机构对公共资金的征集和支出。然而，随着时间的推移，国会的控制程度减弱。监督公共财政的一个宽松的方式源自于以下事实：国会往往由机构支出是为了审查支出的机构所主导。

---

① 作者感谢穆斯塔法·艾斯卡里、撒希尔·汗、乔治·科彼茨和约阿希姆·维纳的有益建议，也感谢米歇尔·布拉德沃斯对研究的协助。作者对任何错误或遗漏负责。

② 严格地说，加拿大国会由众议院、参议院和女王组成。其中，女王也被包括在内，是因为女王通过其代表总督传达的御准，对于法律的颁布，是一个必不可少的要素。

正是在这样的背景下，在整个20世纪80年代和90年代，国会议员非常关注以下方面：公共政策对联邦预算平衡的错误估计和预测的影响，需要更多的尽职调查以减少项目成本超支的可能性，在履行他们在审查部门支出估计上的受托责任时需要更多的支持。因此，2006年12月，国会通过了《联邦问责法》，它修正了1985年的《加拿大国会法》（PCA），创建了国会预算办公室。

《加拿大国会法》指出，国会预算办公室的作用是为"全国财政""估计值""国民经济的趋势"及"关于国会所辖问题的任何提案的财政成本"提供独立的分析（Parliament of Canada Act，1985：s.79.2（a））。国会预算办公室可能主动地进行这样的分析，或者应国会议员、参议员和任命委员会的要求来进行分析。

第一任国会预算官是凯文·佩奇，在2008年3月25日被任命。从那时起，关于经济和财政规划展望、财政持续性、成本核算、支出分析和报告等问题，国会预算办公室（PBO）提供了很多突破性的报告。关键的成功因素包括雇用经验丰富的雇员，实行透明的运作模式，以及广泛社会在分析上和道义上的支持。然而，国会预算办公室的成就，并不是针对加拿大的环境而建立法律框架的一个反映。

导致国会对行政支出的审查十分宽容的利己主义，同样也使国会预算办公室十分脆弱，尤其是当它提供的分析与政府立场相冲突时。这种情况支持了一些保障措施的实施，以使国会预算办公室与政治压力隔离开来。只有在这些保障措施下，才有可能进行公正的、无偏的分析。

在加拿大，这样的保障措施非常缺乏。预算官的任期可能被行政机构无故终止，预算官从政府部门获取信息十分受限，而且没有明确的授权来公布分析结果。这些缺陷已经产生了实质性的影响：在国会预算办公室发布了关于加拿大参与阿富汗战争的成本核算及加拿大的经济和财政展望的颇具争议性的报告之后，国会预算办公室的预算被削减，但之后在2009—2010年又被恢复（Brennan，2009；Vongdouangchanh，2011），国会预算办公室获取基本信息的请求被拒绝，授权雇用核心雇员的程序被拖延了很长时间，而且，国会预算办公室一度不被允许在网站上公布其调查结果。

本章追溯了国会预算办公室的背景和演变过程。在之后的几节，讨论了法律框架和迄今为止的经历。最后，本章从国会预算办公室的经历中得出了一些经验教训，强调了国会预算办公室面临的主要挑战，而且对当前存在的缺陷提出一些修正建议，以将国会预算办公室转变为一个真正独立的监督机构。

9.2 背 景

对于财政资金，国会有至高无上的权力。国会对公共财政行使最终控制权。没有众议院的同意，公共资金不能被征集或花费。然而，根据政府的"财政计划"，国会只能应行政机构的请求来征集公共资金。虽然加拿大的宪法对权力的正式分离作出了规定，但是，行政机构从立法机构中产生这一事实，导致实际上的立法和行政权力都集中在现任总理的手中。严格的党纪突出了由此导致的权力的弱分离。当政府在众议院中占多数席位时，总理和内阁的权力是至高无上的。此外，还有宪法惯例，即几乎在所有情况下，代表女王的总督，都会根据总理的建议来采取行动。一些人认为，这种权力的集中构成了对民主的威胁。Magnet（2007）指出，"作者们观察到了政府程序的问责制和透明度都在恶化，这通常被称为民主赤字"，并且他认为，"加拿大的政府治理往往过于隐秘，缺乏可靠的问责机制"。

考虑到国会在管理公共资金中的作用，这种权力的集中及由此导致的民主赤字问题，变得更加令人担忧。虽然宪法要求国会详细审查并控制行政机构的支出，但现实却不是如此。实际上，国会恰恰是被本应由其审查的机构所控制。这一点可由两个重要的发展变化来说明，它们构成了创建国会预算办公室的动力。

第一个变化是，1994年，基于当年的联邦预算，政府采取了一些政策措施，来减少持续存在的预算赤字。在接下来的10年中，政府的财政形势有极大改善。甚至每一年，预算余额都比政府最初的预测要好（见图9-1）。根据会计规则，为了避免有更多的资源用于偿还债务，政府经常对各省和不在国会所辖范围内的独立基金会，给予一次性的转移支付。[①]这些措施使相机抉择的财政政策变得顺周期，也变得更不可预测。人们通常认为，这些措施抑制了关于如何分配额外资金的争论。反复低估财政预算状况，使人们质疑联邦政府预算预测进程的可信度，这引发了一场外部评估（O'Neill，2005）。

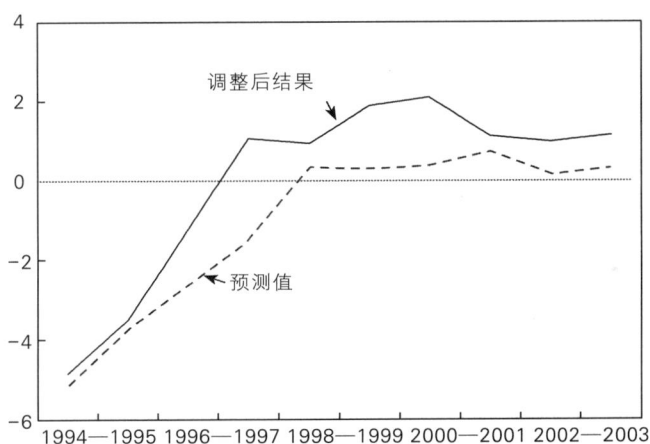

图9-1　加拿大：1994—2004年预算余额的预测值和调整后结果（占GDP的百分比）
注释：调整针对年内的政策措施和会计变更。
资料来源：作者的计算和O'Neill（2005）。

　　除了更大的预期盈余，公众还主要关注联邦项目（如一项新的枪支注册计划）的成本超支问题，也关注在计划和立法提案的成本方面的财政透明度的普遍缺失现象。一个重要的论点是，在项目实施之前，由国会议员或者同时由独立的财政专家从旁协助，进行更多的财政尽职调查，可能会减少成本超支的现象。与此同时，国会议员指出，他们缺少必要的支持（即专业知识和资源）来

---

　　①　在1997年（该年预算达到平衡）到2004年期间，超过90亿美元的资金被转移给基金会。加拿大审计长（Auditor General of Canada，2005）详细阐述了对缺乏问责制的担心（如没有提交给国会绩效报告及无效的部级监督）。

使政府仔细审查预算的预测值和估计值。[①]

第二个变化是，在整个20世纪90年代，很多大型联邦项目出现巨额成本超支，这引发了大量批评（Coutts，1994；Greenspon，1995；LeBlanc，2003；Lunman，2004；McCarthy，1997；McKenna，1995、1996；McKenna和Motherwell，1994；Reguly，2004；Simpson，1994；Tuck，2003）。很多项目，如加拿大枪支注册和安全通道，上升到了政治争论的最前沿。批评不仅源于相当多的预算超支，也源于政府项目支出的透明度的缺失。审计长的报告，虽然是有帮助的，但是只提供了对政府支出方式的一个回顾。对于正在进行中的项目，仍然缺少独立的、及时的分析，而这些分析对于减少项目成本出现意外增加的可能性十分必要。

正如上文所预示的，这些变化都与国会不能完成宪法赋予的公共资金守护者的使命有关。一些人认为，这些变化可能正是由此引发的。在整个20世纪80年代，很显然，国会缺乏财政专业知识和资源来恰当地审查越来越复杂的预算以及政府计划和法案相关的成本估计。其后果是财政监督的明显缺失。负责政府工作和估计的众议院常设委员会（House of Commons Standing Committee on Government Operations and Estimates，2003：1）承认了这种状况的存在，指出虽然"国会委员会应当对政府支出和绩效进行详细审查"，但实际情况并非如此。

保守党在2006年联邦大选之前可能意识到了这个问题，它们制定了一项战略，以重振国会在公共财政管理中的作用并将财政问题的争论带到了加拿大政治的最前沿。这项战略在加拿大保守党的竞选纲领中列出，包括：（1）建立一个独立的国会预算机构，来直接向国会提供关于国家财政状况和国民经济走势的客观分析；（2）要求政府各部门和各机构向国会预算机构提供准确的、及时的信息，以确保国会预算机构拥有向国会提供准确分析所需的各种信息；（3）提供政府财政的季度预测，包括财政收入和支出的预测（2006：11）。总

---

① 国会最近的一次对预算估计值的综合评估是在2003年开展，由负责政府工作和估计的众议院常设委员会进行评估。

之，竞选纲领提议建立一个独立机构，该机构在经济和财政分析方面有较广的职权范围，对此可效仿美国的国会预算办公室。

在赢得大选之后，新的保守党政府试图通过确保2006年《联邦问责法》的通过来实现这些政治承诺。该法案修正了一些现有法规，规定了利益冲突规则和选举融资的限制，也规定了关于行政透明度、监督和问责的措施。重要的是，该法案新建了很多独立官员的职位，包括国会预算官，这些官员负责向国会报告政府的管理情况。[①]《加拿大国会法》（PCA）的修正案，列出了有关国会预算办公室的任命、授权和责任的条款。

9.3　立法框架

根据《加拿大国会法》，国会预算办公室既有具体授权，也有一般性授权。具体授权是指，国会预算办公室应要求向国会委员会和国会议员提供研究和分析。研究和分析的特征，因提出请求的机构的不同而不同。众议院的财政常设委员会、参议院的国家财政常设委员会和众议院的公共账户常设委员会，有权对国家的财政和经济状况进行调查研究。另外，被授权检查政府估计值的其他委员会也有权要求国会预算办公室研究政府的估计值。对于有关联邦管辖范围内的某个问题的提案，国会议员有权了解提案的财政成本的估计值。此外，国会预算办公室也被要求主动地"向参议院和众议院提供关于国家财政状况、政府估计值和国民经济走势的分析"。不管国会预算办公室是否收到了请求，它都要履行这个义务（《加拿大国会法》，1985：s.79.2）。

如上所述，国会预算办公室的授权，超过了2006年保守党竞选纲领所陈

[①]　除国会预算官之外，其他的官员包括：游说专员（用一个独立办公室来替代说客登记员），确保遵从《游说法》（Lobbying Act，1985）和《说客的行为准则》（Commissioner of Lobbying，1997）；公共部门廉政专员，负责促进不法行为的曝光和保护举报人在工作单位免受负面影响；采购监督员，负责调查对政府采购行为的投诉，并对政府采购行为进行审查；利益冲突和道德专员，负责执行众议院成员的利益冲突准则（House of Commons，2011）。

述的范围。除了提供经济走势和国家财政状况的分析之外，国会预算办公室还要对政府项目进行成本核算并审查政府的估计值。在这一点上，加拿大的国会预算办公室可以和美国、墨西哥及韩国的相对大型的预算办公室相比。然而，在行政独立性方面，立法没有达到竞选纲领的要求。

对国会预算官的挑选，或者正式地说，是对国会图书馆官员的挑选，要经历一个两阶段的过程。国会图书馆员形成了一个委员会，来评审候选人，并在其中选出 3 人作进一步的审查。总督根据总理的建议，在 3 个被提名的候选人中，任命一个作为国会预算官。国会预算官的任期不定，不超过 5 年，可连任。这意味着，总督可以根据总理的建议，相对容易地终止国会预算官的任期，甚至可以无故终止。从历史上看，所有的行政任命都被认为是要"为王室政府服务"，进而不受控制私人雇佣关系的那些规则的控制，而是受其他规则的控制。虽然近期的加拿大司法判断已经削弱了所有公共任命都是"随意的"这种观念，但是，一些职位的这种情况明显已被承认。这种雇佣关系的性质是这样的，即使有合同条款限制王室政府解除个人职务的权力，也很难对不公解雇所造成的损害提起诉讼（Lovell，2007-08：3-4）。

现在还不是很清楚，国会预算办公室在"国家财政"、"估计值"、"国民经济走势"和"国会管辖下的某个问题的提案的财政成本"方面提供独立分析的授权如何与国会预算官的任期的法律地位相协调、相一致。国会预算办公室所处的立法框架，使其独立性受到限制，这主要体现在两个方面。第一，国会预算官在行政上不是独立的。他是国会图书馆的一名雇员。严格地说，他因此处于国会图书馆员的行政控制之下。第二，相对于其他官员，如审计长，国会预算官的任命是不稳定的。这种"随意的"任命，使独立性面临被实际的或想象的政治压力所损害的风险。国会预算官的任命，可能和其他所有国会官员的任命形成对比。在 8 名向国会报告的独立官员中，所有的官员都是根据良好的行为来任命。这种厚此薄彼的严重性，怎么强调都不过分。

国会预算办公室完成立法授权的一个必要条件是信息。在拟定修正案草案、建立国会预算办公室时，立法者清楚知道这一点。《加拿大国会法》授权给国会预算办公室，使其有从任何一个政府部门获取财政或经济数据的权力，

《信息获取法》（Access to Information Act，1985）所保护的个人信息除外。从国会预算官的角度来看，十分重要的是，国会预算办公室没有被赋予获取完成其授权所必需的信息的权力。这意味着，拒绝提供信息所面临的法律挑战，取决于法院对信息是否必需的解读，而非国会预算办公室的解读。不仅这样的挑战的结果是不确定的，国会预算办公室也缺乏对政府提起法律诉讼所必需的财政资金。这种拒绝提供信息的行为并不只是猜测性的。国会预算办公室提出的信息请求，经常被拒绝，理由是他们没有建立经济或财政数据，或者是信息都是内阁保密的。

对此，国会预算办公室采取一个权宜措施，即制定一项信息协议，其中详细阐述了其行使权力来获取信息的方式（Parliamentary Budget Officer，2008c）。该协议是和枢密院的官员磋商后制定的。它包括了透明度原则，并强调了相关信息的范围、时间、成本和拒绝行为。它明确规定：如果国会预算办公室被拒绝获取信息，无论是直接地还是间接地被不合理地延误或是提供了不完整的信息，国会预算办公室都会将此事报告给国会，这与审计长的惯例一致。

9.4　经　历

迄今为止，国会预算办公室的经历不断在变化。其经历最好由两个并列的方面来刻画：一方面，其发布的报告已在权威性、公正性和相关性方面获得了支持；另一方面，它偶尔会受到一些政治家的教条主义的批评，而且，在提供信息方面，它和中央机构及相关部门的合作十分有限。

在最初建立的几年中，国会预算办公室发布了很多报告。人们认为，这些报告在促进辩论和增强问责方面有着积极的影响。国会预算办公室分析了经济和财政计划框架。在2008年秋季，国会预算办公室提供的这个分析和财政部提供的分析有实质性的差异（Parliamentary Budget Officer，2008a）。最近，国会预算办公室评估了国际金融危机对加拿大财政形势的影响，而且预计政府财政将显著恶化。国会预算办公室认为，存在结构性失衡，需要永久性纠正措施

（Parliamentary Budget Officer，2010b）。在另一项研究中，国会预算办公室检验了人口老龄化对加拿大的经济和长期财政持续性的影响（Parliamentary Budget Officer，2010c）。国会预算办公室也评估了加拿大的联邦政府、省政府和区政府的财政结构，发现财政在长期中不可持续（Parliamentary Budget Officer，2011b）。几个月之后，国会预算办公室又发布了这项研究的一份更新报告，考虑了联邦政府宣布的加拿大健康转移支付计划的变化。虽然国会预算办公室估计联邦政府的这项措施会使联邦财政结构变得可持续，但是，在省和区层面上也需要有重大举措来实现财政的持续性（Parliamentary Budget Officer，2012）。这些报告填补了已有分析的空白，也为国会议员和公民关注结构性的、经济的和财政的挑战提供了必要的背景。

对于很多政府项目和提议的举措，国会预算办公室都提供了独立的成本估计。其中，一些十分重要的案例，涉及监狱的融资、军事行动和政府财政报告。例如，国会预算办公室估计，根据《精确量刑法》（Truth in Sentencing Act，2009），政府限制在押囚犯可以获得信贷的计划，会显著增加部门运营成本和资本成本，成本的增加远远超过政府的初步估计（Parliamentary Budget Officer，2010d）。

在国会预算办公室报告加拿大在阿富汗的任务对财政的影响之前（Parliamentary Budget Officer，2008b），国会议员就一直在向国防部（DND）拨款来支持该任务，但是他们并不清楚该任务相关的财政情况。国会议员一再表示非常失望，提供给他们的估计值，在范围上和时间上都十分有限，而且没有说明估计的方法。更糟的是，每年的成本一直超过政府之前的预测。对此，国会预算办公室为国会议员提供了一个基于完整生命周期视角的、对成本的审视，使用的方法是由国会预算办公室成员与加拿大、澳大利亚、英国和美国的一流专家共同研究开发的。国会预算办公室使用这种方法得到的成本估计值，显著高于政府的估计值，而且国会预算办公室注意到了政府之前预测中的问题以及缺乏信息披露的问题。

在政府计划购买 65 架 F-35 战斗机的问题上，国会议员面临着相似的挑战。无论是政府还是国防部，都没有提供支持和维护战斗机中队的年度成本的计算基础的有关信息（Blanchfield，2010；Ross，2010）。对于这个重大政府项目拒绝提供相关信息，国会议员再次表达了他们的失望。此外，与美国五角大楼和美国其他政府机构发布的成本估计值相比，加拿大政府和国防部的数字似乎越来越不可靠。为了改正这个缺点，加拿大国会预算办公室努力地估计所持有飞机的总成本，并将其详细划分为不同的成本组成部分（Parliamentary Budget Officer，2011a）。国会预算办公室的报告提供了不同于国防部的分析，而且其结果使政府提供的成本估计值显得非常小，而政府的成本估计值恰巧来自于飞机供应商洛克希德·马丁。

国会预算办公室的其他报告，旨在中期报告领域提供更多的财政透明度。其中包括对经济行动计划的执行情况的季度报告，也包括国会预算办公室的新综合监测数据库（IMD），该数据库支持了国会对估计值的详细审查。国会预算办公室的分析，也支持了负责政府工作和估计的众议院常设委员会对政府预算冻结措施的研究。在一些情况下，国会预算办公室向国会议员和公民提供了中期财政信息，而这些信息是无法从政府获得的。此外，国会预算办公室还对一些官方说法进行检验，以便国会议员能够判断这些说法是否合理，而且也为立法辩论和审议提供支持。

虽然现在推断这些报告的深层影响还为时过早，但是可以提供一些初步的观察。不知是偶然地还是故意地，在国会预算办公室发布报告之后的几个月，国防部也发布了一个报告，提供了其对阿富汗行动相关成本的分析，使用了国会预算办公室报告中的成本分类方法和术语。进一步地，到2010年，政府的成本估计值显著提高（Government of Canada，2011），尽管其中仍未包括一些持续发生的成本如对退伍军人的支持。此外，国会预算办公室关于《基础设施的经济刺激计划》的报告表明，拨款没有按照政府预测的方式支付，对此，政府延长了该计划的期限。

更重要的是，在国会预算办公室发布关于战斗机的报告之后，国防部承认，在其预测中，战斗机的单位购置成本可能会提高，而且它们最初没能保持一个相当大的应急基金来应对成本超支的情况。然而，尽管国防部已经承认了上述情况，与国会预算办公室关于阿富汗行动的报告建议相反，政府的立场几乎没有什么实质性的变化。无论是国防部还是政府，都没有披露得到它们的成本估计值所采用的估计方法。在本章写作时，这个状况仍然存在，而且考虑到F-35项目日益增长的不确定性以及美国政府的官方估计值与加拿大国会预算办公室的成本估计值十分相似，这个状况更加令人担忧（Sullivan，2011；Department of the Air Force，2011）。

除了对特定的支出项目进行成本核算以外，国会预算办公室还对宏观经济及财政前景进行评估，这与其"分析经济走势和国家财政"的授权一致。这包括基于模型进行短期和中期宏观经济及财政预测、估计结构性预算余额和分析长期财政持续性。从一开始，国会预算办公室就以客观的方式来完成任务，即使其评估不同于官方立场。例如，2008年，国会预算办公室发布了第一份《经济和财政展望》，强调了在2009年会出现经济衰退及未来十余年将出现第一次联邦赤字的预期。这与官方观点非常不一致，官方观点认为赤字可以被避免。逐渐地，国会预算办公室主要关注中期宏观财政预测的风险，用名义国内生产总值和预算余额的扇形图来加以说明，图形中展示了在不同置信水平上的概率分布。[①]

在和联邦各部门打交道的过程中，国会预算办公室有着好坏参半的经历。它们之间关系的主要特征是，联邦各部门明显不愿意提供背景信息和分析。国会预算办公室将其与各位副部长的互动发布在网站上。一般而言，情况似乎是，如果将信息提供给国会预算办公室关系到政府的直接利益，国会预算办公室就能获得信息。这个判断与政府教条地依赖于模糊的行政特权（如国家安全和内阁保密）来隐瞒信息的行为一致。

正如提到的，国会预算办公室一直饱受批评。一些人认为，国会预算办公室通过使政府承担责任，篡夺了国会议员的作用（Robson，2009；Kheiriddin，2010；Ibbitson，2009；Curry，2010；May，2008a；May，2008b；May，2008c；Raj，2009；Vongdouangchanh，2009）。根据这个观点，应是国会议员

---

① Askari、Page和Tapp（2011）讨论了国会预算办公室在宏观财政领域的分析框架和研究结论。

而非独立官员拥有详细审查政府行动的权力，而且这种宪法平衡不应是令人烦恼的。然而，这个观点未能过关。第一，国会预算办公室没有使政府承担责任；只有国会议员能够这样做，他们有时会依赖独立的报告，将其作为决策的事实根据。第二，就像已经提到的，国会预算办公室提供独立的、无党派的分析；尽管受国会议员外部委托所做的报告通常质量较高，但是事实上，这些报告仍然容易被认为是有党派倾向的。第三，国会预算办公室只进行财政监管；任何让政府承担责任的决策，都是财政监管、审计和政策考虑的混合。这只能由国会议员来执行，他们的决策部分地基于国会预算办公室的报告和审计长的报告，也基于他们自己对什么政策是好政策的判断。只有通过这个过程，才能使政府真正地承担责任。第四，国会预算办公室只是简单地填补了信息真空，而信息真空的起因是政府机构不愿意向国会提供信息量丰富的、客观的分析。第五，即使前面所述几点都不是真的，其他的独立官员，如审计长，也应受到同样的批评。最后，应该注意的是，反对国会预算办公室提供分析的观点只是程序上的：这些观点没有涉及国会预算办公室所做分析的实质内容，而是讨论相关的机构标志。

在刚成立的那一年，国会预算办公室受到的批评特别严重，已经威胁到了它的预算经费。在 2008 年春末，国会预算办公室收到了来自于国会的第一个请求，让其对加拿大在阿富汗冲突中的军事行动进行成本核算。在随后的报告中，国会预算办公室展示的成本估计值，远远超过了官方估计值。这份报告应所有党派领袖的要求，在秋季联邦大选时发布。在报告发布之后不久，国会预算办公室就收到了众议院和参议院发言人的联名信，信是通过国会图书馆员转交的，信中表达了对国会预算办公室涉足一个热议领域的不满。国会预算办公室坚持发布报告，但是在其发布经济和财政更新报告之后，预算官接到通知，他的预算从原定计划水平上被削减了1/3。然而，这样的威胁是短暂的。由于一些国会议员存在担忧，国会图书馆联合委员会评估了国会预算办公室的运行模式和预算，并特别提出建议，对国会预算办公室的预算拨款应该被恢复。虽然威胁并没有实现，但是政府传递的信息是清晰的。

9.5 经验教训

不论从何种角度来看，在完成法律使命上，国会预算办公室都面临着重大挑战。国会预算办公室管理其人力资源的能力受到阻碍，其对信息技术的控制也受到限制，而且其本来就不多的预算经费也受到了威胁。尽管有这些挑战，国会预算办公室自2008年建立以来，在为国会议员和公众提供服务方面，取得了一定的成功。

国会预算办公室建立之初的几年，是一个痛苦的学习过程。在惯于缺乏独立分析和详细审查的制度中，必然会有一些阻力。在这样的环境下，只有当基本原则被尊重、被遵守、被完全拥护，机构改革才可能长久。

毫无疑问，国会预算办公室未来仍会受到一些试图将其分离的力量。在此逆境下，一个独立的立法监督机构不仅应无所畏惧，还应奠定良好的分析基础。只有当国会预算办公室从事的工作不受外部影响、能够及时进行时，而且其工作是有效的、权威的、相关的、易懂的，良好的分析基础才能建立起来。此外，上述工作特征必须尽早设置而且从不偏离。然而，在建立原则的同时，应始终留意协同合作的可能途径。事实上，对于提供高质量分析的国会预算办公室和努力实现其政策目标的政府，两者的利益存在着很大的潜在重叠。然而，国会预算办公室的报告似乎并未被视为可以使公众和国会议员对经济现实情况变得敏感的战略资产。

在某种程度上，在提供一个独立的观点时，冲突是固有的。毫无疑问，对于和政策相关的问题，人们的观点会有所不同。然而，国会预算办公室一直受到的冲突，其本质在于公共辩论是愚蠢的。早期，就其存在和运行方式，国会预算办公室受到了攻击：预算受到攻击，没有被赋予有效管理人力资源的权力，要求其报告是保密的（Beltrame，2009）。然而，关于国会预算办公室的分析的批评，应该是更恰当的；国会预算办公室一直欢迎关于其方法、假设和结论的富有建设性的讨论。这样的批评加强了而不是削弱了国会预算办公室的产出，提高了而不是破坏了公共辩论的水平。

毫无疑问，国会预算办公室面临的一个主要障碍，就是其使命和加拿大政治制度的结构及性质之间的不匹配。如上所述，在大多数立法机构具有较强党纪的情况下，议会制通常只给立法预算办公室留下了一个相对较弱的盟友，即反对党。因此，那些看起来对现任政府不利的报告，使国会预算办公室很容易成为攻击的目标。如上所述，国会预算办公室在获取信息方面面临的挑战，已经破坏了分析的及时性。此外，行政安排可能或者已经被用于间接地施加政治压力。为应对这些挑战，建议对《加拿大国会法》进行一些修正。这些修正建议不应被认为仅限于加拿大的情况；那些考虑在其他国家建立立法预算办公室的建议也值得留意，并根据其实际运行环境来设计其框架。

第一，建议对于国会预算办公室运行中的透明度原则，应作出清晰的法律规定。第二，国会预算官应由国会任命，根据其良好表现在预定期限内任职，并且赋予其相当于一个部门的副部长的地位，即与其他加拿大国会官员相同的地位。第三，在国会预算办公室的财力和人力资源的管理上，国会预算官应该被给予独有的控制权，而且应要求预算官填写并向国会提交计划和绩效文件。另外，应由审计长对预算官进行审计。相应地，国会预算办公室的预算资源应该和其运行经费相当，而不应受到与其报告意见不合的报复。第四，所有的报告在完成后，都应立即向公众和国会公开。第五，直接要求获取信息的权力，应扩展到与国会预算官完成其使命有关的任何信息，也应扩展到预算官认为对其完成使命十分必要的任何信息、记录、解释和协助。

上述立法变革，使国会预算办公室可以继续提供国会议员和公众已经开始依赖的分析和报告。上文提到的挑战，以及国会预算办公室在获得工作必需信息方面受到的阻碍，都支持了立法变革。为了使国会预算办公室完成其使命，应制定清晰的法律基础。这包括在适当管理、运行原则、资源和权力方面的立法。目前，立法的灰色地带，使国会预算办公室的基本法律授权和使命面临遭到破坏的风险。这种模糊性往往使国会预算办公室不能专心从事其主要的工作和分析。

然而，缺乏合意的法律框架所导致的不足，已经被尽可能地改善。正如在本章开头部分指出的，国会预算办公室试图通过将其操作完全透明化，来克服现有的障碍。此外，在所有的分析中，国会预算办公室都尽量谨遵其法律授权；采用繁文缛节被降低至最低限度的运行模式；雇用有才华的、有经验的、创业型雇员；充分利用外部资源和技术。

透明的操作，一直是国会预算办公室使命的基石；从一开始，这一原则就渗透到其工作的各个方面。实际上，正是透明度的极度缺失推动了国会预算办公室的建立；正如上文所述，不透明性是预算赤字往往被低估及政府项目成本超支的潜在原因。

正如上文所指出的，尽管国会预算办公室在开放度和公共财政透明度方面有明显的优点，它仍受到了来自国会图书馆的官僚机构和一些国会议员的批评。批评者认为，国会预算办公室的分析服务应是保密的，应只提供给国会议员。在这一运行模式下，报告和分析将提供给国会议员，没有国会议员的同意，不对公众公开。

然而，这样的运行模式，是自相矛盾的。预算官是国会的官员，而不是隶属于某个国会议员的官员。所有的国会议员，而不只是提出请求的某个议员，都对国会预算办公室的研究结果感兴趣，而且有同等的权力获得国会预算办公室的分析。向单个议员提供保密分析的行为，违背了国会预算办公室对国会整体的责任。此外，这至少在两个方面对国会预算办公室的可信度造成威胁。第一，国会预算办公室的报告不再受到完整的同行评审，这使其分析的长期质量面临危险。第二，如果国会预算办公室的报告所包含的分析没有支持该议员的政治立场，那么，该议员就会没有激励去发布这份报告。这会给国会预算办公室带来越来越大的压力，使其作出有利的和支持性的报告，这会使其易于受到有党派倾向的批评。国会预算办公室的研究结论和建议，也容易被公众、媒体和其他党派的国会议员所忽视。在这样的情况下，国会预算办公室提供独立分析的作用面临无法实现的风险。因此，国会预算办公室的唯一选择，就是对透明度作出一个长期的承诺，来确保其对立法辩论的贡献。

在此背景下，透明度有两层含义。第一，它和国会预算办公室的内部操作相关。国会预算办公室在其网站上的季度报告中公布了其所有开支，包括差旅费、接待费和超过1万美元的合同（www.parl.gc.ca/pbo-dpb）。在政府部门和机构允许披露的范围内，国会预算办公室与政府部门和机构的相关信函也会在其网站上发布。第二，透明度的原则，同样适用于国会预算办公室的外部操作。国会预算办公室的报告在其网站上公布，进而可被所有人获得。国会议员可以提出要求并获得报告的复印件；国会预算办公室的顾问和分析师可以为他们提供咨询服务。所有的报告和分析都会标注撰写该文件的顾问或分析师的名字。而且，国会预算办公室会给国会议员和媒体提供简报。

在使国会预算办公室对自身行为负责、确保其保持公正以及增加其行为的价值方面，外部和内部操作的透明度十分关键。国会预算办公室将其报告发布到网上并使国会议员可以接触到其雇员的做法，确保了所有议员可以同等地获取相同的信息并有咨询的机会。加拿大的国会中有5个登记的政党（保守党、新民主党、自由党、魁北克集团和绿党），这些政党都可便捷地获得国会预算办公室的报告，这减少了这些报告被认为有党派倾向的可能性。当国会预算办公室的工作向公众公开然后公众可以自由评论和重复相关研究时，其工作价值增加了。此外，国会预算办公室处理其自身预算的方式，可以被外部人士严格审查。上述所有因素结合在一起，确保了国会预算办公室可以有效地、公平地开展工作。

重申一下，正如上文指出的，国会预算办公室的法律授权及使命包括四个方面。第一个方面要求国会预算办公室对"国家财政、政府的估计值和国民经济走势"积极主动地进行研究。第二个方面的任务是，国会预算办公室要为各个国会委员会提供关于"国家财政和经济"的研究。在这个方面，国会预算办公室的分析通常是应某个委员会的请求而开展的。第三个方面要求国会预算办公室为任何负责审查的委员会提供关于估计值的分析。第四个方面是，国会预算办公室可以应某个国会议员的请求对"国会管辖下的相关问题的任何提案的财政成本进行估计"。

　　国会预算办公室从事的工作，总是落在上述四个方面之内。①国会预算办公室谨遵使命，这确保了明确且集中的战略、相关且及时的生产线以及与各政治派别的国会议员和外部伙伴之间的保持距离的合作。国会预算办公室非常小心地避免对政策进行评论或者提出建议。

　　国会预算办公室一直保持着一个扁平化的组织模式，并将繁文缛节的程度最小化。其组织层次有限，而且行政负担被尽可能地消除。国会预算办公室关注的是产品而不是程序。消除行政负担，使分析师可以腾出时间和精力，专注于他们的实际工作。这带来了正外部性，吸引了私人部门和公共部门的高水平、有雄心的专业人员加入国会预算办公室。国会预算办公室根据个人经验、才华和创业主动性来挑选雇员，最终形成专业知识的健康组合，这些专业知识来自于行政机构内部的财政职能、学术界和私人部门。凭借机构存在的必要性和运行模式，国会预算办公室的创业型雇员在获取数据、开发和使用新工具、与外部资源形成富有生产力的伙伴关系等方面进行创新。

　　最后，国会预算办公室从外部资源和技术中获益匪浅。外部的伙伴对其报告和分析进行同行评审（学者和从业人员，其中包括美国国会预算办公室的工作人员）。

9.6　结　论

　　经过几十年的官方预算预测不透明及缺乏足够的对财政政策制定的立法监

---

　　①　国会预算办公室在委员会的指导下，开展研究和分析工作。这个方面的报告包括《经济行动计划所含措施的监督框架的季度更新》(Parliamentary Budget Officer, 2009a, 2009b, 2009c)。另外，国会预算办公室发布了一系列应国会议员请求所作的报告，包括《对加拿大计划采购 F-35 闪电 II 联合攻击战斗机的财政影响的估计》(Parliamentary Budget Officer, 2011a)，《对 2010 年 G8 和 G20 峰会的计划安保费用的评估》(Parliamentary Budget Officer, 2010a) 和《〈精确量刑法〉的资金要求及对加拿大矫正制度的影响》(Parliamentary Budget Officer, 2010d)。此外，国会预算办公室被要求定期向一些委员会提供信息，如众议院财政常设委员会和负责政府工作和估计的众议院常设委员会，并进行补充性的研究。国会预算办公室不断履行其在主动分析"国家财政、政府估计值和国民经济走势"方面的职责，如 IDM (Parliamentary Budget Officer, 2011c)。

督之后，在 2006 年，国会建立了国会预算办公室，来加强对政府预算的审
查。为此，在原则上，国会赋予了这个新机构独立性，使其可以独立地完成任
务，即在公共财政领域提高透明度并促进问责制。自成立以来，国会预算办公
室努力履行使命，它严格遵循法律授权，实施了精简的操作模式，雇用了技术
熟练、经验丰富的雇员，并且充分利用了外部的资源和技术。在此过程中，国
会预算办公室一直忍受着资金的威胁、基本信息的获取受限以及在预算官任期
中的限制。这些成长的烦恼揭示了一个机构在议会环境中可能面临的诸多
挑战。

　　加拿大的经验具有更广泛的国际影响。加拿大的经验表明，一个独立财政
机构应以一个完善的法律框架为基础，该法律框架反映了也回应了潜在的政治
制度。议会制的典型特征是权力的弱分离。这意味着，很多时候，立法预算办
公室会发现自己和大多数立法机构一样，都处在行政机构的控制之下。因此，
立法预算办公室的成功取决于有效保护措施的实施，使其免受实际的或想象的
政治压力。立法预算办公室必须至少在以下方面享有保障：其领导的任期有保
障、可以毫无障碍地获取信息、控制与机构职责相称的财力和人力资源。在加
拿大的背景下，这意味着，预算官在提供服务方面应行为端正、有良好表现，
有直接提出请求的强权，并对充足的财力和人力资源保持独有的控制权。作为
交换，应要求国会预算办公室制作规划和绩效文件，及时向公众和国会公开报
告，并保持财务操作的透明度。实现这些目标的有效措施，将促进国会预算办
公室从一个受限的职位向一个具有完全独立性、直接对选民和立法机构负责的
机构演变。

　　在天生就不稳定的政治环境中，当独立财政机构努力对财政政策进行评估
时，它将会面临很多挑战。尽管加拿大国会预算办公室的运行时间还比较短，
但是其经历为这些挑战提供了警示性和启发性的例子，也为其他新兴的立法预
算办公室提供了相关的经验教训。考虑到目前观察到的国际市场的持续动荡加
强了而不是弱化了在世界范围内建立独立监督机构的观点，这些经验教训将变
得更加重要。

参考文献

Access to Information Act(R. S. C. 1985,c. A-1). Ottawa:PWGSC.

Askari,M.,Page K.,and Tapp S. (2011). 'Reforming fiscal institutions in Canada',presentation to the Banca d'Italia Public Finance Workshop:Rules and Institutions for Fiscal Policy after the Crisis,Perugia,Italy,March.

Auditor General of Canada(2005). *Supplementary Information Observations of The Auditor General on the Financial Statements of The Government of Canada For The Year Ended March 31,2005,*21 September,Office of the Auditor General of Canada,viewed 25 August 2011,<http://www. oag-bvg. gc. ca/internet/docs/05agobs_e. pdf>.

Beltrame,J. (2009). 'Fund office or shut it down,says Parliamentary budget officer Kevin Page',*Canada East,*3 November,viewed 26 August 2011, <http://www. canadaeast. com/news/article/845226>.

Blanchfield, M. (2010). 'MacKay dismisses concerns about cost, delays over stealth fighters' , *Canadian Press,* 8 December,viewed 26 August 2011, <http://www. 680news. com/news/national/article/154831-mackay-dismisses-concerns-about-cost-delays-over-stealth-fighters>.

Brennan,R. J. (2009). 'Do Tories want watchdog or lapdog?;Sham-ocracy:Fifth in a sixpart series',*Toronto Star,*4 June,p. A12.

Commissioner of Lobbying(1997). *Lobbyists' Code of Conduct:Full Text of the Code,*1 March,Office of the Commissioner of Lobbying,viewed 28 February 2012,<https:// ocl-cal. gc. ca/eic/site/012. nsf/eng/h_00014. html>.

Coutts,J. (1994). 'Blood-supply computer plans struggling:Project has overruns,delays that put national system years away,report says',*The Globe and Mail,*2 December,p. A12.

Curry,B. (2010). 'Budget watchdog lacks credibility,not cash:Jim Flaherty;Finance Minister says Kevin Page goes too far with his opinions' , *Globeandmail. com,* 23 December, viewed 26 August 2011,<http://www. theglobeandmail. com/news/politics/ottawa-note-book/budget-watchdog-lacks-credibility-not-cash-jim-flaherty/article1848072/>.

Department of the Air Force(2011). *Fiscal Year(FY)2012 Budget Estimates Air Force,*February,United States Department of Defense,viewed 23 March 2011,<http://www. saffm. hq. af. mil/shared/media/document/AFD-110211-038. pdf>.

Federal Accountability Act(S. C. 2006,c. 9). Ottawa:PWGSC.

Greenspon, E. (1995). 'Federal fishery plan fails on most aims, report says:Evaluation says program to reduce industry's size is far over budget',*The Globe and Mail,* 27 April,p. A16.

Government of Canada(2011). *Cost of the Afghanistan Mission 2001-2011,*backgrounder, 27 June,Government of Canada,viewed 26 August 2011,<http://www. afghanistan. gc. ca/canada-afghanistan/news-nouvelles/2010/2010_07_09. aspx?lang=eng>.

House of Commons Standing Committee on Government Operations and Estimates(2003). *Meaningful Scrutiny:Improvements to the Estimates Process,*September,Parliament of Canada,viewed 25 August 2011,<http://www. parl. gc. ca/content/hoc/Committee/372/

OGGO/Reports/RP1062530/oggorp06/oggorp06-e. pdf>.

House of Commons(2011). 'Appendix: Conflict of Interest Code for Members of the House of Commons', in *Standing Orders of the House of Commons*, June, Parliament of Canada, viewed 2 March 2012, <http://www. parl. gc. ca/About/House/StandingOrders/appa1-e. htm>.

Ibbitson, J. (2009). 'The Man Who Knows Too Much', *The Globe and Mail*, October 3, p. A23.

Kheiriddin, T. (2010). 'A page out of history', *National Post*, 16 March, p. A17.

LeBlanc, D. (2003). 'Obsolete radar units cost DND $ 23-million', *The Globe and Mail*, 3 January, p. A1.

Lobbying Act(R. S. C. 1985, c. 44(4th Supp.)). Ottawa: PWGSC.

Lovell, J. (2007-8). 'Governor in Council Appointments: During Pleasure or Just a Big Headache?', *Ottawa Law Review*, 39(3): 475–96.

Lunman, K. (2004). 'Martin health plan gets 48% support; Country is also divided on gun registry and same-sex marriage, survey indicates', *The Globe and Mail*, 2 February, p. A4.

Magnet, J. (2007). *Separation of Powers in Canada*, University of Ottawa, viewed 25 August 2011, <http://www. uottawa. ca/constitutional-law/Division% 20of% 20Powers% 20Topics%20-%20Separation%20of%20Powers. htm>.

May, K. (2008a). 'House, Senate Speakers"out of line"; Senator, MP want committee to resolve dispute between librarian, budget officer', *Ottawa Citizen*, 6 November, p. A3.

May, K. (2008b). 'Parliamentary library attempts to muzzle budget officer; Page says he´ll get economic report out despite squabble', *Ottawa Citizen*, 13 November, p. A1.

May, K. (2008c). 'Speakers move to handcuff budget officer; Page rejects accusation he´s overstepped his mandate, says office can´t function independently under current system', *Ottawa Citizen*, 4 November, p. A1.

McCarthy, S. (1997). 'Copter choice could embarrass federal Liberals: Cormorant is version of EH-101 which they cancelled as too costly', *The Globe and Mail*, 12 September, p. A1.

McKenna, B. (1995). 'A deal way off course', *The Globe and Mail*, 13 May, p. B1.

McKenna, B. (1996). 'Cancelled contracts cost Ottawa millions', *The Globe and Mail*, 4 September, p. B1.

McKenna, B., and Motherwell, C. (1994). ' $ 1-billion oil stake abandoned: Ottawa, Edmonton walk away from plant gushing losses', *The Globe and Mail*, 5 August, p. A1.

O´Neill, T. (2005). *Review of Canadian Federal Fiscal Forecasting: Processes and Systems*, Department of Finance Canada, viewed 24 August 2011, <http://www. fin. gc. ca/activty/pubs/Oneil/PDF/Oneil_e. pdf>.

Parliament of Canada Act(R. S. C. 1985, c. P-1). Ottawa: PWGSC.

Parliamentary Budget Officer(2008a). *Economic and Fiscal Assessment*, 20 November, Office of the Parliamentary Budget Officer, viewed 26 August 2011, <http://www. parl. gc. ca/PBO-DPB/documents/Ecomomic_and_Fiscal_Assessment_-_November_2008. pdf>.

Parliamentary Budget Officer(2008b). *Fiscal Impact of the Canadian Mission in Afghanistan*,

9 October, Office of the Parliamentary Budget Officer, viewed 26 August 2011, <http://www. parl. gc. ca/PBO - DPB/documents/Afghanistan_Fiscal_Impact_FINA - L_E_WEB. pdf>.

Parliamentary Budget Officer (2008c). *Information Protocol*, December, Office of the Parliamentary Budget Officer, viewed 25 August 2011, <http://www. parl. gc. ca/PBO-DPB/documents/Information%20Protocol. pdf>.

Parliamentary Budget Officer (2009a). *First Quarterly Update of a Monitoring and Oversight Framework for Measures Contained in the Economic Action Plan*, 25 March, Office of the Parliamentary Budget Officer, viewed 2 March 2012, <http://www. parl. gc. ca/PBO-DPB/documents/Budget_2009_Progress_Report_First_Report. pdf>.

Parliamentary Budget Officer (2009b). *Second Quarterly Update of a Monitoring and Oversight Framework for Measures Contained in the Economic Action Plan*, 6 July, Office of the Parliamentary Budget Officer, viewed 2 March 2012, <http://www. parl. gc. ca/PBO-DPB/documents/Budget_2009_Progress_Report_Second_Report. pdf>.

Parliamentary Budget Officer (2009c). *Third Quarterly Update of a Monitoring Framework for Measures Contained in the Economic Action Plan*, 9 October, Office of the Parliamentary Budget Officer, viewed 2 March 2012, <http://www. parl. gc. ca/PBO-DPB/documents/Q3_Budget_Implement_Final. pdf>.

Parliamentary Budget Officer (2010a). *Assessment of Planned Security Costs for the 2010 G8 and G20 Summits*, 23 June, Office of the Parliamentary Budget Officer, viewed 2 March 2012, <http://www. parl. gc. ca/PBO-DPB/documents/SummitSecurity. pdf>.

Parliamentary Budget Officer (2010b). *Estimating Potential GDP and the Government's Structural Budget Balance*, 10 January, Office of the Parliamentary Budget Officer, viewed 26 August 2011, <http://www. parl. gc. ca/PBO - DPB/documents/Potential_CABB_EN. pdf>.

Parliamentary Budget Officer (2010c). *Fiscal Sustainability Report*, 18 February, Office of the Parliamentary Budget Officer, viewed 26 August 2011, <http://www. parl. gc. ca/PBO-DPB/documents/FSR_2010. pdf>.

Parliamentary Budget Officer (2010d). *The Funding Requirement and Impact of the 'Truth in Sentencing Act' on the Correctional System in Canada*, 22 June, Office of the Parliamentary Budget Officer, viewed 26 August 2011, <http://www. parl. gc. ca/PBO-DPB/documents/TISA_C-25. pdf>.

Parliamentary Budget Officer (2011a). *An Estimate of the Fiscal Impact of Canada's Proposed Acquisition of the F-35 Lightning II Joint Strike Fighter*, 10 March, Office of the Parliamentary Budget Officer, viewed 26 August 2011, <http://www. parl. gc. ca/PBO-DPB/documents/f-35_Cost_Estimate_EN. pdf>.

Parliamentary Budget Officer (2011b). *Fiscal Sustainability Report 2011*, 29 September, Office of the Parliamentary Budget Officer, viewed 2 March 2012, <http://www. parl. gc. ca/PBO-DPB/documents/FSR_2011. pdf>.

Parliamentary Budget Officer (2011c). *Monitoring of Federal Expenditures*: 2010-11 Q4 Update of the Integrated Monitoring Database (IMD), 7 July, Office of the Parliamentary

Budget Officer, viewed 2 March 2012, <http://www. parl. gc. ca/PBO-DPB/documents/ IMD_Update_June_2011_EN. pdf>.

Parliamentary Budget Officer (2012). *Renewing the Canada Health Transfer: Implications for Federal and Provincial-Territorial Fiscal Sustainability*, 12 January, Office of the Parliamentary Budget Officer, viewed 2 March 2012, <http://www. parl. gc. ca/PBO-DPB/documents/Renewing_CHT. pdf>.

Raj, A. (2009). 'Budget officer fears reprisals', *Kirkland Lake Northern News*, 29 April, p. B5.

Reguly, E. (2004). 'Feds see made-in-Quebec navy at any cost', *The Globe and Mail*, 24 April, p. B2.

Robson, J. (2009). 'The best, most lurid show in town', *Ottawa Citizen*, 15 May, p. A14.

Ross, D. (2010). *ADM (Materiel): Mr. Dan Ross' Appearance Before the Standing Committee on National Defence F-35 Joint Strike Fighter*, testimony, 19 October, Department of National Defence, viewed 26 August 2011, <http://www. forces. gc. ca/site/news-nouvelles/news-nouvelles-eng. asp?cat=00&id=3619>.

Simpson, J. (1994). 'The hole in the ground into which the governments pour money', *The Globe and Mail*, 22 November, p. A22.

Sullivan, M. (2011). *Joint Strike Fighter: Restructuring Should Improve Outcomes, but Progress Is Still Lagging Overall*, testimony, 15 March, Government Accountability Office (U. S.), viewed 23 March 2011, <http://www. gao. gov/new. items/d11450t. pdf>.

Truth in Sentencing Act (S. C. 2009, c. 29). Ottawa: PWGSC.

Tuck, S. (2003). 'Gun-registry costs queried for years, auditor says', *The Globe and Mail*, 26 February, p. A7.

Vongdouangchanh, B. (2009). 'Finance Minister Flaherty says "serious recession" to make 2009 a "difficult year"', *The Hill Times*, 20 April, viewed on 26 August 2011, <http://hilltimes. com/page/printpage/. 2009. april. 20. flaherty>.

Vongdouangchanh, B. (2011). 'NDP, Liberals and Page to push for PBO's independence when House of Commons resumes', *The Hill Times*, 14 July, viewed 25 August 2011, <http://hilltimes. com/news/2011/07/14/ndp-liberals-and-page-to-push-for-pbo%E2%80%99s-independence-when-house-of-commons-resumes/27906>.

第三部分

危机推动产生的独立财政机构的经验和展望

10　瑞典：具有广泛职权范围的监督机构

拉斯·卡尔马福斯[①]

10.1　引言

独立财政机构在一些国家已经存在很长时间：比利时、荷兰和美国是较为突出的例子。近年来，其他一些国家也建立了这种机构。[②]其中，一个例子是2007年瑞典建立的财政政策委员会（FPC）。本章介绍瑞典的这个委员会，并分析其经验。

10.2　背景

10.2.1　财政框架

在20世纪90年代初，瑞典经济遭受了严重的危机，情况与爱尔兰和西班牙最近的危机极为相似。国内生产总值连续3年下降，同时失业率急剧上升。

---

① 感谢雅克·德尔普拉、斯泰纳尔·霍尔顿、埃里克·霍格林、乔治·科彼茨、托马斯·努德斯特伦、卡洛琳娜·佩尔森和乔金·桑尼嘉德的有益建议。

② Calmfors和Wren-Lewis（2011）及Kopits（2011）对早期存在的和最近建立的财政监督机构进行了综述。另请参见Calmfors（2010）和Hagemann（2010）。

如图 10-1 所示，这场危机给公共财政造成了严重的影响，1993 年预算赤字达到了峰值，约为 GDP 的 11.2%。图 10-2 展示了政府总债务占 GDP 的比例如何从 1990 年的 41.2% 上升到 1996 年的 73.3%。在 1994—1995 年期间，瑞典相对于德国的 10 年期政府债券的利差已经达到了 3 到 4 个百分点（见图 10-3）。

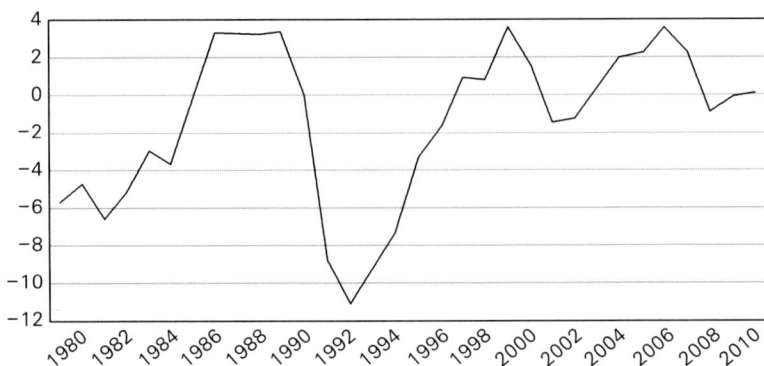

图 10-1　瑞典：1980—2012 年一般政府净贷款（占 GDP 的百分比）

资料来源：OECD。

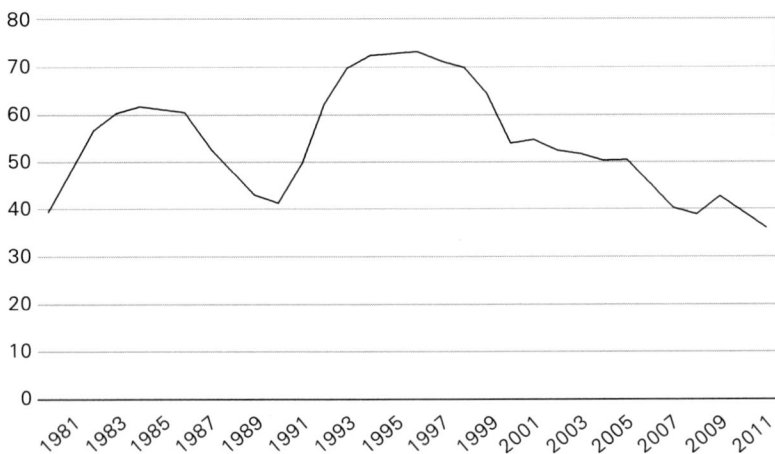

图 10-2　瑞典：1980—2012 年一般政府总债务（占 GDP 的百分比）

资料来源：Ameco。

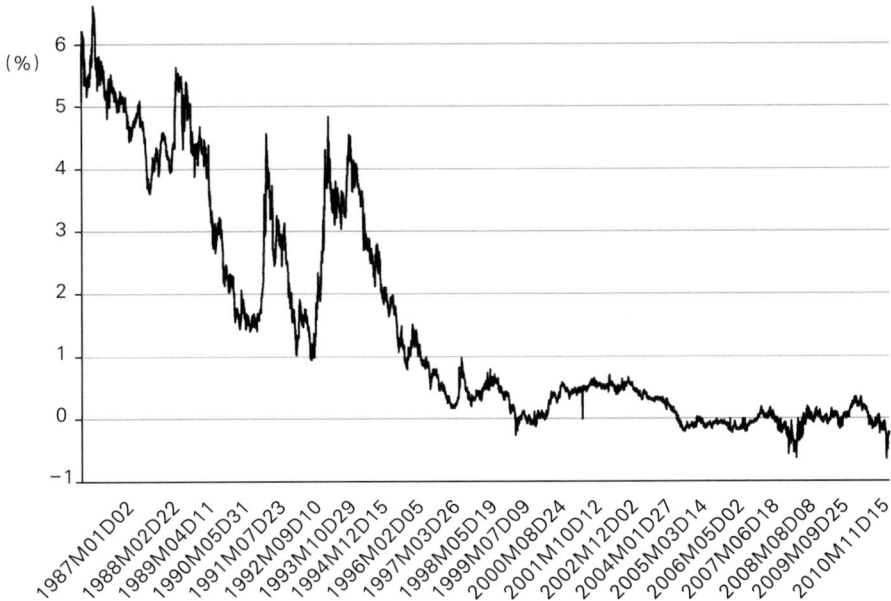

图10-3　瑞典：1987—2011年10年期政府债券的利差

注释：与德国债券的利差。

资料来源：Reuters。

这场财政危机引发了一个雄心勃勃的预算整固计划。在明确规定的预算目标的基础上，政府制订了一个无条件缩减赤字的计划，该计划的实现不受周期性变化的影响。该计划的实施是成功的。[1]到2000年，预算赤字已经变成了预算盈余，盈余约为GDP的3.6%。

这场危机也使政府采用了新的财政框架，以防止未来再出现类似的危机。目前，该框架仍然有效。它包括5个中心支柱：[2]

（1）中央政府预算自上而下的方法。国会先决定总支出及其在不同支出领

---

[1]　Henriksson（2007）介绍了预算整固过程。

[2]　财政政策委员会（Fiscal Policy Council，2010、2011）和瑞典国会（Swedish Parliament，2010、2011）更详细地介绍了这个财政框架。

域的分配。这项工作一旦完成，就不可能增加某项特定支出而不削减同一领域内的其他支出。

（2）在经济周期内，预算盈余的目标是一般政府净贷款达到GDP的1%。

（3）提前3年设置中央政府名义支出的上限。

（4）对地方政府提出平衡预算的要求。

（5）改革缴费确定型的养老保险制度，并建立自动平衡机制以保障该制度的长期持续性。

制定的上述规则已在很大程度上得到执行。因此，尽管最近出现了异常的严重衰退，但在2000—2010年期间，平均的政府净贷款达到了GDP的0.8%。其中，在2007年和2008年，盈余占GDP的比例分别达到了3.6%和2.2%。2009年，在经济衰退的低谷期，预算赤字非常小，仅为GDP的0.7%。在2010—2011年，政府净贷款几乎为零。最成问题的规则一直是支出上限规则。虽然该规则从未被正式违背，但是它已经被规避了很多次（程度仅是轻微的），规避手段包括使用税式支出和操纵支付时间等。[①]

10.2.2 财政政策委员会的建立

财政政策机构可能会产生变化，或者是为了解决实际存在的问题，或者是为了防止未来潜在问题的发生。在瑞典的情况中，财政政策委员会的建立属于后者。

在瑞典建立财政监督机构的想法，最早是在是否加入欧元区的辩论中提出的。在2003年，根据当时可预见到的未来情况，这个问题在一次公投中被解决，公投结果反对瑞典加入欧元区。在公投前，一个政府委员会分析在瑞典获得欧元区成员身份后，财政政策的要求将如何变化。背景是，一旦一国已经放弃了自己的货币政策，当发生针对该国的宏观经济冲击时，该国将不得不采用财政政策来应对。这个委员会担心，在经济繁荣时，财政政策将会过于宽松，

---

① 参见瑞典国会（Swedish Parliament，2007）和财政政策委员会（Fiscal Policy Council，2009、2011）。

没有给经济衰退时的刺激措施留下空间。为了应对这种风险，该委员会提出建立一个独立的财政委员会，为政府提供权威的政策建议。[①]

　　建立财政委员会的想法并没有得到当时的社会民主党政府的认可，政府明确反对这一提议以及其他类似的提议。[②]然而，这个想法却被自由-保守反对党更积极地接受。2003年，当时温和党（瑞典保守党）的首席经济学家安德斯·博格写了一篇文章，表明了他支持建立一个咨询财政委员会的态度。[③]

　　2006年，自由-保守政府上台，安德斯·博格是财政部长。他开始推广这个财政委员会的想法，并在2007年春季决定建立财政政策委员会。然而，这时出现了政治分歧。所有的反对党，包括社会民主党、左翼党和绿党，都投票反对建立该委员会。左翼党这样做的动机是，"有理由认为，财政政策委员会将是另一个为政府的右翼政策提供虚假的科学外衣的机构"。[④]

　　关于财政规则和财政透明度的实证研究通常发现，这两者均有助于得到更好的预算结果。[⑤]然而，一个众所周知的问题是，很难分辨究竟是这些因素影响了预算结果，还是这些因素和预算结果都是由其他因素共同决定的。这些考虑和瑞典的情况高度相关。最近较为良好的财政表现和财政政策委员会的建立，都可以被看作政府奋力保障公共财政的结果，而政府的行为又可以被20世纪90年代初期财政危机的经历所解释。当然，这并不意味着在预算纪律的政治共识的影响之外，财政政策委员会不会对财政政策产生额外的影响。

---

　　① 研究欧洲货币联盟的稳定化政策的瑞典政府委员会（Swedish Government Commission on Stabilisation Policy in EMU，2002）。

　　② 例如，可参见 Calmfors（1999、2001、2002、2005）。

　　③ Borg（2003）。

　　④ 瑞典国会（Swedish Parliament，2006a）。

　　⑤ 例如，参见 Alt 和 Lassen（2006）、Fabrizio 和 Mody（2006）、European Commission（2006）、IMF（2009）和 Lassen（2010）。

10.3 结构和职权[①]

财政政策委员会是政府下面的一个正式机构，有6名成员。普通成员的最长任期是3年，主席最多可有两个连续的3年任期。委员会由"在经济学领域具有较高科研能力"的成员和"在经济政策方面有实践经验"的成员组成。近年来，委员会的成员包括学术界的经济学家、前公务员和前政治家。成员不必是瑞典人。成员履行其职责，作为其日常工作的补充性活动。委员会还有一个小型的秘书处，由5人组成。

财政政策委员会有较广的职权范围。根据2011年7月1日起生效的现行章程，委员会"对政府提出和国会决定的财政政策和经济政策的目标的完成情况进行监控和评估，并以这种方式提高关于经济政策目标及有效性的透明度"。根据《春季财政政策法案》和《预算法案》，委员会特别要负责评估财政政策在以下两方面的一致性：（1）长期可持续的公共财政；（2）财政规则，尤其是预算盈余目标和支出上限规则。

财政政策委员会还负责：（1）评估财政形势如何与周期性变化相关；（2）评估财政政策是否符合健康的长期经济增长的要求，以及是否促进了高就业率在长期的持续性；（3）监测《春季财政政策法案》和《预算法案》的透明度，特别是经济政策的基础及政策提案的动机；（4）分析财政政策对福利分配的影响。此外，"委员会可以监测并评估政府预测值及其使用的模型的质量"。

因此，财政政策委员会的职权远远超出了财政持续性和预算纪律的范围。其职权还包括财政政策作为稳定工具的作用以及就业和增长政策。其职权范围的一个重要组成部分是推动高水平的经济政策讨论，其具体手段是监控政策是否可以被合理地解释以及是否有合理的动机，也监控政策是否有良好的分析基础。

---

① 财政政策委员会的章程可以在《条例》（2011：446）中找到，这一版取代了之前的《条例》（2007：760）。

对于评估是否只应是事后的还是也可以是事前的，委员会的章程是模糊的。委员会决定，应该同时进行事后的和事前的评估。因此，除了评估过去的政策之外，委员会也会对新的政府提案进行评估，有时会提出其他的备选建议。

对财政政策委员会唯一一个正式要求是，委员会要在每年5月，即政府发布春季财政政策法案（对经济形势作出判断并对未来政策提供指导）之后一个月，发布一份年度报告。该报告要正式提交给政府。虽然财政政策委员会和国会没有正式的关联，但国会的财政委员会会在财政政策委员会报告的基础上定期举行公开听证会，财政政策委员会的主席、财政部长和外部专家都会参加听证会。

10.4　财政政策委员会的活动

截至2011年底，财政政策委员会已经发布了4份年度报告。此外，26份背景报告也已经发布，这些报告或者是委托给了外部学者（包括国内学者和国外学者），或者是由财政政策委员会成员撰写。对各项政府提案的一些简短意见也写入了报告中。

10.4.1　报告的主题

综合来看，财政政策委员会对政府财政政策的评估一直对财政政策非常有利。财政政策被判定为在长期可持续，而且与预算目标相一致。对于政府的做法，主要有两点分歧：第一是担心财政框架中的模糊性会带来一些问题，第二是与2008—2010年经济衰退时期的财政刺激空间有关。

（1）财政框架中的模糊性

1997年设定了预算盈余要达到GDP的1%的目标，但是，对于为何选择这一目标水平，并没有明确的理由。后来，政府法案明确指出，该目标应该被看作一个中间目标，它有助于实现更根本的目标：公平的代际分配、社会效率（税收平滑）、建立应对突发的宏观经济冲击的预防缓冲区。然而，政府没有指定不同动机的相对权重，而这对于合意目标水平的设定是十分必要的。财政政策委员会敦促政府为目标的设定提供更好的理由，并将其与长期财政持续性的计算更好地联系起来。

一个相关的问题是，如何解释"在经济周期中预算盈余达到GDP的1%"目标。政府使用5种不同的净贷款指标来判断这一目标是否实现：过去10年的平均水平、从当年开始未来7年的移动平均数、当前的结构性净贷款、周期性调整净贷款（不同于结构性净贷款）在过去10年的平均、周期性调整净贷款在未来7年的移动平均数。财政政策委员会认为，使用多个指标会造成混乱，因为不同指标可能会显示出非常不同的结果。更重要的是，预算盈余目标有不同的政策含义，取决于该目标是以后顾型"有记忆"（因而需要弥补过去对目标的偏离）的方式来解释，还是以前瞻型"无记忆"（不需要弥补过去的偏差）的方式来解释。①财政政策委员会认为，应该减少使用的指标数，而且对于如何解释目标应有明确的立场。

（2）财政立场

2010年，在国会选举之前，财政政策委员会提醒政府和反对党，减税和增加支出的财政空间是非常小的。在2011年的报告中，财政政策委员会强调了预算盈余目标、支出上限水平和政府减税计划之间的冲突。委员会认为，支出上限所允许的支出增加和减税计划威胁到盈余目标的实现。因此，委员会敦促政府或者降低支出上限，或者放弃减税计划。

迄今为止，财政政策委员会和政府之间最大的政策分歧与2009—2010年经济衰退时期的财政立场有关。②值得注意的是，与政府认为合意的水平相比，委员会建议实施更多的刺激措施。委员会认为，政府高估了金融市场对一个更具扩张性的财政立场（考虑到瑞典稳健的公共财政）做出不利反应的风险，也高估了自动稳定器的力量。

---

① 参见财政政策委员会（Fiscal Policy Council，2009、2010）。
② 财政政策委员会（Fiscal Policy Council，2009、2011）。另请参见10.5.1部分。

（3）就业和增长

现任政府一直努力通过对劳动力市场进行彻底的改革，来增加就业。这些改革包括失业福利的削减和劳动收入税收抵免的引入。这些改革在政治上一直极具争议，反对党强烈反对改革并质疑其有效性。

在研究的基础上对这些改革进行评估，财政政策委员会得出的结论是，改革可能在长期中对就业有显著的积极影响。与此同时，委员会对政府进行了批评，因为政府没有解释改革将通过抑制工资增长而在很大程度上促进就业机会的创造。

财政政策委员会也对税制改革的进展提出了批评。在1990—1991年，瑞典进行了一次全面的税制改革，扩大了税基，并施加了统一性和中性原则。但是，通过引入大量的例外情况，这些原则被逐渐遗弃：不同类型的消费适用不同的增值税税率、为年轻人选择性地削减雇主的工资税、废除财产税、RMI（修理、维护和改良）税收减免等。委员会分析，哪些变化可由最优税收理论或收入分配顾虑来解释，而哪些变化很难找到合理的理由。

（4）经济报告

财政政策委员会对政府的部分经济报告也提出了批评。这些批评涉及对公共部门的总资产净值（与此相反的是对财务净值的精心报告）、政府投资、政府实际资本存量变化的非常粗浅的报告，以及对各项劳动力市场计划的规模和内容的不充分的报告。

10.4.2 影响

为了评估财政政策委员会的影响，有必要将以下两方面的影响区分开来：一方面，委员会对政府的行动有直接的短期影响；另一方面，委员会通过影响有关经济政策的总体思路来产生间接的长期影响。前者更清晰可见，但是最终后者可能更重要。

这里使用3个"指标"：（1）媒体报道，主要与长期影响有关；（2）政治制度的反应，这在长期和短期影响之间；（3）直接受委员会分析的影响所产生的政策变化，这是对短期影响的度量。

（1）媒体报道

主要的媒体报道与年度报告的发布有关，这些报告会在新闻发布会上予以介绍。对报告的介绍也在国家和地方的新闻报纸上被广泛报道，包括一些新闻文章和社论。国会的财政委员会举行的关于报告的公开听证会，已经被国家的一个电视频道进行直播。

更重要的是，多年来，媒体上的文章、社论和评论络绎不绝地使用财政政策委员会的报告作为参考。委员会网站上报告的下载模式支持这种"持久影响"的印象（http：//www.finanspolitiskaradet.se）。

（2）政治制度的反应

在财政政策委员会发布报告之后，财政部长和政党的经济发言人会对此报告发表声明。虽然国会的财政委员会已经评估了政府的春季财政政策法案，但财政政策委员会的观点仍被广泛地报道和评论。

政府的《预算法案》在每年秋季提交给国会，其中一节总结了财政政策委员会的报告，并且对报告提出的建议作出表态。在反对党的经济提案中，以及来自各政党的国会议员在国会辩论的评论中，都会经常参考财政政策委员会的分析。

（3）对政策的影响和分析

很难评估财政政策委员会对实际政策的影响，因为这需要对反事实的情况做出推测。不可能判断，为了避免财政政策委员会可能做出的事后批评，政府的提案在多大程度上在事前做出了改变。当然，不能期望政府会放弃已经向国会提交的提案，因为这通常会严重损害政治声望。

财政政策委员会对政策产生影响的一个例子是2009—2010年财政刺激的规模。在这里，政府最终遵从了财政政策委员会（及其他机构如国家经济研究所）的建议，给予地方政府额外的临时补助。[①]

在2010年国会选举之前，财政政策委员会呼吁所有政党，避免承诺实施

---

① 财政政策委员会（Fiscal Policy Council，2009）。另请参见10.4.1部分。

会永久性地损害预算平衡的举措，这对政策可能也产生了一定影响。在 2011
年的报告中，财政政策委员会发出警告：政府的减税计划隐含关于预算纪律的
风险，这可能会导致这些计划搁浅；尽管不断恶化的经济前景和国会投票可能
失败是更重要的原因。

　　财政政策委员会肯定已经对政府关于盈余目标的思路产生了影响。财政部
的彻底审查，在很大程度上是受到了财政政策委员会的分析的影响。[1]该审查
努力从各种根本动机中得出盈余目标的一个合意的数值水平，并处理使用大量
指标所产生的模糊性。[2]政府得出的一个重要结论是，更长的预期寿命在人口
方面给未来的公共财政带来了压力，这种压力应该通过延长退休年龄而不是提
前融资（即通过财政盈余来提前储蓄）来缓解。这与财政政策委员会的建议一
致。这样做的理由是，随着寿命不断增加，让当代人来为子孙后代的福利收益
承担资金成本，是不合理的。这种成本不会在养老保险制度中出现。在养老保
险制度中，收益自动根据固定的缴费来调整。但是，这种成本会在一定程度上
导致健康和养老支出增加。

　　从偏技术的层面上，对于如何改善政府的财政持续性计算及展示，财政政
策委员会提出了一些建议。这些建议在很大程度上被采纳。在财政政策委员会
提出批评之后，政府已经改善了关于公共部门总资产净值和公共部门资本存量
的报告，尽管改善的程度较为有限。政府一再承诺，要改善关于政府投资的报
告，但是到目前为止，这个承诺尚未兑现。

　　财政政策委员会无法对政策产生影响的一个重要领域是支出上限方面的伪
造账目行为。2010 年中央政府拨给地方政府的额外补助，在 2009 年 12 月支
付，这是为了减少支出上限在 2010 年将会被调整的风险。政府这样做，完全
忽视了财政政策委员会的批评。

---

① 　参见 Finansdepartementet（2010）。
② 　参见上文的 10.4.1 部分。

10.5 瑞典的经验教训

10.5.1 职权范围的广度

与大多数同类委员会相比，财政政策委员会的职权范围要广泛得多。[1]它也比大多数学者的建议要广泛。[2]一个可能的解释是，增加就业被认为是自由－保守政府的首要经济政策目标，而恰恰是这个政府建立了财政政策委员会。支持较广的职权范围的一个观点是，可持续的公共财政与高就业和增长之间存在较强的交互作用。当然，职权范围较广的缺点是，资源的分布更加分散。

根据Calmfors和Wren-Lewis（2011）的说法，2008—2010年，在财政政策委员会的报告中，超过一半的定量分析都关注财政政策，尽管当时的职权范围同样注重财政政策和增长或就业相关问题。[3]然而，与对财政政策的分析相比，媒体和政治家们都对财政政策委员会关于就业或增长问题的分析表现出更浓厚的兴趣。这可能表明，较广的职权范围使人们的兴趣从财政政策转移到了其他问题上。此外，考虑到瑞典的公共财政较为稳健，财政问题没有处于公众辩论的最前沿，也并不奇怪。

（1）对财政政策作为稳定化工具的评估

建立独立财政监督机构的一个重要原因，就是加强预算纪律，也是出于对长期财政的考虑。与仅监督对盈余目标和支出上限的遵从度相比，财政政策委员会对财政立场是否合适进行评估，是一个更有雄心的任务。然而，财政政策委员会的这个评估作用与很多学术建议相一致。这些建议正是集中关注了这样的作用，因为人们已经认识到，对于周期性波动，不恰当的财政反应往往是导

---

[1] 参见Calmfors(2010)及Calmfors和Wren-Lewis(2011)。

[2] 参见Wyplosz（2002、2005、2008）、Calmfors（2003a、2005）、Annett 等（2005）和 Debrun 等（2009），他们对各种建议进行了综述。

[3] 参见10.5.5部分。

致赤字偏差的一个重要原因。①

　　根据 Calmfors 和 Wren-Lewis（2011）的定量评估，在财政政策委员会的报告中，对财政政策的讨论，大部分是关于财政持续性和政策对预算目标的遵从度的，只有很少的部分讨论了宏观经济的稳定。似乎令人惊讶的是，在2009—2010年经济衰退期间，与政府相比，财政政策委员会主张更具扩张性的财政政策立场。对于建立了财政监督机构然后发现这个机构比政府本身在财政上更为激进，财政部长表示比较失望。②

　　当然，人们会预期财政监督机构在大多数时候会主张比政府更紧的财政政策，因为政府参与了政治进程，其中短期的考虑可能会导致赤字偏差。但是，这并不意味着，对于负责监督稳定政策的委员会，情况必须总是如此。政府的政策往往以非常传统的观点为基础，对环境变化的适应和调整很慢。财政政策委员会认为，政府没能意识到，特殊情况会激发对经济衰退的较强的自由裁量反应，而且瑞典的公共财政有能力、有空间做出反应。③

　　可以对货币政策做一个重要类比。一个常见的观点是，通过增强低通货膨胀政策的可信度，独立的中央银行增加了经济衰退时期货币政策的激进程度。相似的观点也适用于独立财政委员会。因为相比于政府，财政政策委员会不大可能被怀疑对财政刺激持有政治动机（这种动机会导致赤字偏差），所以，在经济衰退时期，委员会可以更自由地提出关于财政刺激的建议，而且以这种方式扩大了有效稳定政策的范围。

　　在经济衰退时期，财政政策委员会主张更具扩张性的财政政策立场，也可以被认为是在努力避免顺周期的政策。关于顺周期性的类似担忧也解释了委员会的警告，即在随后的经济上升期，财政政策有变得过于扩张的风险。

---

　　①　参见 Wren-Lewis（1996）、Ball（1997）、Seidman（2001）、Wyplosz（2002、2005、2008）和 Calmfors（2003a、2003b、2005）。
　　②　瑞典国会（Swedish Parliament，2009）。在瑞典经济协会组织的一次讨论中，财政方面的国务秘书也表达了相似的观点（Hansson，2009）。
　　③　参见10.4节。

（2）对财政规则的评估

财政政策委员会注重分析盈余目标的合适度，并监督对盈余目标的遵从度。这是一个有争议的问题，因为这意味着，对于盈余目标，财政政策委员会既当警察，又当法官。在原则上，当委员会监督遵从度时，如果委员会对目标提出批评，那么其信誉可能会受损。

财政政策委员会之所以重点关注对盈余目标的评估，是因为在监测财政的持续性时，该目标是一个关键的要素，而对财政持续性的监测是委员会职权的一个重要组成部分。[1]将长期财政持续性看作一个更高层次的要求，而将盈余目标看作一个中间目标，通过达到这个中间目标可以保障更高要求的实现，这似乎是一个合理的解释。

这个解释遭到了政府的批评，政府坚持认为"财政政策委员会应该监督对国会设定目标的遵从度，而不是目标本身"。[2]因为政府的这个规定既不合乎逻辑，也没有写入正式的职权范围，财政政策委员会选择忽略它。

（3）财政政策委员会是一个关于辩论的监督机构

财政政策委员会的一个独特职能是，对于政府的政策提案，监督提案的动机、研究基础和解释。这个职能可以被看作，在一般经济政策辩论中，充当监督机构。为什么财政政策委员会会被赋予这项任务？一个可能的答案是，在瑞典有一个长期传统，即学术界的经济学家们会高调参与公开辩论。这可追溯到有国际声誉的经济学家，如克努特·维克赛尔（因亵渎神明获刑）、古斯塔夫·卡塞尔（约1 500篇专栏文章的作者）、贡纳尔·米达尔（社会民主党首相）、贝蒂尔·俄林（瑞典自由党的领袖）和阿萨尔·林德贝克（在20世纪80年代帮助阻止了工会将私人公司社会化的计划）。在研究更加专业化的今天，经济学家很难在从事高质量研究的同时参与公开辩论。财政政策委员会的建立，使人们注意到至少有一些学者保持对政策的关注而且不断参与政策辩论，这可以被看作是努力使学术研究和经济政策之间的高度互动制度化。

---

① 参见10.3节。
② 参见 Finansdepartementet（2011）。

10.5.2 资源和任务

从国际比较来看，财政政策委员会的资源非常少，其年度预算低于100万欧元。委员会配备了一个小型的秘书处，并将报告委托给外部的研究者。因此，委员会的学术成员必须对年度报告做出较大贡献。

财政政策委员会的资源有限，在很大程度上约束了可以承担的分析工作量。其资源不足以进行预测、对各项政府提案进行成本核算或者审计政府的账目。这些任务反而是由其他4个独立的政府机构来完成。

国家经济研究所（NIER）定期发布宏观经济预测，并管理一个大型的宏观经济模型，该模型可用于分析各项政策提案的影响。瑞典国家金融管理局（SNFMA）在详细评估的基础上，每年发布几次中央政府预算的预测值，并且负责政府的年度财务报告。国家债务办公室（NDO）也对中央政府的预算进行预测。国家审计署（NAO）是国会下面的一个机构，其独立性被宪法所保障，并具有监督一切政府活动的广泛授权。

财政政策委员会没有向上述其他机构请求帮助的正式权利。然而，有时委员会会拨出一部分资源，将建模和其他定量分析工作外包给上述机构。对于国家经济研究所，情况尤为如此。该研究所基于模型对劳动收入税收抵免的净成本和就业效应进行计算，分析政府的投资和政府的资本存量，也提供政府资产净值的估计值。①在其他情况下，当委员会将工作交给其他机构时，合作是更加非正式化的。最近的一个例子是，瑞典国家金融管理局分析各种指数化规则所导致的政府支出的自发变化。

在这种方式下，财政政策委员会的微薄资源被充分利用。但是，有限的资源和不能请求其他政府机构进行分析的事实，限制了委员会的成果。因此，财政政策委员会主要对政府政策进行更广泛的、质量较高的评估，并关注这些评估与现有研究的联系，而不是自己做出详细的评估和预测。例如，有时在外部研究者的帮助下，委员会对一些问题进行深入分析：自动稳定器的规模、周期

---

① 财政政策委员会的秘书处坐落在国家经济研究所的办公场所内。然而,委员会的工作是独立于研究所的。对于委员会报告的内容,研究所并不提前知情。

性调整的财政平衡、财政整固的总需求效应、经济周期的长度、利率可能开始急剧上升的政府债务临界水平、劳动收入税收抵免的就业和工资效应。

财政政策委员会的活动和上面提到的其他机构的活动存在一些重叠。国家经济研究所对合适的财政政策立场做出判断，也分析各项税收和劳动力市场改革的影响。[①]与财政政策委员会一样，国家审计署也会明确指出财政框架中的模糊性，也会分析特定政策的影响。这种重叠有助于推动多元化的政策讨论。归根结底，财政政策委员会可以在资源很少的情况下运行，只是因为有其他大型机构在做相关的、大多是互补的工作。这并不意味着，在公开讨论中，这些机构比财政政策委员会更占优势，因为委员会的分析和建议通常会吸引更多的媒体关注。

然而，财政政策委员会的资源稀缺始终是一个问题。由于委员会的成员提供了大量投入，委员会才能运行。对于大部分成员而言，这份工作是在全职学术岗位之外的兼职，但是其工作量已经远远超出了兼职工作的合理范畴。委员会的长期持续性发展，要求学术成员在任期内卸掉一部分日常任务。对于委员会成员，设置的是兼职岗位；对于主席，是全职岗位，与其他机构一样，人员的薪酬与责任相称。[②]

10.5.3 财政政策委员会在一般政治辩论中的作用

评估政策及其理由的职能，与评估政策合适性的职能相近。如果没有做出价值判断，就不能提出关于合适政策的建议。财政政策委员会一直非常谨慎，只评估政策和政府声明的目标之间的联系。例如，在分析劳动力市场改革的影响时，评估只集中在改革是否能够实现增加就业的目标，而不对改革的就业效应和收入分配效应进行权衡，进而对改革的总体合意性进行评估。

政治家们经常参考财政政策委员会的分析和结论。虽然参考往往是选择性的，有时会具有误导性，但是必须认识到，这种以研究为基础的要素终于进入

[①]　然而，该研究所分析财政政策立场的一个问题是，这些分析究竟是建议还是预测并不总是很清楚。

[②]　Kopits（2011）根据该领域的国际经验，提出了一些良好做法。

了政治辩论。所有政党都使用财政政策委员会的分析，可能会提高辩论的整体质量。委员会的分析还有一个重要作用，记者也会经常使用这些分析，来对抗政治家们的简单论证。

（1）是否存在政治偏见？

一个潜在的问题是，财政政策委员会的评估对政治辩论的影响中，可能存在固有偏见。由于委员会的职能是评估政府的政策，分析主要集中在改进的空间而非赞扬已经做得很好的地方，是非常自然的。因此，委员会的报告可能总是有相当多的部分在批评政府的一些政策，以及提出委员会认为更好的政策。但是，反对党的提案没有受到类似的批评性的评估，因为这并不包括在委员会的职权范围之内。这可能会造成一个印象，即与反对党提出的政策相比，委员会对政府的政策提出了更多的批评，即使实际情况可能正好相反。目前已经在一定程度上出现了上述现象，因为财政政策委员会往往被描绘成政府的反对者。

如果要在短期内纠正这种固有偏见，就要调整财政政策委员会的职权范围，使反对党的提案也被纳入评估。这意味着要对现有职权范围进行大规模扩展。在长期中，偏见的影响可能不太严重，因为公众可能会意识到，委员会对历任政府的政策都进行了批评性的评估。然而，考虑到政府能够比反对党获得更多的分析资源，从某种意义上说，委员会的存在可能总是使反对党比政府获益更多。

尽管有上述讨论中的问题存在，财政政策委员会好像仍然在公正性方面赢得了声誉。目前，还没有人对委员会的党派关系进行指责。实际上，正如10.5.5节所讨论的，2011年有一份多党协议，赞成了委员会在未来继续运行。

（2）财政政策委员会和成员

财政政策委员会作为一个整体，通常只在年度报告中表明政策立场，而在两份连续的年度报告发表之间的时间里，委员会不表明政策立场。一个重要的问题是，在两份报告发表之间的时间，委员会的成员在多大程度上可以在公开辩论中自由地表达自己的意见。委员会认为，如果委员会的成员身份限制了对一般辩论的参与，那么，这与"努力在社会中推动越来越多的、关于经济政策的公开讨论"的任务不符。①在实践中，可能仍会存在问题，即个别成员（尤其是主席）的观点会被解读成委员会的整体意见。然而，成员公开表达的观点可能受限，因为他们知道，公开表达一个强烈的看法，后来又不得不在委员会中做出妥协或者被否决，可能是非常尴尬的。而另一方面，就像在所有的谈判中一样，做出较强的公开承诺，可能是提高个人在群体中的讨价还价能力的一种手段。②

然而，在5月的年度报告发布之前不久（大约两个月），对于政府的经济政策，委员会的成员就已经不再做出公开评论。因此，委员会的成员没有对政府在4月发布的春季财政政策法案进行评论。这种行为背后隐含的想法是，如果报告的内容只在一个场合下进行展示（也包括保留意见），那么报告的影响是最大化的，委员会的成员们对此心领神会。③

10.5.4 独立性

一个运行良好的财政政策委员会，需要独立于政治制度。这与中央银行的要求相似。第一个相关的问题是任命。财政政策委员会的成员由政府任命。这意味着有政治任命的潜在风险。然而，这一风险可被下述规定抵消：任命应在委员会自己提出相关建议后再做出（根据丹麦经济委员会的蓝图）。如果政府没有遵从委员会的建议，那么，政府就会面临声誉成本。委员会试图增加这一成本，其手段是在不事先咨询政府意见的情况下公开宣布其建议。迄今为止，

---

① 制定的政策是："财政政策委员会作为一个整体，并没有持续地对经济政策表明立场。但是，委员会的成员在参与公开辩论时，可以表达自己的观点。这些观点可能但不一定被委员会的其他成员认同"（<http://www.finanspolitiskaradet.se>）。

② 例如，在2008年秋季，财政政策委员会的主席对可能不断深化的经济衰退发表了一个公开立场，即与政府已经提出的建议相比，应采取更强的财政刺激措施。然而，委员会的大多数成员对此持怀疑态度。到2009年5月发布年度报告时，主席表明的这一立场可能使大多数成员的立场发生了动摇。但是，这也是在冒险，因为如果委员会最终没有赞成主席的观点，主席的地位就会变得非常尴尬。

③ 根据财政政策委员会的章程，对报告的反对意见要向社会公布。对于2008—2011年发布的4份报告，只有3份保留意见：2009年1份，2011年2份。2009年的保留意见与财政政策立场有关。2011年的保留意见，主要关注相对次要的问题。

委员会的建议总是被遵从。

一个潜在的问题是，财政政策委员会是政府下面而非国会下面的一个机构。让国会成为委托人，会进一步加强委员会的独立性（国家审计署的情况就是如此）。不幸的是，就像所有政府机构的领导一样，委员会的领导有义务与正式负责委员会的国务秘书定期举行年度会议，会议上会讨论委员会（在评估财政部方面）的表现，而这个讨论是预算拨款的基础。委员会的整体建设隐含着面临政府不当压力的风险。

在财政政策委员会成立之后的 4 年中，主席也是机构的正式领导，这意味着主席负责委员会的预算。2011 年，情况发生了变化。现在预算是由委员会秘书处的一个独立领导来控制，该领导由政府任命，而委员会对此没有任何正式的发言权。从形式上看，主席不再能够决定委员会预算的使用。如果任命是合理的，那么委员会可能仍会有效运行，因为秘书处的领导会非正式地听从委员会成员的指示，而委员会的成员是负责报告的人。但是，在原则上，这是一个非常笨拙的设计，如果遇到了不合适的人，这就行不通。对于这个奇怪的设计，政府的动机是，这减少了主席的工作量，而且解开了委员会的束缚，即委员会要和财政部进行关于委员会是否很好地开展了评估活动的年度讨论，这些讨论未来将由秘书处的领导进行。

对独立性的一个最重要的保障可能是，委员会的大多数成员都是学者，他们主要活跃于委员会之外。在学术领域内，如果研究者被认为在委员会中表现出了政治倾向，而不是基于研究结果提出建议，那么，他们会面临很高的声誉成本。

然而，人们应该注意到，在瑞典这样的小国，一个领域如经济学领域中的每个人都认识其他所有人，这可能会带来风险。这也是在委员会中纳入外国成员的一个有力论据，目前也确实是这样做的。

10.5.5 合理性和长期生存

最初对财政政策委员会的一个批评是，它是"不民主的"，因为是让未经选举产生的专家来评估公众选举出的代表。①根据这个观点，与政治家相比，专家被赋予了太多的权力。明显相反的一个观点是，财政政策委员会提供了决策基础，与其他方式相比，委员会采用更合理的方式同时考虑了偏好和约束。通过为公众提供更多、更好的信息，委员会加强了公众使政策制定者负责的能力。

　　财政政策委员会的经历说明了一个重要的、与独立监督机构相关的时间不一致性问题。一方面，政府有激励建立一个监督机构，来表明其遵守财政纪律的决心，在瑞典，也是为了推行以研究为基础的政策。另一方面，监督机构一旦建立并开始批评政策，政府就有很强的激励来限制监督机构的活动或者大力摧毁它。其他国家有一些这样的例子，瑞典也出现了这种情况。②

　　2007年自由-保守政府建立财政政策委员会时，是将其作为财政框架的一个重要附加。③但是，随着时间流逝，由于委员会对一些政府政策提出了批评（尽管从整体来看，委员会对政府政策给出了积极的评价），财政部长对委员会变得越来越不满。关于委员会的工作和委员会主席，出现了很多带有轻蔑意味的评论，而这在瑞典的经济政策辩论中是不常见的。

　　2010年晚秋，在委员会向政府发出一封公开信并在信中提出自其成立以来就一直和政府讨论的、对自身情况的担忧之后，财政部长的敌意达到了顶峰。信中指出，委员会的资源和其职能非常不匹配，大多数成员在委员会中的工作都是其日常学术岗位之外的兼职（这意味着大学暗中为财政政策委员会的主要工作提供了资助），而这种情况是不可持续的。委托人从政府变为国会可以保护委员会所主张的独立性。财政政策委员会将这些问题公开，其动机是，由于不满委员会对某些政策的批评，财政部不愿为委员会提供更合理的工作条

---

　　① 当财政政策委员会建立时，社会民主党就持有这种观点。他们认为，"最终应由瑞典人民的选举代表来评估推行的政策"。他们还认为，"因此，我们不同意政府将评估政策内容的任务交给财政政策委员会的提议"（Swedish Parliament，2006b）。

　　② 参见Calmfors和Wren-Lewis（2011）。对于匈牙利财政委员会的消亡，参见科彼茨（第11章）。

　　③ 参见Ministry of Finance（2009）和Finansdepartementet（2010）。

件（实际上违背了先前关于改善工作条件的承诺），而且想要"摆布委员会"，
让其闭门造车。这封信引起了财政部长的负面反应，他威胁要削减财政政策委
员会的资源，理由是委员会有"越来越野的活动"。[①]

财政部长的反应受到了媒体的广泛批评。财政政策委员会得到了来自 IMF
（2010、2011）和 OECD（2011）的支持。这些组织对委员会的工作质量给出
了很高的评价，并支持其发挥更大的作用。

2011 年 2 月，财政部长突然改变了立场，并邀请反对党来讨论如何强化财
政政策委员会的作用，与此同时，他开始称赞委员会的工作。2011 年 4 月，政
府和 3 个反对党（即社会民主党、绿党和左翼党）之间达成了协议。虽然该协
议并没有改变财政政策委员会作为政府下属机构的身份，但它大大加强了委员
会的地位，因为现在反对党也支持委员会的发展，而最初反对党是反对建立委
员会的。现在也有一个隐含承诺，即财政政策委员会的职能、身份和资源的改
变必须由多党协议来决定。

该协议的达成意味着，财政政策委员会可以在一定程度上获得更多的资
源。然而，资源仍受约束，因为委员会的大部分工作都是靠其成员在日常工作
之外的兼职活动完成的。实际上，这一问题正在不断恶化，因为政府现在已经
消除了委员会出钱使成员放弃日常工作、成为全职雇员的所有可能性。以前，
在预算允许的情况下，委员会可以在有限的范围内这样做（只对主席这样
做）。现在，委员会被明确禁止这样做。对此，一个解释是，政府想要限制委
员会成员的工作量进而限制报告的宏大程度。除此之外，很难找到其他的解
释。实际上，在幕后，负责财政方面的国务秘书会对委员会的工作进行指导，
来遏制其雄心和远大目标。

多党协议还涉及财政政策委员会职能范围的一些变化。根据最初的章
程，评估财政持续性、监督对预算目标的遵从度、在考虑周期性变化的情况
下分析财政政策立场、监测就业和增长的变化、分析政策的透明度和评估官

---

① 参见 Finanspolitiska rådet kräver mer（2010）。

方预测值及使用的模型，是同等重要的。对职能范围进行修改之后，评估财政持续性和监督对预算目标的遵从度是主要活动，而其他职能被视为可有可无的活动。①正如在10.5.1节讨论的，财政政策委员会可以被赋予一个更窄的职能范围。然而，令人不安的是，修改后的职能范围淡化了委员会对政府政策的批评作用（如使用财政政策作为稳定工具）。由于福利分配的分析被添加为一个新任务（在反对党的提议下），从整体上看，委员会的职能范围并没有被缩窄。

10.6 结论

瑞典财政政策委员会有两个突出的特点：较少的资源和较广的职能范围。

对于高质量的、可持续的活动而言，资源可能太少了。然而，瑞典的情况也说明财政委员会运行环境的重要性。在瑞典，很多其他机构有着很强的独立性，而且承担着一些本来可以由财政政策委员会承担的任务。这些机构负责进行宏观经济预测和更详细的预算评估。这使得财政政策委员会可以投入到更全面、更综合性的评判中。

财政政策委员会有着非常广泛的职能范围。它不仅要关注长期的财政持续性，也要从周期性视角对财政政策做出判断。这与国际讨论中关于财政委员会的一些学术建议相符。但是，评估增长、就业和福利分配的职能，远远超出了之前关于财政委员会的大多数讨论的范畴，尽管在其他一些国家，监督机构确实承担着这样的任务。

一方面，财政政策委员会较广的职能范围，可能会削弱其作为财政监督机构的作用；另一方面，在分析财政持续性的同时，也分析就业和增长，是合乎逻辑的。这是因为后者是前者的重要影响因素。同时对很多问题进行分析进而有着较广的职能范围，可能会减少分析被认为有党派倾向的风险，这是因为此

---

① 参见10.3节。

时一些政党或所有政党与分析的意见不一致的可能性增加了。

财政政策委员会的一个特征是，对于政府提出的政策提案，监测其动机、研究基础和解释。这可以被解读为委员会的主要任务，因为这在根本上对民主决策的一项重要服务，有助于向公开经济政策辩论中提供有用的投入要素。在瑞典，经济学家发挥这样的作用有着悠久的传统。

财政政策委员会在较短的时间内，就使自己成为经济政策辩论的一个重要参与者，并因高质量的、独立的分析赢得了声誉。与此同时，委员会的经历突出了从一开始就提供充足资金以及正式保障财政监督机构独立性的重要性。当委员会试图主张国际讨论中所强调的财政监督机构的原则时，资金不足以及与政府联系过密，导致委员会与财政部长之间的不必要的激烈冲突。

还有一个经验是，独立财政机构没有统一的模式。不同国家之间的现有制度框架、传统、历史经验和政策问题存在较大差异，因此，选择不同的制度安排也是非常自然的。要取得成功，必须充分考虑每个国家的具体特点。

参考文献

Alt, J.E.and D. D. Lassen (2006). 'Fiscal Transparency, Political Parties, and Debt in OECD Countries.' *European Economic Review*, 50: 1403-39.

Annett, A. , J. Decressin, and M. Deppler (2005). Reforming the Stability and Growth Pact. Washington, DC: IMF Policy Discussion Paper 05/02.

Ball, L. (1997). 'A Proposal for the Next Macroeconomic Reform.' *Victoria Economic Commentaries*, 14(1): 1-7.

Borg, A. (2003). 'Modern finanspolitik—en syntes mellan Keynes och Friedman.' *Ekonomisk Debatt*, 7: 17-28.

Calmfors, L. (1999). 'Den politiska processen kan fungera bättre.' *Dagens Nyheter*, 27 November.

Calmfors, L. (2001). 'Sverige är redo för EMU-medlemskap.' *Dagens Nyheter*, 22 November.

Calmfors, L. (2002). 'EMU kräver mer politisk disciplin.' *Dagens Nyheter*, 3 January.

Calmfors, L. (2003a). 'Fiscal Policy to Stabilise the Domestic Economy in the EMU: What Can We Learn from Monetary Policy?' *CESifo Economic Studies*, 49: 319-53.

Calmfors, L. (2003b). 'Nominal Wage Flexibility and Fiscal Policy—How Much Can They Reduce Macroeconomic Variability in the EMU?' Submissions on EMU from Leading Academics, Appendix to UK Membership of the Single Currency: An Assessment of the Five Economic Tests, HM Treasury. London: Stationary Office.

Calmfors, L. (2005). *What Remains of the Stability Pact?* Stockholm: Sieps.

Calmfors, L. (2010). The Role of Independent Fiscal Policy Institutions. Munich: CESifo Working Paper 3367.

Calmfors, L. and S. Wren-Lewis (2011). 'What Should Fiscal Councils Do?' *Economic Policy*, 27: 649-95.

Debrun, X. , D. Hauner, and M. S. Kumar (2009). 'Independent Fiscal Agencies.' *Journal of Economic Surveys*, 23: 44-81.

European Commission (2006). 'Public Finances in EMU 2006.' *European Economy*, 3. Fabrizio, S. , and A. Mody (2006). 'Can Budget Institutions Counteract Political Indiscipline?' *Economic Policy*, 21: 689-739.

Finansdepartementet (2010). Utvärdering av överskottsmålet. Ds 2010: 4. Stockholm.

Finansdepartementet (2011). Ramverket för finanspolitiken. Regeringens skrivelse 2010/11: 79. Stockholm: Regeringskansliet.

Finanspolitiska rådet (2008). *Svensk finanspolitik 2008*. Stockholm: Regeringskansliet.

'Finanspolitiska rådet kräver mer' (2010). *Dagens Nyheter*, 8 November.

Fiscal Policy Council (2009). *Swedish Fiscal Policy 2009*. Stockholm.

Fiscal Policy Council (2010). *Swedish Fiscal Policy 2010*. Stockholm.

Fiscal Policy Council(2011). *Swedish Fiscal Policy 2011*. Stockholm.

Förordning (2007). med instruktion för Finanspolitiska rådet. Svensk författningssamling. Stockholm: Regeringskansliet, 260.

Förordning (2011). med instruktion för Finanspolitiska rådet. Svensk författningssamling. Stockholm: Regeringskansliet, 446.

IMF(2009). *World Economic Outlook: Crisis and Recovery*. Washington DC: IMF.

IMF(2010). Sweden: Article IV Consultation, Staff Report 10/220. Washington DC: IMF.

IMF(2011). Sweden: Concluding Statement of the Article IV Consultation Mission. Washington DC: IMF.

Hagemann, R. (2010). Improving Fiscal Performance Through Fiscal Councils. Paris: OECD ECO/WKP(2010/85).

Henriksson, J. (2007). Ten Lessons about Budget Consolidation. Brussels: Bruegel Essay and Lecture Series.

Hansson, I. (2009). 'Nationalekonomiska föreningens förhandlingar: Finanspolitiska rådets rapport 2009.' *Ekonomisk Debatt*, 7: 67-96.

Kopits, G. (2011). 'Independent Fiscal Institutions: Developing Good Practices.' *OECD Journal on Budgeting*, 11(3): 35-52.

Lassen, D. D. (2010). 'Fiscal Consolidations in Advanced Industrialized Democracies: Economics, Politics, and Governance.' *Studies in Fiscal Policy*, 2010/4. Stockholm: Swedish Fiscal Policy Council.

Ministry of Finance(2009). Updating of Sweden's Convergence Programme. Stockholm: Regeringskansliet.

Swedish Parliament(2006a). Motion 2006/07: Fi7 med anledning av prop. 2006/07: 100, 2007 års ekonomiska vårproposition av L. Ohly m. fl. (V). Stockholm: Sveriges Riksdag.

Swedish Parliament (2006b). Motion 2006/07: Fi10 med anledning av prop. 2006/07: 100/, 2007 års ekonomiska vårproposition av M. Sahlin m. fl. (S). Stockholm: Sveriges Riksdag.

OECD(2011). *Economic Survey of Sweden*. Paris: OECD.

Seidman, L. (2001). 'Reviving Fiscal Policy.' *Challenge*, 44: 17-42.

Swedish Parliament(2007). Spring Fiscal Policy Bill. Stockholm, Swedish Parliameent.

Swedish Parliament (2009). Öppen utfrågning om Finanspolitiska rådets rapport den 19 maj 2009, Bilaga 6 till Finansutskottets betänkande 2008/09: FiU20. Stockholm.

Swedish Parliament(2010). Spring Fiscal Policy Bill. Stockholm: Swedish Parliament.

Swedish Parliament(2011). Spring Fiscal Policy Bill. Stockholm: Swedish Parliament.

Swedish Government Commission on Stabilisation Policy in the EMU (2002). *Stabiliseringspolitik i valutaunionen*, SOU 2002: 16. Stockholm: Fritzes.

Wren-Lewis, S. (1996). 'Avoiding Fiscal Fudge.' *New Economy*, 3: 128-32.

Wyplosz, C. (2002). 'Fiscal Policy: Institutions vs Rules.' Appendix to *Stabiliseringspolitik i valutaunionen*, Swedish Government Commission on Stabilisation Policy in the EMU, SOU 2002: 16. Stockholm: Fritzes.

Wyplosz,C. (2005). 'Fiscal Policy：Institutions versus Rules.' *National Institute Economic Review*,191：70-84.

Wyplosz,C. (2008). 'Fiscal Policy Councils—Unlovable or Just Unloved?' *Swedish Economic Policy Review*,15：173-92.

11 匈牙利：昙花一现的财政监督机构

11.1 引言

　　2008 年的《财政责任法》建立了匈牙利共和国的财政委员会。2009 年 2 月，该委员会在国会选举一致通过。2009 年 6 月，在技术人员的支持下，该委员会开始运行。2010 年 5 月，政府换届，从中左派政府换为中右派政府。该委员会正是在这次大选前后提供了服务。占据了 2/3 的国会多数席位的新政府，从根本上修改了《财政责任法》，无故终止了该委员会的运行，并解散了技术人员。有着更窄职能范围的后继机构，只是名义上存在的一个委员会。总之，在一个快速进展的孕育期之后，财政委员会只有效运行了大约两年的时间，之后就灭亡了。

　　在很多方面，匈牙利财政委员会的短暂经历都快速展现了，在有着财政放任和财政不透明的传统、政策可信度较低、制衡制度较脆弱和不愿抛弃过去做法的环境中，独立财政机构所面临的一系列挑战。虽然寿命较短，但财政委员

---

① 感谢佐尔坦·雅各布、拉兹洛·扬科维奇斯、金嘉·马塞尔、盖博·奥布拉特和亚当·托洛克的建议，感谢丹尼尔·巴克沙的研究协助,也感谢所有前财政委员会同事的帮助。但文责自负。

会积累了丰富的经验，从中可以得到有用的经验教训，尤其是对于将要开始运行的类似的独立财政机构而言。

在回顾匈牙利过去10年的财政政策之后（11.2节），本章重点介绍前财政委员会的演变、目标、结构和运行特征（11.3节和11.4节）。本章的主要关注点是该委员会的表现，依据是其最初的授权和使命（11.5节），讨论了其灭亡（11.6节）。最后，本章进行总结，给出了对该委员会的总体评价（11.7节）。

11.2 背景

在2000—2006年期间，匈牙利的公共财政状况明显恶化。[①]受时间不一致性问题和公共池问题的困扰，财政表现主要由选举周期而非宏观经济波动所主导。这体现在，每次大选之前，预算赤字都不断扩大，而从1990年以来，大选的周期是4年（见图11-1）。

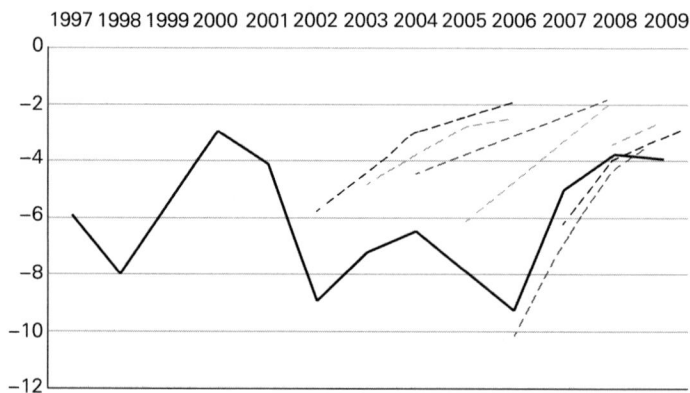

图 11-1 匈牙利：1997—2009年的一般政府余额（占GDP的百分比）

注释：实线是实际结果；虚线反映了年度的欧盟加入计划和趋同计划。

资料来源：匈牙利国家银行。

---

① Berger、Kopits和Székely(2004)分析了中欧地区在加入欧盟之前的财政放任情况，Ohnsorge-Szabó和Romhányi(2007)分析了匈牙利的情况。

　　从10年前IT泡沫破灭到最近的全球金融危机，匈牙利从大量的资本流入中获益，弥补了严重的外部失衡。外部失衡是由较低的私人储蓄倾向和公共部门较大规模的负储蓄所导致的。在这个所谓的大缓和时期，全球流动性的供应十分充足，易于获得融资的情况为匈牙利的失衡提供了帮助。在欧盟成员身份（2004年获得）赋予了一些隐性保障的假设下，融资套利投资者受主权债券高收益率的吸引，开始进行一个道德风险的游戏。到2006年，一般政府赤字达到了峰值，大约占GDP的10%，这是欧盟成员国中的最高水平。

　　在一系列打破财政调整承诺的行为之后，在2006年底，政府向欧盟当局提交了另一份趋同计划（图11-1）。然而这一次，调整被观察到了。但从2007年底开始，随着金融危机开始影响美国和西欧地区，匈牙利面临着投资者信心的快速丧失。鉴于脆弱的财政状况、银行系统被整合到欧元区、私人部门持有较高比例以外币计价的信贷，2008年10月，匈牙利的银行系统遭受了流动性危机，并在二级主权债务市场上被冻结。一个直接的导火线是，欧盟的领导人发表声明，提出在欧元区内，限制解救银行的操作。对此，匈牙利当局实施了一项调整计划，该计划被国际货币基金组织和欧盟的备用安排所支持，这是欧盟内部第一个这样的安排。

　　从总体数据来看，公共债务占GDP的比例，从2001年低于50%的水平激增至2009年底的80%（图11-2）。在此期间，与其他可比国家相反，匈牙利政府采取了一个非常明显的顺周期的财政政策立场。在拉丁美洲和中欧地区的其他新兴市场经济体都采用了以规则为基础的宏观经济政策框架①、亚洲国家加固其外汇储备地位的同时，到2006年，匈牙利一直采取财政扩张策略。在面对全球金融危机及随之而来的经济衰退时，很多国家，包括发达国家和新兴市场经济体，都实施了经济刺激计划，至少允许自动稳定器的运行；相反地，匈牙利被迫进行大幅财政调整，同时采取货币紧缩政策。

---

　　①　参见Kopits（2002）。

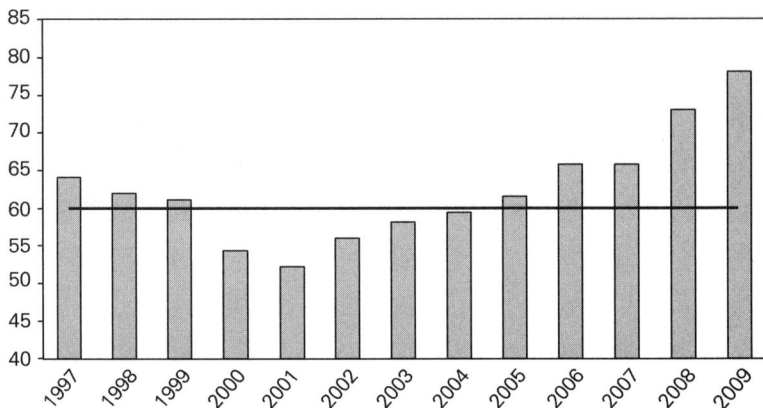

图11-2　匈牙利：1997—2009年的一般政府总债务（占GDP的百分比）
注释：实线表示债务限制的马斯特里赫特准则。
资料来源：匈牙利国家银行。

　　类似地，无论在注入刺激的时期，还是在随后取消刺激的时期，匈牙利的财政政策立场都和欧元区的平均立场形成鲜明对比，周期性调整的基本预算余额说明了这一点（图11-3）。[①]在欧元区，平均而言，财政政策似乎一直是反周期的（或者近乎中性的），在温和的紧缩政策之后，在10年期的末期，为应对严重的经济衰退，采取了明显扩张的财政政策。

　　不顾后果的财政政策会给经济带来破坏性影响，包括产出波动和产能大幅收缩。除此之外，鲁莽的财政政策所造成的最大损害是，它极大地破坏了政策的可信度。可信度较低的根源，不仅源于公共债务的实际上升，也源于当局不透明的操作。对公共账目做出不透明的、不完整的报告（包括滥用PPP项目、推迟认定国有企业的亏损）以及过度乐观地进行宏观财政预测，成为了标准做法。

---

　　①　图11-3提供了对周期性调整的基本赤字的粗略估计。具体而言，潜在的周期性的预算余额依赖欧盟统计局对产出缺口的估计，这有一定程度的误差。对于匈牙利，预算余额对产出缺口的敏感性，似乎被高估了。然而，这种扭曲并没有否定暗含的财政反应（即每年的财政政策立场的变化）。

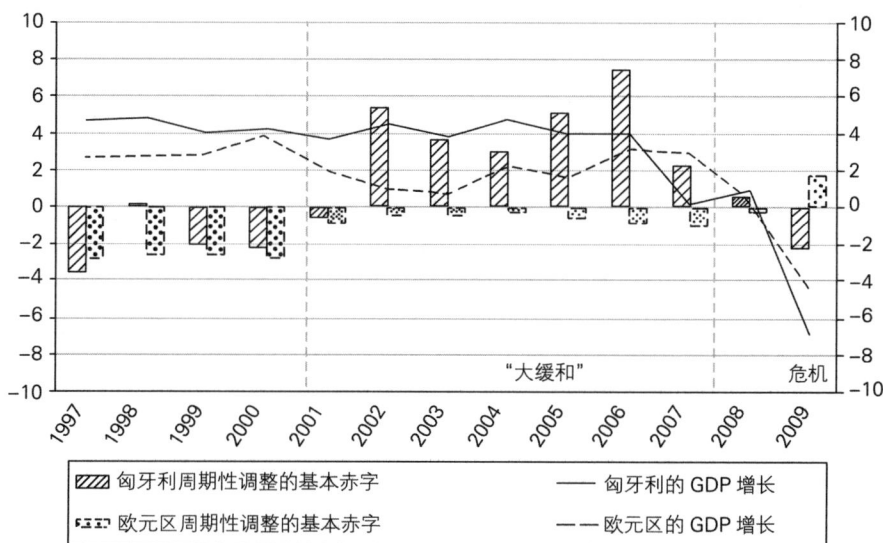

图 11-3　匈牙利和欧元区：1997—2009 年的财政政策立场（占 GDP 的百分比）

资料来源：欧盟统计局和匈牙利中央统计局。

11.3　起源和目标

2006 年春季，在大选之前，面对不断恶化的公共财政，人们重新对限制财政放任行为产生了兴趣，其方法是引入永久性的财政规则和建立一个独立财政机构[①]；这在一定程度上可与运行相对良好的通货膨胀目标机制相提并论，该目标机制由匈牙利国家银行的货币委员会运行，从 2001 年开始就一直生效。限制财政放任行为的这些提议主要来自非政府团体，并得到了主要反对党的主要发言人的支持（后来也得到了政府的支持）。实际上，仅仅 1 年之后，社会党政府（随后反对党）就表达了对建立以规则为基础的财政框架的兴趣。

关于财政规则的建议包括公共债务上限、预算赤字上限和支出上限。对于

[①]　参见 Romhanyi（2007）和 Kopits（2007a）。

独立财政监督机构，主要有两份竞争提案。一份提案建议，建立与瑞典模式相似的财政委员会，国家审计署对其提供技术支持，或许会增派更多工作人员来进行财政相关分析。另一份提案建议，参照美国国会预算办公室的例子，在国会下面成立一个附属的办公室，该办公室拥有相当多的自有雇员。

另外，一个有争议的问题是，是否赋予该监督机构强制执行规则的权力。一些人认为，对于提交给国会的预算提案，如果该机构认为该提案是不现实的并且违背了财政规则，那么该机构有拒绝该提案通过的*强制权力*，但这在其他国家是不常见的；如果上述情况发生，那么该提案必须相应地做出修改，或者被国会的 2/3 多数通过。其他人认为，这样的法律权力可能与民主原则相悖，或者是不必要的，因为独立财政机构通过其他手段对政府有充分的*劝阻权力*，这和其他地方的大多数类似机构所做的一样。

2007 年夏季，财政部公布了一份立法草案，其中提议采纳一些财政规则并建立一个独立的国会办公室。[①]这一举措是由共和国总统发起的，总统召集政党领导人来调和他们之间的分歧并制定法律。随后，在将近 1 年的时间里，当时的财政部长主持了 18 次多党之间的协调会议，可是收效甚微。2008 年 11 月，国会通过了《财政责任法》，该法律是以最初的草案为基础，并且是调整计划的一部分。虽然新法律做出了很多妥协，但它仍未能赢得主要反对党的支持。该法律也修正了公共财政的基本法，其主要特点包括采用了一系列的政策规则、程序规则和透明度标准。此外，该法律要求建立财政委员会，该委员会是一个集体机构，拥有自己的技术人员，即财政委员会办公室。该委员会有权对一系列公共财政相关问题发表技术意见，但是没有强制执行其意见的权力。

财政委员会由 3 名成员组成，共和国总统、匈牙利国家银行行长和国家审计署的领导进行提名。在预算和财政委员会的听证会之后，在国会中以简单多数原则进行投票选举。实际上，3 个被提名的人[②]得到了预算和财政委员会的支持，并全票当选，这在匈牙利高度极化的政治体系中是非常罕见的。这一结果被

---

① Kopits（2007b）做了一个初步评估。
② 乔治·科彼茨是主席，而盖博·奥布拉特和亚当·托洛克是成员。

解释为是对财政委员会的信任投票，而且其隐含着对授权立法的广泛支持。

　　财政委员会于2009年开始运行，在试点的基础上，2010年委员会的实际授权开始生效。然而，财政委员会决定尽早开展工作，这主要是为了在公众面前树立形象，但也有部分原因是为了消除媒体最初的怀疑和应对来自反对党的压力（都太急于对抗政府）。在尽快满足法律和物质条件（关于雇佣和采购等）的情况下，到2009年夏季，财政委员会的办公室已经达到了运行的临界条件。①虽然人力仍然十分有限，但是该办公室在2009年夏末发布了第一个基准预测，对2010年预算提案做出了预期。

　　考虑到匈牙利的经济一直十分脆弱，从一开始，财政委员会的总体目标就是恢复财政决策在国内选民眼中和国外金融市场中的可信度。为了实现这个目标，财政委员会努力执行法律规定的、关于透明度的新标准。其目的是，关于公共财政的状况，保障公众可以获得及时的、全面的、易懂的信息。这项工作包括迫使政府经常公布关于公共部门运行的实际及估计情况的详细更新，这超出了欧盟统计局的要求或备用安排下的承诺范围。

　　最终，财政委员会的目标是，帮助恢复公共债务的持续性，这与财政责任立法的使命相一致。除了提高透明度以外，这还要求对宏观财政预测的可靠性和对实际债务规则及现收现付规则（下文11.5.3节将进行讨论）的遵从度进行持续监督。成功将表现为主权风险溢价的下降。如果风险溢价下降到了维谢格拉德②国家的平均水平，同时私人部门的利息成本也大幅下降，那么，将使政府1年的利息储蓄超过10亿欧元（超过GDP的1%）。更重要的是，随着时间的推移，上述效益会进一步带来更快的经济增长。

---

　　①　次年，工作人员开始全面运作，有大约40名雇员(所有人使用英语)，其中大约3/4是有大学学位的经济学家，其余是支持人员，包括律师、行政人员、会计和IT专家。由于与任务的多样性和规模相比，办公室的分析师数量极为有限，所以，组织基础是项目团队制度。该办公室有1个总负责人，还有3个分项负责人，即负责宏观经济分析、财政分析和行政事务。虽然没有指定的问题组合，但是微观经济问题主要是作为财政分析的一部分来处理。高级经济学家负责重大财政领域的工作(税收、强制性项目的公共支出、随意性支出)和定量分析方法(计量经济学、统计学和公共会计)。财政委员会及其办公室的总预算支出，在2009—2010年期间，平均每年6亿福林(匈牙利货币)，折合约200万欧元，其中包括了启动费用。

　　②　维谢格拉德集团包括捷克共和国、匈牙利、波兰和斯洛伐克共和国。

11.4 结构和运行程序

法律规定，匈牙利财政委员会几乎完全独立于政府，其日常操作也高度独立于国会。为了有资格成为财政委员会的成员，被提名的人不得有任何积极的党派倾向，或者在过去的4年中没有担任政治职务。严格的利益冲突准则（只允许业余时间的研究和教学活动）和薪酬（主席是全职标准、另两名成员是兼职标准）进一步保证了成员的个人独立性。成员的任期是9年，不可续任，也就是说，成员的任期跨过了两个4年的选举周期。

财政委员会是由国会建立的，同样地，委员会可以被立法法案废除。相应地，正如《财政责任法》规定的，可以通过简单多数投票，来选举或者解雇委员会的成员。国会的委员会或者议员，可以邀请财政委员会来发表意见或进行磋商讨论；在这个意义上，国会是财政委员会的主要客户。然而，财政委员会不是立法机构的一个组成部分。一旦开始运行，财政委员会完全独立于行政机构和立法机构。在实践中，仅有的例外情况是，委员会的年度预算拨款在行政机构和立法机构的掌握中，同时也需要依靠政府机构来及时获取公共部门的数据。和其他公共机构一样，财政委员会办公室的运行、采购和财务活动，受国家审计署的审查。

在短暂的历史中，财政委员会的独立性和无党派特征，得到了国会和政府的尊重。国会和政府没有试图直接或间接削弱或影响委员会的活动，包括通过其预算拨款。但是，在委员会存在的最后几周，情况发生了变化（下面将进行讨论）。对于其分析、预测或观点，财政委员会没有和任何国内或国外的公共或私人机构进行协调，更不用说谈判了。在这方面，财政委员会可以被视为匈牙利的一个真正独立的公共财政机构。

在不丧失独立性的情况下，如果分析需要，财政委员会办公室会与财政部、有关部委、匈牙利国家银行、税收和财政控制管理局、政府债务管理机构、中央统计局和其他公共机构及私人机构进行技术磋商。此外，公共机构有法律义务向财政委员会提交任何委员会履行职能所需的数据（应要求在两周内提交数据），包括保密数据，这是因为财政委员会也同样受保密要求的约束。

在相关机构的领导所签署的双边协议中，正式规定了这些磋商的方式和数据提供的方式。与政府进行磋商以及要求政府提供数据，有成功，也有失败。总体来看，之前不可得的信息越来越多地发布给财政委员会。

无论是与国内还是国外机构打交道，财政委员会都保持一定的距离；与此同时，委员会发布的所有信息，所有感兴趣的公众都可获得。这一指导方针的一个例外情况是，在正式向公众发布之前，所有相关的分析和公报都会由委员会的主席发送给重要的同行官员。[①]此外，主席会定期与同行会面，将委员会对财政政策相关问题的立场告诉他们。这种做法有助于消除信息流动所带来的不必要的讹异，也有助于在经济和财政领域促进有效的政策制定。在财政困难时期，这种做法尤为重要。

法律赋予主席对财政委员会的决策权，也规定了主席对委员会的责任，同时，主席也是财政委员会办公室的首席执行官。然而，在实践中，是由委员会的成员达成共识进而做出所有决策（除了每天的日常操作和行政管理决策）。这种方法提高了委员会的效率，也增强了委员会所发表的声明的有效性。

11.5　职能

11.5.1　评估

法律要求财政委员会评估预算法案的影响。对于可能会影响中央政府收入或支出的其他立法提案，财政委员会也要对其影响进行评估。在总体层面上，法律要求财政委员会进行宏观财政预测，包括基准预测和政策预测两种情况，即分别不考虑和考虑提议的政策措施。在分解的层面上，在每个提案提交后，到最终投票之前，财政委员会都有义务对提案中对中央政府的强制性收入和支出的影响进行定量评估。[②]虽然法律设想在财政委员会运行的第一年就逐步实

---

① 同行官员包括共和国总统、总理、财政部长、匈牙利国家银行行长、国会预算和财政委员会的主席。

② 实际上，对任何关于随意性项目的立法提案（包括提案的修正案）的影响进行评估，是一种选择而非一项义务。然而，在一系列新财政规则的约束下，财政委员会需要评估立法提案对地方政府财政状况的影响，这是保护地方政府免于承担中央政府强加的无资金支持的任务的一种手段。

施上述职能以及其他职能，但是遵照法律的精神，财政委员会从2009年开始才努力履行这些职责。

作为第一步，在2009年8月中旬，在*总体层面*上，财政委员会发布了一系列中期宏观财政基准预测，对下个月要提交给国会的预算法案做出了预期。在本质上，这个预测是有条件的，即现行法律在中期一直有效（包括法律规定但尚未生效的措施）。到2010年3月底，基准预测要进行更新，前提假设是执行已经批准的预算。这与每半年国会季节之初（通常是夏末和早春）要进行基准预测的安排相符。对于预算法案中以及其他立法提案中所包含的措施，基准预测提供了一个便利的基准框架，可以评估这些措施的影响。此外，在预算法案提交到国会之后不久，财政委员会就会及时地提供一个包含了预算法案影响的预测，以协助推动一个信息充分的立法辩论。

宏观财政预测往往伴随着对实时政策问题的专门分析。例如，2009年8月的报告中包括对初夏制订的一系列结构性改革方案的中期宏观经济影响的模拟，改革方案包括税制和社会福利的变化。2010年3月的报告包括一个敏感性分析，估计了偏离预测路径所产生的影响，而这种偏离是由某些税收和支出类别的边际变化导致的。随着时间的推移，财政委员会下决心将预测扩展到长期（相关工作已经开始），其目标是确定公共债务的持续性，并且使用关于未来宏观经济和人口变动趋势的合理假设。

预测和模拟的基础是匈牙利经济的动态随机一般均衡（DSGE）模型，模型中有非常详细的财政板块。[①]基于模型的预测，其重点是趋势估计值；在必要时，会根据专家意见来修改预测。虽然DSGE模型作为预测工具的有效性一直备受质疑，鉴于最近的金融危机对实体部门影响的预测失败了（缺少对金融部门的合意设定），DSGE模型被证明是宏观财政预测的一个强大的、通用的

---

① 对于财政委员会所使用的模型的设定，详见 Benk 和 Jakab（2012）。

基础，尤其是该模型对预期做出了明确的处理。①

在*分解层面*上，经过 1 年的运行，财政委员会的工作人员开始准备对所有强制性支出项目和税种对预算的影响进行实时估计。这些估计与宏观经济预测一致，而且这些估计尽可能地在计量经济学估计值和专家意见的基础上包含了行为和技术参数。②在财政委员会的网站上，所有的预测值、估计值和所使用的方法都及时地公开。

财政委员会发现，即使考虑了世界金融危机及其对经济活动的影响，官方根据预算提案所做的宏观财政预测一般比前几年的预测更为合理（尽管仍有相当大的风险）。政府的总预算预测及其使用的基本宏观经济假设，与财政委员会的预测及假设高度相容。这至少可以部分地归因于，在备用安排的条款下，预测和假设都受到欧盟委员会和国际货币基金组织的监督。

然而，2010 年 11 月提交给国会的、关于 2011 年预算提案的中期预测，被财政委员会认为是过于乐观的，这是因为这些预测是以官方估计为基础，而官方高估了引入单一个人所得税税率对供给方的影响。③此外，财政委员会指出，从政府强制的缴费确定型私人养老基金向传统的收益确定型公共养老计划中转移资金时，资金的分配（在削减债务和支出之间的分配）缺乏透明度。④

11.5.2 对标准和程序的遵从

对于提高公共账目的透明度以及加强对政府支出的控制，2008 年的《财政

---

① 在分析财政政策的影响时，预期的重要性怎么强调都不为过。众所周知，如果个体的预期不同，或者预期财政措施会永久实施，或者预期只是暂时实施，那么，在不同的预期下，同样的财政措施甚至可能会产生截然相反的影响。在存在财政规则的情况下，政策的影响在很大程度上取决于公众对政府的财政及货币反应函数的实际性质和时间路径的预期。

② 在本质上，这相当于是动态评分。参见 Auerbach（2005）。

③ 政府声称，税制改革在每年创造 10 万个工作岗位（10 年就会创造 100 万个工作岗位，这意味着劳动力参与率提高了大约 15 个百分点）。与此不同，在假设劳动力供给弹性非常好的情况下，财政委员会估计，工作岗位每年会增加大约 2 万个。实际上，第一年的市场就业情况与财政委员会的预测相符，但是之后情况发生了逆转。

④ 财政委员会指出，在 2011 年的预算法案中，存在很多令人尴尬的不一致之处，包括对一些项目如削减债务和增加支出的重复计算，也包括对一些特定活动（银行、零售和能源等）的高额税收的无限期保留，而政府早就承诺要在两年内废除这些税收。

责任法》迈出了重要的一步，有效地影响了2010年的预算。其中的创新包括：整固中央政府的操作；报告大多数国有企业的应计亏损和利润，将其作为政府预算的一部分；将强制性预算项目和随意性项目进行区分；在不追加拨款的情况下，显著减少支出超支。在大多数情况下，这些变化意味着采取比欧洲账户体系（ESA95标准）更严格的做法，这是为了恢复公共财政的可信度。

社会党政府几次试图淡化或废除已制定的法律中所规定的标准。在2010年的预算法案中，政府忽视了一些标准。财政委员会一再呼吁人们关注这些对法律的偏离，敦促政府遵守法律。虽然政府承诺会撤回其中的一些提议，但最后颁布的预算法案并没有改变。只有在预算执行的过程中，政府才有些愿意遵守法律。

一个更严重的违背法律的行为是，一项提案建议废除报告国有企业亏损和利润以及将其纳入政府预算的责任，这项提案得到了政府的支持，而在当时，在公共交通企业中，财务丑闻愈演愈烈。财政委员会对此事的抗议促使社会党政府撤销了对这项提案的支持。然而，继任的青年民主主义者联盟政府[①]无视财政委员会的看法，恢复并颁布了这项提案。在同一个修正案中，新政府放松了赤字的门槛。该门槛的含义是，一旦赤字超过门槛值，就要求提交补充预算。

11.5.3　对财政规则的遵从

《财政责任法》的核心是，遏制过去10年中快速积累的公共债务。在追求这一目标的同时，还要阻止顺周期政策立场的延续，该立场加剧了经济的波动。三大规则（见专栏11-1）是：防止任何一项立法提案在当年和下一年产生增加赤字的净影响（现收现付规则）、限制主要支出的增长（支出规则）、为中央政府债务的实际存量设置一个永久性的上限（债务规则）。[②]

[①] 2010年4月，在获得压倒性的选举胜利之后，青年民主主义者联盟（Fiatal Demokraták Szövetsége），一个主要的右翼政党和基督教民主人民党组成了联合政府。

[②] 虽然政策规则追求的最终目标往往容易被感兴趣的公众所理解，但是最终目标和操作目标之间的实际关联并不总是显而易见的。在这方面，一些财政规则，尤其是债务规则，可以与现行的货币规则相类比。例如，在通货膨胀目标机制中，通货膨胀率的目标被广泛理解，而且该目标和实际通货膨胀率之间的差距由非专业的媒体进行追踪，但是，只有货币经济学领域的专家才明白基准利率和通货膨胀目标之间的传导机制。

| 专栏 11-1 | 匈牙利：财政规则 |

2008年的《财政责任法》要求采用一个以规则为基础的政策框架，其目的在于恢复公共债务的持续性并遏制政府支出的增长。这些目标主要是通过债务规则、支出规则和现收现付规则来实现的。这些规则适用于中央政府，包括国有企业的准财政活动，并于2010年1月1日起开始生效。规则的应用受到一系列透明度标准的约束，也受到财政委员会的监督。

债务规则限制了中央政府的债务存量（剔除了通货膨胀的影响）。为此，该规则规定，要提前3年开始进行一个两步算法的推导。第一步，推导出随意性基本赤字的上限，将其作为有约束力的操作目标。该目标与事前的政策目标一致，即债务上限。第二步，设置随意性赤字上限，其基础是：（1）最初设定的债务上限和预测的净利息支出及基本余额（总是非负值）；（2）随后预测的强制性预算成分。政府只受随意性赤字上限的约束（本年内直接受其控制），而不考虑对债务上限的实际偏离或者对预期的强制性成分（尤其是税收收入和失业补贴）的实际偏离。由随意性赤字过多导致的过多债务（超过债务上限），必须在3年内得到解决。总之，在遵守债务规则，同时允许自动稳定器运行的情况下，预期公共债务占GDP的比例会随时间下降，而且该比例是实际GDP增长率的函数。经过最初3年的推进期，债务规则在2012年的预算中完全生效（附录11.A）。

根据支出规则，在预算年度的前两年，政府有责任对综合基本支出的增长设置上限。作为一个过渡性安排，在2010年和2011年，支出规则限制支出的增长率不得超过GDP增长率的一半（都是实际值）。因此，随着时间的推移，政府关于政府合意规模的偏好在预算中体现出来，但是这限制了支出突然激增（尤其是顺周期性质的支出）的空间。

根据现收现付规则，所有涉及强制性支出增加或永久性收入减少（包括税式支出）的立法提案（预算提案和非预算提案），都必须在同一个提案中同时规定相应的支出削减或收入增加来与前者相互抵消。

法律设想，对规则的遵从和监督要随时间逐渐推进。然而，为了2010年预算法案的辩论，财政委员会决定开始应用现收现付规则。在由国会成员提交的大约1 400份提议的修正案中，财政委员会办公室选出了300份提案，来检验它们是否符合现收现付规则。使用正在开发的分解方法，该办公室的工作人员估计了提案对预算的净影响（在3天内），并发现选出的绝大多数提案都违背了现收现付规则。对于2011年预算法案的修正案提案，也做了类似的操作。对每份提案的估计和基本计算都向国会成员和公众公开，也被媒体进行了广泛报道。即使在财政委员会解散之后，这种监督国会辩论的方法仍然是专业媒体关注的焦点。

使用类似的方法，财政委员会确定，2010年和2011年的预算法案都和支出规则相一致。对债务规则遵从度的评估，其特点是提供充分的信息以将预算预测中的强制性成分和随意性成分相分离，但政府不大合作。在任何事件中，财政委员会都强调遵守规则的要求，因而起到了预警的作用。这有助于使政府把重点放在中期政策规划和制定必要的财政改革措施上。这与债务持续性的目标一致。

11.5.4　执行

正如上文提到的，在对《财政责任法》的初步辩论中，关于是否应赋予财政委员会强制执行的权力，存在不同的意见。在最终的版本中，该法律没有赋予财政委员会任何具有法律效力的执行手段。实际上，财政委员会不得不完全依靠公众意见和金融市场所产生的压力来执行规则，其他所有现存的独立财政机构也是如此。因此，"执行"的主要工具是，将财政委员会的观点通过多种渠道进行交流和传播。基本的想法是，通过劝阻来影响政府的行为，而不是强制实施。

交流的一个主要渠道是，与国会和政府进行公开或私下联系。2009年秋季，财政委员会的主席多次应邀到国会去。在国会预算和财政委员会的听证会上，他介绍了财政委员会对2011年预算法案的看法，并在预算全体会议上发表讲话，最后在最终的立法行动之前做了总结性陈述。此外，财政委员会的主席多次和共和国总统、总理、财政部长和国会的一些成员进行会谈。同时，他也被要求参加反对党的国会议员们的会议，并发表讲话。2010年，财政委员会的主席再次出现在国会中，介绍委员会对2011年预算法案的分析和意见，包括中期的财政前景展望。

然而，最强大的交流渠道是媒体。财政委员会的主席和成员通过定期召开新闻发布会、接受访谈及在委员会网站上发表声明等方式，增加自己在媒体的曝光度。同时，他们也在专业会议上做讲座，并与民间团体和金融投资者的代表举行会谈。基于信息和教学方面的理由，财政委员会认为，公众知名度是十分必要的，提高知名度有助于接触到国会和选民，而这并不是积极地出风头。

可以想象，一个正式的、具有约束力的执行手段可以由共和国总统并最终由法院来实施。例如，总统可以将一份已经颁布的立法提案返回给国会，理由是该提案与现行法律不一致。在决定不一致性的严重程度及行使这种特权上，总统具有自由裁量权。①这样的行动将迫使国会对提案的修订版本（至少略有修改）重新进行投票，并在之后自动通过。

11.6 灭亡

在2010年大选之后，财政委员会举办了为期一天的讨论会，其目的是帮助新当选的国会成员熟悉预算程序和委员会的作用。然而，除了与政府或国会的一些成员有零星的非正式接触、在预算辩论开始时邀请财政委员会主席参加听证会并在国会中发表讲话之外，青年民主主义者联盟政府避免提到财政委员会，或者避免与其正式接触。

新政府控制了国会中2/3的多数席位，对前任政府表示了蔑视，也对过去留下的所有政策和机构持怀疑态度。但是，更重要的是，新政府努力改造现有

① 考虑到没有先例而且经济状况十分脆弱,共和国总统决定不对2010年的预算法案行使这项权力,虽然该法案违反了《财政责任法》。

的制度安排，使其符合自己的政治偏好，而且不能容忍制衡体制内固有的批评。共和国总统和国家审计署领导岗位的空缺，都被忠于多数党的国会成员填补。当宪法法院取消对遣散费征税时，国会立即限制了法院在财政相关问题上的影响范围，并恢复了被法院否决的法律。最初试图罢免匈牙利国家银行行长的尝试失败了，这是因为欧洲央行强烈反对这样做，这违反了《马斯特里赫特条约》。①

在这种情况下，在财政委员会批评2011年的预算法案，认为其中缺少一个连贯的中期预算计划之后，尤其是财政委员会认为政府对单一税率改革的就业影响的估计过于乐观并对私人养老基金国有化的收益分配提出质疑之后，国会中的青年民主主义者联盟成员提议削减财政委员会的资金，建议与最初的预算请求相比，将实际拨款削减到一个非常微薄的水平，这一点都不令人感到奇怪。新政府无视国内外媒体②、业界、学界的普遍抗议以及金融市场上的不良反应，提交了一份提案，建议解散财政委员会办公室，终止财政委员会的任期，从根本上缩小委员会的职能范围。

对于上述举措，官方的说法是为了节约预算，但这没有考虑物有所值的原则，为政府较低的政策可信度买单的风险溢价相关的利息成本证明了这一点。国会解散财政委员会是无缘无故的，而且有效地逆转了前一年的一致支持票（包括执政党的投票）。鉴于政府在国会中占据了绝大多数席位，可能只有欧盟规定的独立性的最低标准（在财政委员会关于预算框架的规定的待定草案中以非常模糊的形式出现）可以阻止政府的行动。

国会不顾力量已很薄弱的反对党的反对，迅速颁布了政府提交的《财政责任法》的修正案。修改后的财政委员会，其构成如下：主席由共和国总统任命，在无偿兼职的基础上工作6年；两名成员分别是匈牙利国家银行行长和国

---

① 然而，到2013年，削弱独立机构的活动达到了高潮，当时的经济部长被任命为中央银行的新行长。参见Kopits（2013）。

② 除了媒体的劝诫之外，瑞典、英国和荷兰的独立财政机构的负责人联名写信，敦促匈牙利政府不要削弱财政委员会（Calmfors、Chote和Teulings，2010）。在匈牙利，700多所大学的教师、研究人员和公众人物签署请愿书，请求撤回政府的提案。

家审计署的领导。从技术层面来看，在任命新主席时（没有考虑明确的利益冲突）①，第一任主席的9年任期终止，这迫使第一任主席递交了正式的辞呈。

新的名义上的委员会没有雇员，法律将该委员会的职权范围限制在：对预算法案（不包括其他所有立法提案，无论其是否对预算有潜在影响）提出广泛意见，并就法案的通过或拒绝向国会提出建议。因此，匈牙利的财政委员会已经被削减为一个无偿的兼职审议机构。②更重要的是，该委员会不再负责应用财政透明度和持续性的相关标准，也不再负责宏观财政预测以及对立法提案的成本进行核算。然而十分奇怪的是，新宪法责成该委员会确定预算法案是否遵守了一个限制公共债务变化的、宽松的新规则。当前的规则是，在经济没有经历衰退的时期，禁止提高债务占GDP的比例，直到该比例下降到50%以下。如果预算法案不能接近这个债务比例上限，那么，根据宪法，该委员会有权否决该法案。然而，这是一个财政问题，宪法法院拥有有限的，或者没有管辖权。而此时，公共债务占GDP的比例已经超过了80%，而且国会采用了纪律严明的绝对多数制，这使得当前的一套规则基本上是毫无意义的。

在前财政委员会试图提供公开的公共服务的过程中，在2011年，由私人发起，建立了一个非政府、非营利、非党派的组织。这个私人资助的组织名为布达佩斯财政责任研究所(<www.kfib.hu>)，其灵感来源于英国的财政研究所。该组织定期发布宏观财政的基本情况，并估计公共财政的重大立法提案对宏观财政产生的影响，其研究成果完全对公众公开。

11.7　总体评价

根据2008年的《财政责任法》，匈牙利建立了财政委员会，将其作为宏观

---

① 考虑到新主席和青年民主主义联盟的联系十分紧密而且他是一家大型保险公司的负责人,这位新主席的独立性和无党派性非常值得怀疑。他的继任者是几家国有企业的执行委员会的政府的有偿代表,其公正性也同样令人怀疑。

② 2012年,法律再次被修订,其中规定该机构的现任领导可以获得报酬,而且规定的报酬超过了原始法律最早为委员会主席提供的报酬。

经济调整计划的一部分（得到了欧盟和国际货币基金组织的支持），当时的背景是存在财政不当行为，具体表现为较大的赤字偏差、时间不一致性、公共池问题以及所有操作都不透明。当时的设想是，该委员会能够帮助恢复公共财政的透明度，进而扭转政策可信度急剧丧失的情况。在 2008 年秋季，资金突然停止流入，政策可信度的丧失已使国家受到了该冲击的损害。虽然自 2006 年以来关于各项提案的公开讨论一直进行，但是，金融危机成为制定以规则为基础的宏观财政框架的催化剂，这个框架包括对财政委员会建议的采用。

财政委员会被适当设计和装备，以帮助纠正匈牙利公共财政中的历史遗留问题。《财政责任法》中清楚地列出了委员会的任务，而且委员会的成员被赋予了独立性，其独立性在国会中获得了跨党派的一致同意。这发出了存在明显政治共识的信号，是委员会有良好开端的一个必要条件。

财政委员会在 2009 年初成立，此后，委员会面临着很多重大运行挑战。虽然法律规定委员会的任务可以逐步推进（这可能符合制定该法律的政府的利益），但是，媒体和国会的反对党成员都有强烈的期望，希望委员会能够尽快地证明其公正性和能力，这和美国的国会预算办公室及英国的预算责任办公室最初面临的预期相似。与此同时，委员会不得不和很多法律障碍及物质障碍作斗争，包括雇用熟练的技术人员和行政管理人员（尽管合格的申请者较少），也包括无限制地、及时地获取官方信息用于分析。

尽管存在上述约束，财政委员会在其成立后不到半年的时间里就成功部署了足够的人力和物力资源，并发布了第一份半年报告，其中包括对宏观财政的基准预测。从那时起，委员会就对政府预算提案的影响及中期财政计划的影响进行及时的评估，包括对所有提交给国会的税收和强制性支出提案进行成本核算。委员会还监督对财政规则的遵从度。委员会的报告以及使用的方法、假设和统计数据，都全部向公众公开。

财政委员会的表现与其法律使命完全一致。实际上，在第一个预算周期内，所有职能都已履行，并没有随时间逐步推进。批评性的评估是客观的，没有价值判断，评估的指导原则是持续性和透明度的相关标准。很快，委员会的观点被各公共团体和私人团体需要，最明显的是媒体。此时，最初的怀疑已经转变为浓厚的兴趣和良好的反应。

无论是面对中左派政府还是后来的中右派政府，财政委员会都持有批评性的立场，这使它赢得了广泛尊重。然而，中右派政府并没有容忍批评太久。为了试图压制对其经济政策的批评意见，这个新政府发起了一场运动（凭借其拥有的压倒性的立法多数席位），来削弱独立的公共机构，如法院、中央银行和审计署。到2010年底，作为这场运动的一部分，财政委员会的职能被剥夺，成员的职务被免，而且技术雇员被解散。[①]这些变化证实了一个观点，即对于一个独立财政机构而言，最关键的时期就是成立后的那几年。更具体地，作为对生存时间的考验，该机构必须至少在两个选举周期中存活下来，期间主要政党在政府中发生轮换。由于情况超出了控制范围，匈牙利的财政委员会没能通过这个考验。

在如此短暂的生存时间里，很难确定财政委员会的有效影响。可以确定的是，在调整计划中，委员会从欧盟和国际货币基金组织的监管中获益，也从市场压力中获益；市场压力消除了观察到的赤字偏差，直至危机爆发。可以认为，在调整计划的背景下，财政委员会作为一个公共财政监督机构，促进了主权债务风险溢价的下降；相反地，当新政府不断削弱制度的制衡，包括解散财政委员会时，可以看到风险溢价急剧上升。讽刺的是，财政委员会的废除，可以解释为委员会在引导公众意见方面是成功的，以至于当局觉得有必要采取如此激烈的行动。

附录11.A　实施公共债务规则

根据2008年的《财政责任法》，政府采用了*债务规则*，在应用该规则的第一年，政府不再必须达到债务上限目标。然而，该法律责成政府提前两年制定基本余额的基准，并在实际考核的前一年设置余额中的随意性成分。仅在这一

---

① 这场运动和阿根廷及委内瑞拉的民粹主义政府发动的运动十分相似。实际上，除了匈牙利以外，委内瑞拉是唯一一个废除了运行良好的独立财政机构的国家，这个废除措施是由查韦斯政府实施的。

年，政府需要达到中央预算的随意性余额的名义上限。然而，2010年的预算法案表示，正如法律规定的，基准是占GDP的百分比，不是名义值。（如果以GDP的形式来表示，操作目标将阻止自动稳定器的全面运行。）

监督对债务规则的遵从度的一个主要优点是，财政部的决策者可以提前两年知道随意性预算赤字的实际上限，而无需考虑期间的宏观财政变化。通过针对基准预测来设置这一赤字上限，财政委员会帮助政府及其相关机构预测随意性行动的范围或未来可能出现的财政困难程度。在这个意义上，财政委员会起到了预警的作用，从而使政府可以专心进行中期政策规划并制定与债务持续性目标一致的、必要的财政改革措施。做出中期规划，可以避免突然需要实施出乎意料的、理发式的干预措施。

从本质上看，在债务规则下，一旦政府提交了预算提案，国会辩论的主要内容就是在前一年预先设定的债务限制下，对随意性项目进行重新分配。反过来，根据预测的强制性项目和利息支出来推导出随意性赤字的上限，是一项技术工作。这项任务很容易被外包给一个独立机构，即财政委员会。财政委员会可以加强政府的可信度，同时政府没有损失任何政治权力或责任。

对于债务规则的推导，主要变量定义如下：

公共债务是中央政府总负债的存量（包括社会保障和其他预算外项目）；实际的公共债务是使用消费者价格指数将名义债务水平去通胀。

*强制性基本支出和收入*由专门的法规以及宏观经济和人口发展（如养老金和税收收入）来确定，不在年度预算法案的范围之内。大约80%的非综合基本收入和大约35%的非综合基本支出都是强制性的；而且这些项目的余额出现盈余，大约是GDP的20%。

*随意性基本支出和收入*是非强制性的基本项目（如一次性的投资项目和非税收入），在年度预算法案中，规定对这些项目的拨款。在预算中除去强制性成分之后，剩下的基本收入和基本支出就是随意性的；而且这些项目的余额出现赤字，大约是GDP的20%。

图11-A1和图11-A2展示了规则推导、规定和执行的时间线。2009年秋季开始对规则进行推导，2010年的预算中对规则做出了规定，并在2012年的

2009 年秋季	2010 年秋季	2011 年秋季	2012 年

2012 年
净利息支出　　以中期的宏观财政预测为基础

减去

2012 年
允许发生的债务
存量的变化　　根据中期的宏观财政预测得到 2011 年底的公共债务存量，再根据
通货膨胀目标将 2011 年底的债务存量指数化，得到 2012 年底的
债务存量。将 2012 年底的债务存量与 2011 年的债务存量相减。

等于

2012 年
要求达到的基本
余额

2012 年
强制性余额

减去

2012 年
强制性余额　　以中期的宏观财政预测为基础

等于

2012 年
随意性余额的
最小值

2012 年
随意性余额的
最小值

纳入
2012 年预算

执行
2012 年预算

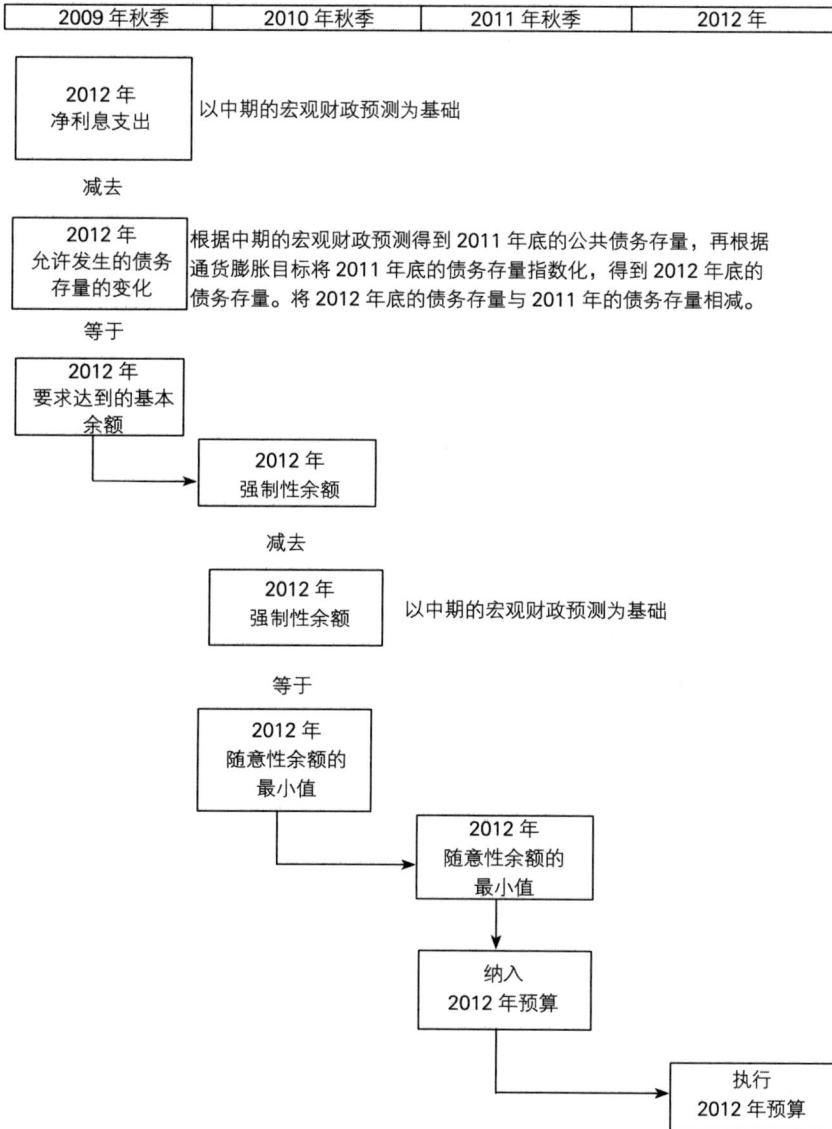

图 11-A1　匈牙利：2009—2012 年实施债务规则的时间表

变量	定义
通货膨胀	π_t
公共债务的平均名义利率	i_t
实际 GDP	Y_t
价格水平	P_t
随意性余额（负）	X_t
强制性余额（正）	$M_t = M(Y_t, P_t)$
基本余额	$B_t = M_t + X_t$
总余额	$O_t = B_t - I_t$
公共债务	$D_t = D_{t-1} - O_t$
净利息支出（假设利息收入为零）	$I_t = i_t D_{t-1}$
公共债务的上限	$D_{t+3}^* = \min\left[E_t\{D_{t+2}\}\exp(\pi_{t+3}); \tilde{D}_{t-1} E_t\{\exp(\pi_t + \pi_{t+1} + \pi_{t+2} + \pi_{t+3})\}\right]$
基本余额的要求	$B_{t+3}^* = E_t\{D_{t+2}\exp(i_{t+3})\} - D_{t+3}^*$
随意性余额的要求	$X_{t+2}^* = B_{t+2}^* - E_t\{M_{t+2}\}$
随意性余额，遵从度	$X_{t+1}^* \leq E_t\{X_{t+1}\}$
误差修正	$\tilde{D}_t = D_t + (X_t^* - X_t)$

图 11-A2　匈牙利：债务规则的数学表达

注释：E 表示期望算子，exp 是自然指数函数。在通货膨胀目标机制下，$E_t\{\pi_{t+3}\}$ 是通货膨胀目标，假设在两年内实现。

预算中开始第一年执行规则。

●2010年预算法案：政府决定2012年要求的基本盈余的最小值，它与两方面要素保持一致：（1）2012年底的预计债务水平，不超过2008年的水平，也不超过2011年的预计水平（都是实际值）；（2）2012年预计的净利息支出。

●2011年预算法案：政府估计2012年的强制性项目，以计算随意性余额。随意性余额与上一年设定的2012年基本盈余最小值一致。由此产生的随意性基本赤字，受2012年具有法律约束力的上限的约束。一旦设定了随意性余额的要求，对于强制性项目，要应用现收现付规则，从这个意义上说，没有法律或修正案会在接下来的两年内使强制性项目的余额恶化。

●2012年预算法案：政府提出了2012年的预算提案，其中包括上一年设定的随意性余额的要求。

如上所述，根据最新的估计，在t年的秋季（作为t+1年预算提案的一部分），设定了t+3年的基本余额目标，这是为了确保t+3年底的债务水平（实际值）不会超过t+2年底的债务水平加上随意性余额的要求值和实际值之差，也不会超过t−1年底的债务水平加上随意性余额的要求值和实际值之差（这是为了消除不遵守随意性余额要求的影响）。如果t+2年底的债务水平超过了最初设置的上限，比方说，其起因可以是不断恶化的宏观经济条件导致强制性基本余额的实际情况比预计更糟，那么，债务水平超出上限的部分并不会被带到t+3年，因为t−1年的水平仍是比较的基础。

为了避免实际债务存量的永久性增加，采用了一个误差纠正机制。（根据基准预测，如果与要求的基本余额相比，在当年和接下来的4年中，预计实际的基本余额的情况会更好，那么，基本余额的实际值和要求值之间的差额，会被放入稳定和税改基金，将用来抵消未来减税政策的影响。）

一些程序上的规则和信息披露规则支持了债务规则的执行。这些规则包括：现收现付规则、每3年滚动一次的指示性预算规划、对预算影响的评估、公私伙伴关系项目的会计规则、对国有企业亏损或盈利的全面统计。

参考文献

Auerbach, A.J.(2005).'Dynamic Scoring:an Introduction to the Issues.' *American Economic Review*, 95(2):421-5.

Benk, S., and M.Z.Jakab(2012).'Non-Keynesian Effects of Fiscal Consolidation:An Analysis with an Estimated DSGE Model for the Hungarian Economy,' OECD Economics Department Working Paper 945.

Berger, H., G.Kopits, and.I.Székely(2007).'Fiscal Indulgence in Central Europe:Loss of the External Anchor?' *Scottish Journal of Political Economy*,54(1):116-35.

Calmfors, L., R.Chote, and C.Teulings(2010). 'Hungary' s fiscal council must stay independent.' *Financial Times*,December 6.

Kopits,G.(2002).'Central European EU Accession and Latin American Integration:Mutual Lessons in Macroeconomic Policy Design.' *North American Jountal of Economics and Finance*, 13:253-77.

Kopits, G.(2007a).'Fiscal Responsibility Framework:International Experience and Implications for Hungary.' *Public Finance Quarterly*,2:205-22.

Kopits, G.(2007b).'Fiscal Responsibility:Comments on the Finance Ministry Proposal.' *Development and Finance*,4:67-72.

Kopits,G.(2013).'Constitutional mob rule in Hungary.' *Wall Street Jounal Europc*,March 28.

Ohnsorge- Szabó, L., and B.Romhányi(2007). 'How Did We Get Here:Hungarian Budget 2000-2006.' *Public Finance Quarterly*,2:243-92.

Romhányi, B.(2007).'Reforming Fiscal Rules and Institutions in Hungary:Aspects and Proposals.' *Public Finance Quarterly*,2:341-76.

12 英国：财政监督机构和官方预测机构

罗伯特·乔特和西蒙·雷恩-刘易斯[1]

12.1 背景

现在的预算责任办公室（OBR）是在 2008 年 9 月由当时的反对党（即保守党）第一次提出建立的。自 1997 年开始，工党政府一直执政，在此期间，财政政策的制定基于以下两个财政规则：政府只能为了投资而借款；在整个经济周期内，公共部门净债务占 GDP 的比例不能超过 40%。为了判断这些规则是否被满足，需要估计当前的周期何时开始、何时结束，也要估计在此期间内支出和收入的变化。对此，英国财政部每年都会公布两组相关的预测以及一组长期（50 年）的财政预测。

工党政府认为，这些规则足以保证对公共债务的充分控制。2004 年，当时工党政府的首席经济顾问、现任影子大臣埃德·鲍尔斯指出：

一些人认为，如果我们曾经在制度改革上走得更远，如果不让独立专家设

---

① 作者感谢乔治·科彼茨对本章较早版本提出的有益建议。本章只反映作者个人观点，不代表预算责任办公室的意见。

定财政政策立场，至少让他们公开发表观点或者识别经济周期的时间点，那么，我们现在已经建立起更高的可信度和合法性。我自己并不确定，在实践中，这样的改革是否会带来不同的结果。①

正是在 2001 年大选之前，工党政府开始大幅、持续提高政府支出的增长率。当时税收收入正在上涨，其部分原因是金融服务部门持续扩张。财政部预测，两个财政规则都将得到满足。然而，独立的预测机构开始发表看法，认为财政部的财政预测过于乐观，而且从 2002 年起，财政部就不得不一再下调预测。②在大多数年份，实际的公共部门借款要求显著超过了初始的预测值（图 12-1）。

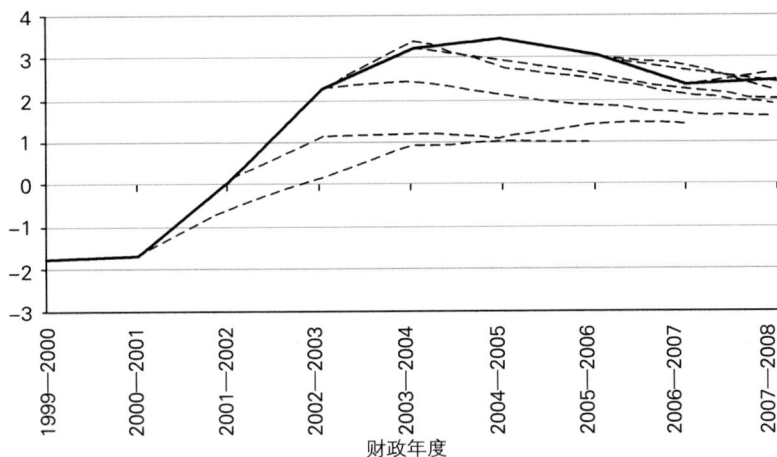

图 12-1 英国：2001—2008 年对公共部门借款预测的修正（占国民收入的百分比）

注释：实线表示财政年度结束后一年对实际结果的估计，虚线是初始预测值。最近的实际结果与预测值差异较大，主要是因为定义发生变化，它们没有很好地、实时地反映总预测。

资料来源：预算责任办公室和财政部。

---

① 参见 Balls(2004)。
② 财政研究所发布的《绿色预算》和国家经济社会研究所发布的《国家研究所经济评论》，都列出了这一点。

2007—2008 年的金融危机及随后的经济衰退，带来了更大的预算赤字。工党政府实际上放弃了财政规则，并认为应使用扩张性财政政策来对抗经济衰退。例如，在 2008 年底，增值税的标准税率下降了 2.5 个百分点，期限为一年。政府仍然坚持实施危机前的公共支出计划，即使经济的现金价值远远低于制订该计划时所预期的水平。其后果是，预算赤字激增，净债务占 GDP 的比例超过了 50%，并预计会达到 75% 左右的高峰。

虽然之前也一直有关于英国财政委员会形式的一些提议[1]，但是，在财政危机深化后，机构改革的呼声明显提高。2008 年保守党的提案借鉴了国际经验和之前关于英国的一些提议（如 Kirsanova 等，2007），但该提案也反映了一个关于特定时间的观点，即在金融危机爆发前，过度乐观的财政预测已经促进了过度宽松的政策，"当阳光普照时，没有趁机修补屋顶"。因此，提议由独立机构来承担官方预算预测的工作，而不是由部长根据公务员的建议来做出预测，是吸引人的。早期，关于政府在预测中使用的一些特定假设（如对石油价格未来变化的假设）是否是"合理的"，工党政府曾要求国家审计署（NAO）发表公开声明；但是，对于预测的评论或赞同，这并没有任何作用。

除了提议建立预算责任办公室之外，保守党反对政府试图使用相机抉择的财政政策措施来刺激经济的做法，并且认为控制公共财政的后续计划过于缓慢。在 2010 年 5 月的大选中，财政整固的时间和速度成为一个核心议题，尽管没有一个政党完整地描述了其提议或预计采取的税收和支出决定。[2]

12.2　预算责任办公室的演变和职能

2010 年 5 月的选举，使保守党和自由民主党形成了一个联合政府。新政府的首要行动之一，就是建立临时的预算责任办公室。一个临时的预算责任委员

---

[1]　如 Wren-Lewis(1996)。
[2]　然而，预算责任办公室的建立并不是一个核心问题。虽然工党政府已经选择不建立这个机构，但没有任何一方在选举期间对此展开辩论。

会（BRC）成立，有3名成员，由艾伦·布德爵士担任主席，他是前财政部首席经济顾问。该委员会有一个小型的秘书处，由财政部官员组成。在6月预算案发布之前不久，该委员会对公共财政进行了基准预测，随后在预算案发布当天，他们又做了一次预测，包括新发布的措施的影响。

临时的预算责任办公室在自身经验的基础上，对于永久的预算责任办公室的职能和结构，向财政大臣提出相关建议。众议院的财政特别委员会（TSC）也提出了建议，部分地借鉴了多个外部专家和利益集团的意见。[①]两者的建议都促进了相关法律的制定，该法赋予了预算责任办公室正式地位，然后在国会中通过。在2011年预算案发布前夕，《预算责任和国家审计法》获得御准。2011年4月4日，预算责任办公室成为一个法定机构。

目前，预算责任委员会由以下成员组成：罗伯特·乔特，是独立注册的财政研究所（IFS）的前所长；史蒂夫·尼克尔，是牛津大学的学者；格雷厄姆·帕克，是前财政部和税务局的预测员。该委员会有16名雇员，在连续4年内，每年的预算是175万英镑。

《预算责任和国家审计法》规定，预算责任办公室的首要职责是"审查并报告公共财政的持续性"。在实践中，该法也明确了具体的职责：在每个财政年度，准备两套财政和经济预测；评估财政任务可能被完成的程度；评估之前预测的准确性；分析公共财政的长期持续性。上述4个任务可被进一步描述为：

第一，预算责任办公室负责对经济和公共财政提供官方的5年期预测。而根据1975年的《工业法》，财政大臣曾被要求每年做出两次预测。一次是在财政大臣向国会提交的春季预算报告中发布，另一次是在向国会提交的秋季预算报告中发布。两次预测都包括在这些声明中宣布的各措施的影响。

第二，预算责任办公室使用5年期的预测，评估政府是否有超过50%的概率来实现其财政目标，这些目标是由政府在现行政策基础上自行设定的。目

---

① 参见众议院（House of Commons, 2010）。

前，有两种这样的目标：财政任务和补充性目标。

"财政任务"要求政府制定政策，以在未来5年实现结构性经常预算的平衡或盈余（也就是说，对经济中任何剩余产能对收入和支出的暂时性影响进行调整之后，除了为投资融资以外，要确保政府不会借款）。这个原则和前任政府的"黄金准则"相同，但是在一个滚动的、前瞻性的5年期中进行判断，而不是针对一个特定的经济周期（要预估起点和终点）。

"补充性目标"要求，债务占GDP的比例在2015—2016年期间下降。现任政府选择对债务比例的趋势设定目标，而不是像前任政府一样设置债务比例的上限。这可能反映了，金融危机及其经济影响，已经使英国远离了之前被认为是稳健的水平。

2011年11月，预算责任办公室告诉政府，在现行的税收和支出政策下，政府实现其目标的概率将低于50%。所以，政府宣布了额外的中期支出削减措施，以使自己回到已公布的预测轨道上，尽管其最初希望避免在预算责任办公室发布秋季预测的同时采取重大的税收和支出措施。

第三，对于在预算案中宣布的特定税收和支出措施，政府对其财政成本或财政节约进行估计，预算责任办公室会对政府的估计值进行详细审查。值得注意的是，预算责任办公室"拥有"公布的经济和财政预测，而财政部"拥有"在其预算文件中出现的最终政策成本计算（即估计提出的政策措施对财政的影响）。在详细审查政府的估计值并提出适当的修改建议后，在面对财政部的最终成本计算时，预算责任办公室有3种选择，可以选择说出："是的，我们同意"；"不，我们不同意"；"我们没有被给予足够的时间或信息来做出判断"。在2011年3月的预算案中，预算责任办公室表示，除了一项成本计算以外，他们赞同其他所有的成本计算；除外的这个项目，不仅从本质上很难计算成本（因为缺少相关税基的信息），也引入得太晚，以至于没有时间进行充分审查。如果预算责任办公室不同意财政部公布的成本计算，该办公室将在预测中使用自己计算的成本。

第四，预算责任办公室需要对未来50年的税收流和支出流进行预测，进而分析公共财政的长期持续性，同时也要分析公共部门资产负债表的健康度。

2011 年 7 月 13 日，预算责任办公室发布了第一份关于财政持续性的报告，第一次利用"政府统一账户"，该账户是根据私人部门会计准则和传统的国民账户核算方法而编制的。

预算责任办公室的正式独立性取决于《预算责任和国家审计法》及《预算责任宪章》中规定的权利和责任。《预算责任宪章》是《预算责任和国家审计法》所需的文件，政府在其中列明了财政政策做法。（这实际上是前任工党政府《财政稳定法》的后继法案。）在预算责任办公室和财政部、就业和退休保障部（DWP）以及税务及海关总署的关系中，预算责任办公室的权利和责任，在四者签署的谅解备忘录（MOU）中予以说明。

《预算责任和国家审计法》允许预算责任办公室"全权履行[它的]职责"，只要它的操作"客观、透明、公正"，而且只要它考虑的是现任政府的政策而不是其他政策。（在实践中，对"现任政府的政策"的界定，并不总是像听起来那么简单，特别是在进行 50 年而不是 5 年的预测时。）《预算责任和国家审计法》也要求预算责任办公室"高效并且成本有效地"运行。

《预算责任宪章》指出，预算责任办公室的独立性包括对以下方面的全权做主：在其预测、评估和分析中使用的方法；在其预测、评估和分析中所做的判断；其公布的报告内容；研究和其他分析的工作方案。

该宪章规定，预算责任办公室必须在其预测中包括一些内容，而且赋予财政大臣决定预测期长度的权利（至少是 5 年）。该宪章指出，政府仍然负责决策和成本计算，并规定预算责任办公室"不应对政府政策的特定优点做出规范性评论"。

重要的是，《预算责任和国家审计法》赋予预算责任办公室"（在任何合理的时间）为履行其职责，提出合理请求并获取所有政府信息的权利"。预算责任办公室"有权要求获得任何人持有的或负责的任何政府信息、任何协助或解释，只要该办公室认为这是必要的、合理的"。关于获得信息或协助的任何纠纷，都会由预测联络小组进行讨论并有望解决。这个小组由预算责任办公室主持，并且包括了谅解备忘录的 4 个签署方的代表。谅解备忘录指出："在不可能达成一致意见时，问题可酌情上报给预算责任办公室的主席和常任秘书长。"如果到时预算责任办公室仍然被拒绝提供信息或协助，进而使其不能正常开展工作，那么它会直接将这些问题公开。

12.3 与其他国家的比较

如何将预算责任办公室的职能与其他国家的财政监督机构的作用相比较？首先要指出的是，与其他所有现存的独立财政委员会相同，但与独立中央银行不同的是，预算责任办公室不进行政策决策。但是，不同于其他国家的一些财政监督机构，英国国会还责成预算责任办公室不得提供政策建议，并将其职能限于提供政策决策可依据的信息。因此，对于预算责任办公室的预测指出的、能够使政府有超过50%的概率来实现其目标的必要政策，政府并不被强迫执行这些政策，而且预算责任办公室没有可控制的税收或支出工具。

虽然没有一个现存的独立财政监督机构是政策制定机构，但这些机构的职权范围有相当大的差别。英国属于"职权范围相对较窄"的那一组，只关注财政分析。在财政分析之外，丹麦、荷兰和瑞典的监督机构也分析就业、增长和其他结构性政策。美国的国会预算办公室关注劳动力市场、就业政策和气候变化的财政影响。与加拿大的机构一样，美国的国会预算办公室也审查特定的支出项目，如其最近所做的、关于医疗改革提案的、有影响力的工作。英国的预算责任办公室确实也进行宏观经济预测，但是，这是作为财政分析的一个要素，而不是从中得出更广泛的宏观经济政策结论。

与一些国际同行相比（如比利时和瑞典），英国预算责任办公室的任务范围也是较窄的，因为它被限于实证分析，而不能提出规范性的政策建议。Calmfors和Wren-Lewis（2011）认为，预算责任办公室是"实证分析的最极端案例"，因为英国国会不允许它考察不同政策选择的影响。预算责任办公室只能将自己限制在对现任政府的现行政策的分析上。

虽然预算责任办公室的职权范围较窄，但它仍是财政政策进程的中心。英国财政部实际上已经将提供公开的官方经济和财政预测的工作外包给了预算责任办公室，而且根据这些预测，政府意识到其可能采取的政策将产生的影响，并据此做出最终的政策决策。不同于荷兰的中央规划局（CPB），预算责任办公室将其分析限制在现任政府的政策上。在大选之前，如果反对党提出相应的要求，中央规划局还对反对党的宣言在经济和财政方面的影响进行正式评估。但是，无论是英国的预算责任办公室还是荷兰的中央规划局，都负责编制政府的官方宏观财政预测。Kopits（2011）还指出，英国的预算责任办公室和原匈牙利财政委员会之间也存在着有趣的相似之处。

12.4　预测

预算责任办公室的一个最鲜明的特点，就是其财政监督的本质。在 Calmfors 和 Wren-Lewis（2011）综述的独立财政机构中，大约一半的机构都承担预测工作，但是在大多数情况下，这些机构只是对政府所做的预测进行审查，而不是直接取代政府的预测。在英国，已经有一些机构在这方面做得很好，如财政研究所和国家经济社会研究所。如果预算责任办公室的作用也是对政府预测进行审查，那么，它就不会在其他机构已有工作的基础上做出太大的贡献。

然而，预算责任办公室有一个独特的任务，就是编制官方的公共财政预测，它需要从税务及海关总署、就业和退休保障部以及其他政府部门获得信息和专业知识，它需要和所有部门一起齐心协力以一个统一的、综合性的方式来编制分类的财政预测。[①]（另一种可能性是，让预算责任办公室完全复制这些政府部门的财政预测专长，但这会需要多得多的资源。这也会是无效率的，其部分原因是，特定税收和支出领域的专家往往只需在预测活动上投入相对较少的工作时间。）

这种形式的委托是一个合乎逻辑的反应，如果赤字偏差一直是过去政府预测过于乐观的后果。政府预测过于乐观的部分原因是，部长们想要在大选之前掩盖痛苦政策改革的需要，或者是他们对自己的能力过于自信，相信自己能够

---

① 细 节 的 讨 论 详 见 ：<http://budgetresponsibility.independent.gov.uk/wordpress/docs/obr_briefing1.pdf>。

给经济带来更好的结构性趋势。支出和收入信息获取上的差异，可能使政府声称（并相信），其他人的不大乐观的看法只是反映了其信息的相对匮乏。不少独立机构发出公开警告，即2002年和2005年大选之间发布的官方公共财政预测是过于乐观的。直至进入竞选，政府都能驳回这些警告，只是在之后一有机会就调高其赤字预测值并宣布支出削减及增加税收的措施。

预算责任办公室的建立，打开了官方财政预测的黑箱。政府不再能够声称自己拥有特权信息。建立一个官方独立财政预测机构的最有力的论点之一就是，它可以充分利用政府内部才有的数据和专业知识。

同样的论点并不适用于宏观经济预测。与定期发布英国的宏观经济预测的众多商业机构、学术团体和国际机构相比，预算责任办公室并没有显著的信息优势。此外，进行宏观经济预测需要更多的资源和专业知识。同时，十分危险的是，考虑到宏观经济预测固有的较大误差，对宏观经济进行预测将不必要地损害任何一个新财政委员会的声誉。这些观点建议，由外部进行宏观经济预测，并将其作为财政预测的基础。

一个显而易见的备选是，英格兰银行的《通货膨胀报告》的预测。然而，该银行的预测是针对自己的需要来设计的，它现在只发布两个变量的预测，即GDP增长率和CPI通货膨胀率，而且其预测期只有3年。对于支出、收入和价格，预算责任办公室需要发布一份5年期的、更详细的分类预测，以解释和支持构成公共财政预测的众多收入流、支出流和金融交易的预测。任何外部预测，都会有相似的问题和缺陷。

基于上述原因，预算责任办公室自己进行宏观经济预测，其使用的模型是由英国财政部之前建立的，现在这个模型由两者共同维护。虽然2010年6月预算案同时发布了措施实施前和措施实施后的预测，随后预算责任办公室只进行了一个针对预算案发布后情况的全面预测。然而，预算责任办公室确实量化分析了宣布的政策措施对整体经济、预期收入和支出以及政府实现财政目标的概率的可能影响。

预算责任办公室还讨论了其宏观经济预测结果和其他主要机构（如国家经济社会研究所、欧盟委员会、经济合作和发展组织、国际货币基金组织）的预测结果之间存在差异的原因。这里也考虑了英格兰银行的预测，但是，与其比较必然是受限的，因为英格兰银行只公布了关于 GDP 总量和通货膨胀率的预测，没有公布对 GDP 组成成分的预测。对于短期，预算责任办公室假设货币政策遵循市场预期，但是在长期中，它假设通货膨胀率趋于其目标值而且产出缺口趋向于零。目前，如何将货币政策反应与较大的短期财政变化综合起来考虑，并不是一个主要的问题。

在核心的预测之外，预算责任办公室还补充了一些敏感性分析和情景分析，分析一些关键参数和判断的变化对公共财政预测的影响以及对政府实现目标的概率的影响。例如，预算责任办公室已经考察了在以下情况下财政预测结果的可能变化：经济增长快于或慢于核心预测、经济中剩余产能的规模发生变化、政府债务的利率水平发生变化。情景分析检验了宏观经济预测中的关键判断的重要性，如 2011 年 3 月预测中的判断，即对于高于预期的通货膨胀水平，名义工资不大可能有大幅增加的反应。作为一个独立的监督机构，预算责任办公室可能会发现，由它来发布这类敏感性分析和情景分析以及修改核心预测结果，比部长们要容易得多。预算责任办公室毕竟不负责确定宏观经济政策的总体立场，所以，它在发布预测时，并不像在证明其成功时面临那么大的压力。

英国的宏观经济分析和预算分析，都相对较为丰富。特别是，财政研究所定期对预算案和秋季预算报告发表评论。在预算责任办公室建立之后，财政研究所仍继续开展这项工作。这提供了很有价值的另一种建议，而且财政研究所也能从事政策分析，而这种分析也在预算责任办公室的管辖范围之外。然而，即使在存在私人机构进行预算分析的情况下，建立一个政府资助的独立财政机构，也有明显的优点（Calmfors 和 Wren-Lewis，2011；Chote，2011）。

12.5　政策分析

国会决定只让预算责任办公室分析政府政策的影响，而不分析其他备选政策的影响。这个决定在永久预算责任办公室的设计阶段，是热烈辩论的一个主题。有些人认为，对政策选择进行比较，可以增强机构的政治独立性；而另一些人担心，这会使机构成为激烈争夺的领地，而最后机构将不可避免地看起来偏袒了某一方（House of Commons，2010）。

在当时的政治和经济辩论背景下，很容易理解限制预算责任办公室分析范围的这个决定。在经济从衰退中的复苏存在不确定性的时期，在2010年的大选中，财政整固的速度成为一个中心议题。随着政府收紧财政政策，它仍可能是当时最重要的政治问题。如果当时预算责任办公室能够并且觉得有必要同时分析政府的紧缩计划和反对党提出的更渐进性的紧缩措施，那么，该机构会成为这次政治辩论的中心。非常有可能的是，当时辩论中的一方或另一方（甚至双方）发表声明，认为预算责任办公室的分析支持了他们的立场，那么预算责任办公室会因此看起来失去了公正性。这可能是一场"炮火的洗礼"。

然而，一旦预算责任办公室在其现有职能范围内建立了良好的记录，国会可能会希望重新考虑放松该机构不能分析其他政策的限制。这可能会在5年后发生，作为预算责任办公室独立评审的一部分。对不同政策策略和措施进行权威的、独立的、积极的分析，有助于推动更科学的公共辩论进而导致更好的政策结果。多年来，财政研究所试图在其拥有数据和专业知识的领域内提供这种分析，这增加了而非削弱了其独立性和平等性的可信度。由于预算责任办公室有能力利用更多的官方数据和专业知识，它可以做的更多，当然前提是它被给予相应的资源。

这里重要的是，要区分政策分析和政策倡议。美国的国会预算办公室已经证明，可能同时做到分析其他备选政策的影响而不倡议采纳其中的某项政策。然而，可以列明每项政策的利和弊，让其他人在知情的情况下来做出选择。同样值得一提的是荷兰的经验，即应每个政党的请求，对竞争性的政策纲领和措施进行定期的、正式的独立分析，这有助于促进竞选后联盟政府的形成。

当然，每任政府（和反对党）都会在某个阶段查看可供选择的其他政策。实际上，英国财政部已经外包了基于当前政策来进行预测的任务，但是仍保留了在必要时考察其他备选政策的任务。对于很多人来说，不利用预算责任办公室的专长来同时承担这两项任务，似乎很奇怪。这里一个主要的困难可能是，预算责任办公室进行的任何政策分析都是公开的。这里与荷兰的中央规划局进行比较，可能又是有建设性的。和预算责任办公室一样，中央规划局也基于当前的财政政策来编制官方预测。中央规划局还向政府提供政策分析，但是这种分析是保密的。这种安排的困难在于，可能会危害实际的或感知的独立于政府的独立性。

12.6　独立性和透明度

一些评论员认为，预算责任办公室和部长们以及财政部官员在预算政策进程中的互动（也包括其与英国税务及海关总署、就业和退休保障部以及其他部门的官员在财政预测进程中的互动），使预算责任办公室不可能是真正独立的（如 Calmfors，2010）。虽然这些互动使预算责任办公室可以在其他机构已经完成的工作基础上创造价值，如财政研究所、国家研究所和其他机构，但是，如果预算责任办公室因此享有的获得数据和专业知识的特权损害了感知到的客观性和独立性，那么，这样做明显是有害的。

2010 年，在新政府提出紧急预算案之后不久，临时预算责任办公室生命周期中的一个小插曲就突出了这个问题。预算案推出了一个更快的财政紧缩进程，这与保守党的竞选宣言一致，即工党政府的紧缩计划太慢了。几天之后，首相使用了刚刚发布的预算责任办公室的分析报告，声称预算案不会减少公共部门的就业。这引发了一场政治风暴。这里引用前任工党财政大臣的话：

从一开始，保守党就利用预算责任办公室，不仅将其视为政府的一部分，也将其视为保守党的一部分。他们成功地将一些好主意扼杀在了摇篮里。

这次争吵有一个直接的后果。对于预算责任办公室领导的任命，财政大臣赋予国会财政特别委员会否决权，随后他将这一原则也应用到了预算责任委员会的其他成员身上。对于赋予预算责任办公室法定地位的法案，出现了多种修正意见，但是，预算责任办公室的原则获得了跨党派的支持。

财政监督机构的独立性可能在两方面受到损害。第一，机构可能成为"政府的工具"，其获取的信息可能是不客观的，但是符合政府（而非公众）的步调。在预测方面，机构可能会被说服，比如对税收收入采取一个过于乐观的看法。第二，机构可能被施加压力，如威胁它的预算、领导的任命或它本身的存在，使其与政府保持一致。对于加拿大在阿富汗军事行动的成本及经济和财政前景，加拿大的国会预算办公室（PBO）曾发布了具有争议性的报告，之后其2009—2010年的预算被削减（佩奇和亚尔金，第9章）。在对政府预算中过于乐观的假设和透明度的缺失提出了批评意见之后，匈牙利的财政委员会仅运行了短短两年，其秘书处就被取消，并转变成了一个无能的机构（科彼茨和罗姆哈尼，第11章）。

我们下面依次讨论对独立性的每一种威胁。财政大臣将官方公共财政预测的任务外包给预算责任办公室，需要预算责任办公室和在特定收入及支出领域有专业知识的那些政府部门以及在特定税收和支出措施的设计过程中所涉及的那些政府部门有频繁的、深入的互动。预算责任办公室也和财政大臣本人有接触，特别是向他提供预测草案，其中指明了对于他完成财政目标而言，某些行动是否是必要的。然后，他可以做出决定，在预算责任办公室最后确定其预测报告之前，是否要相应地调整政策。

正是这些会面产生了关于"对事实进行政治谈判"的担忧。对此，预算责任办公室的防御措施是，使这些互动尽可能地透明化。在网站上，预算责任办公室公布了所有与财政大臣、他的特别顾问及他的私人办公室进行重要会谈的日期。预算责任办公室的《经济和财政展望》中列出了预测草案提交给财政大臣的日期以及财政大臣及其下属官员收到最终预测报告进而可以准备国会发言的日期。预算责任办公室还公布了必须告知相关政策措施的截止日期，以保证它能在经济预测中包含这些措施或者批准这些措施的成本计算。对于那些在截止日期之后才提交的措施，预算责任办公室也予以列出，并且说明它是如何处理这些措施的。有一个详细的简报，其中说明了，为了预测每个税收流和支出流，预算责任办公室都和哪些部门打交道，而且也说明了所使用的关键判断。

还需要指出的是，关于预算责任办公室与政府的所有来往都涉及预算责任办公室与"政府或财政部"的直接的、固有的敌对关系的想法，是过于简单化的。预算责任办公室和财政部长、财政部不同下属机构的官员及其他部门的官员打交道，他们的激励和本能不一定是统一的。在预算责任办公室讨论特定的政策措施或者财政预测的部分内容的多次三方审查会议上，财政部、税务及海关总署、就业和退休保障部通常不会"站在一起"来反对预算责任办公室。每个人都怀有真诚的愿望，来讨论数据和分析所反映的情况。

毋庸置疑，政府部门的资源比预算责任办公室要多得多。因此，一些观察员怀疑，预算责任办公室是否能避免被蒙骗。这里重要的是，为了避免出现这样的情况，预算责任办公室有恰当的技能组合，也将内部经验和外部视角相结合。从财政部、税务及海关总署、就业和退休保障部的前任官员中来雇用一些雇员和预算责任委员会的成员，是一个优点，而不是一个缺点。这些人可以应付以前工作部门的挑战，而且也往往乐于这样做。然而，显然存在一个风险，即预算责任办公室和政府之间的"旋转门"开得太大，会导致监管俘获。

上述这些安排可能会有一个间接的好处。它们必然会涉及额外的手续、时间和精力。这会产生一个避免在最后一分钟做出政策决策的激励，从而使每个人都满意，因为政策获得了充分的审查。较晚的政治决策一直是英国预算案的一个弱点，新框架的一个好处就是产生了避免这个弱点的激励。

虽然会谈记录是透明的以及与政府打交道是专业化的可能会在一定程度上减少关于独立性的担忧，但同时也十分重要的是，一个财政委员会应该尽量使其分析透明化。这使人们能够明白，为什么会得出这些结论，而且为什么要对这些结论进行专业评判。与之前的财政部出版物相比，预算责任办公室发布的《经济和财政展望》中，已经显著增加了分析的细节。例如，预算责任办公室公布了详细的诊断表，解释为什么它对特定收入流和支出流的预测会在连续的两期出版物中发生变化。它修改了公共支出预测的呈现方式，以避免模糊的"会计调整"。在发布预测报告之后，当人们提出相应请求时，它会发布支撑预测的补充材料。它也发布了关于预测方法的细节，如估计经济中剩余产能规模时所使用的技术。通过发布新的政策成本计算文件，财政部也对预算进程透明度的促进做出了重要的贡献。这些文件列出了每项税收措施和支出措施的成本计算的分析基础和实证基础，包括对税基的说明以及对行为反应假设的评价。这些文件反映了预算责任办公室和政府部门之间的审查过程的结论，其中还有一个附件，由预算责任办公室突出说明了估计值中存在的一些不确定性和风险。

下面再来考虑对独立性的第二种威胁。预算责任办公室的预算是财政部预算的一部分（尽管会在其中单独列出），因此，预算责任办公室可能会遇到财政困难。这里主要的保护措施就是透明度。预算责任办公室已经被给予了一份多年的预算，预算是公开的，所以，任何困难都将是清楚可见的。

加拿大和匈牙利的经历表明，让财政监督机构正式对国会负责而不是对政府负责，并不一定能使机构避免受到对其预算施加的政治压力。而一些财政监督机构主要向政府报告，少数机构主要向国会报告。预算责任办公室处于中间地带。预算责任办公室是一个财政部庇护下的非政府部门的公共机构，但它通过参加财政特别委员会（TSC）的听证会来对国会负责，而且财政特别委员会也对预算责任委员会的任命和解雇有否决权。

这种"双重保护"被视为预算责任办公室独立性的一个重要基础，而且为其他公职任命开创了有挑战性的先例。财政特别委员会的主席和大部分成员确实都来自执政党，但是以往的经历显示，特别委员会（包括财政特别委员会）并不畏于公然挑战政府。预算责任委员会成员的任命必须经过财政特别委员会的任命确认听证会并获得财政特别委员会的同意，如果任命只是在党内被投票通过，那么，这会严重地（也许致命地）损害公众对被任命者的独立性的感知。主要的反对党工党确实支持了预算责任办公室的建立，而且表示，如果工党上台执政，将继续支持预算责任办公室的工作。但是，其他国家的经历表明，换了一个新政府（甚至是一个新的财政大臣），可能会带来挑战。

非执行董事也保障了机构的独立性。[1]他们的任务是帮助确保预算责任办公室对其职责的履行，符合《预算责任和国家审计法》中制定的良好行为准则；同时，也要确保预算责任办公室在年度报告中汇报其遵守该准则的情况，究竟是成功遵守还是未能遵守。此外，他们可以提供有益的第二意见；如果预

---

[1] 现在有两位非执行董事：桑坦德银行英国分行和第四电视频道的董事长伯恩斯勋爵和英格兰银行货币政策委员会的前成员凯特·巴克。

算责任办公室和政治家之间的交流使人担心，那么他们也可以提供交流的渠道。

Calmfors 和 Wren-Lewis（2011）认为，对于大多数财政监督机构而言，保障独立性的正式安排很罕见，并指出财政监督机构的成员任期一般比货币政策委员会成员更短。英国的情况正好相反。然而，就像 Calmfors 和 Wren-Lewis（2011）所指出的，"财政委员会的独立性缺少正式的保障措施，意味着与中央银行相比，这些机构要更多地依赖非正式的独立性，而它们可以通过公正的、基础良好的分析来建立声誉进而获得这种非正式的独立性"。同样的道理，无疑也适用于预算责任办公室。

12.7 结论

预算责任办公室建立于2010年，负责提供5年期的预测，而该预测是做出预算决策的基础，也负责评估政府是否完成了财政任务（即财政规则），同时对长期财政持续性进行分析。在众多独立财政机构中，预算责任办公室（和荷兰的中央规划局）是特别的，这主要体现在其和政府在编制官方财政预测的互动中。同时，预算责任办公室的职能受限，它只能考虑当前实施的和已经提议的政府政策的影响，而不能考虑政策的备选方案。上述两个特征都各有优点和缺点。

无论是中期预测还是长期预测，所有的经济和财政预测都有很大的不确定性。然而，在没有政治意图并提供部长们能获得的所有信息的情况下，将官方预测的任务外包给预算责任办公室，应该会增加政策制定基础的公信力。这至少会降低因过度乐观的宏观经济或财政预测而导致赤字偏差的概率。为了进行详细的财政预测，预算责任办公室需要依靠政府部门提供信息。这种依赖性存在风险，并且已经产生了一些质疑，即预算责任办公室是否能独立于政府。但是，通过使其与政府的关系尽可能地透明，预算责任办公室已经努力减少了这种风险。

在每次做预测时，预算责任办公室只能考虑当前政府政策的影响。这样做有一个直接的好处，就是使预算责任办公室不被卷入当前关于财政整固速度的争论之中。国外的经验表明，政治争论会严重威胁独立财政机构在其建立之初的健康度。然而，一旦预算责任办公室已经建立了声誉，就可以重新考虑这个职能限制。这是有意义的，因为在编制财政预测方面的专业知识不能被同时用于进行政策分析，似乎是十分奇怪的。此外，就像其他独立机构，如荷兰的中央规划局所做的那样，对备选政策进行分析，可能会加强预算责任办公室被感知到的独立性。

存在一种危险，即鉴于预算责任办公室的主要任务是编制5年期的预测，人们会根据这些预测的准确性来判断其成功程度。这是非常不幸的，因为对于成功的短期宏观经济预测而言，运气和良好判断同等重要。部分地基于这个原因，预算责任办公室在发布核心预测结果的同时，也进行了广泛的情景分析。在最初建立的几年，对预算责任办公室的一个更好的评价方法是，评估其工作的透明度和质量，包括其对长期财政持续性面临的挑战的分析，而且也评估其在多大程度上提高了关于财政问题的公共辩论的水平。

2011年11月，预算责任办公室下调了其对英国产出缺口的估计，这意味着，财政大臣必须采取增加税收或削减支出的措施来确保财政任务的完成。这是第一次预算责任办公室告诉政府它并不想听见的消息，政府选择做出的反应是调整其政策而不是怀疑或忽视预算责任办公室的分析。因此，到目前为止，新财政机制似乎正按预期设想运行，但是毫无疑问，未来仍会面临很多重大挑战。

参考文献

Balls, E.(2004).Stability, Growth and UK Fiscal Policy.Discussion Paper in Economics 2004/03, University of York.

Calmfors, L.(2010).'How it's done in Sweden.'*The Guardian*, 28 July.

Calmfors, L., and Wren-Lewis, S.(2011).'What Should Fiscal Councils Do?'*Economic Policy*, 26:649-95.

Chote, R.(2011).The Office for Budget Responsibility:Can We Make a Difference?Ken Dixon Lecture, University of York, 13 June.

House of Commons, Treasury Committee(2010).Office for Budget Responsibility, Fourth Report of Session 2010-11, Vol.I and II, London:The Stationery Office.

Kirsanova, T., Campbell, L., and Wren-Lewis, S.(2007).'Optimal Debt Policy, and an Institutiobal Proposal to Help in Its Implementation.' In Ayuso-i-Casals, J., S.Deroose, E. Flores, and L.Moulin(eds), *The Role of Fiscal Rules and Institutions in Shaping Buadetary Outcomes*, European Economy Papers, 275.

Kopits, G.(2011).'International Fiscal Institutions:Developing Good Practices.'*OECD Journal on Budgeting*, 2011(3):5-52.

Wren-Lewis, S.(1996).' Avoiding Fiscal Fudge.'*New Economy*, 3:128-32.

13 意大利：独立财政机构发挥什么作用？

法布里奇奥·巴拉索内、丹尼尔·法兰克和基娅拉·戈蕾蒂[1]

13.1 引言

在 1988—2008 年期间，意大利在执行中期财政计划上的整体表现相当令人失望。目标很少被实现，而且当目标实现时，也往往是归因于突发的、有利的宏观经济形势波动。大部分延误通常都发生在计划开始的第一年，并且在随后几年中很少进行弥补。不能实现目标的原因在于，对初始财政条件的评估过于乐观、宏观变化比预期要糟和项目超支。

虽然没有制度框架能够替代政府对良好财政政策的承诺，但一系列水平较高的理论分析和实证分析表明，预算机构可以帮助实现财政目标。强大的机构可以通过突出可持续政策的需要、公布公共干预措施的所有成本、强调特定利益的集体责任和增加偏离既定财政目标的成本，来改善财政绩效。具体而言，国际经验强调了独立财政机构在支持政府财政计划的整体稳健性和可信度方面的潜力。

① 本章仅反映作者的观点，并不代表意大利银行或意大利参议院的官方立场。作者感谢乔治·科彼茨的有益意见。

如果独立财政机构被赋予了提供宏观经济和财政预测或者验证政府假设的任务，那么，该机构可以使预算计划更符合现实情况。此外，独立财政机构对政府目标以及目标和措施一致性的审查，减少了乐观偏差的空间。最后，独立财政机构对政府在财政目标和规则方面的表现的评估，增加了偏离已宣布政策的声誉成本。

长期以来，在意大利，独立财政机构的作用一直没有被充分认识。在过去关于预算改革的辩论中，只有很少的评论员强调了对独立财政机构的需求。即使是2009年12月通过并在2011年3月进行修订的《新预算框架法》，也没有预见到独立财政机构能发挥的作用。

这种情况反映了多种因素。虽然在政治辩论中财政透明度的重要性已被公认，但是实际上政策制定者担心透明度会使决策更难。例如，信息可以使利益集团有所警觉，进而减少行政机构进行改革或采取纠正措施的能力。此外，引入独立财政机构会改变现有公共机构的作用和权力，因此这些机构往往反对独立财政机构的建立。最后，还有改革顺序的问题。如果存在一个有效的信息系统能使独立财政机构及时监控财政变化，而且政府的财政策略都可以由该信息系统中的变量明确反映，那么，这种情况下的独立财政机构是最有效的。在这两方面，意大利的财政框架都是欠缺的。

在欧洲，随着主权债务危机的爆发，强化国家财政框架和加强欧洲经济治理的压力不断增加。从2010年开始，由危机引发的改革就一直在讨论之中：2011年12月和2012年3月分别通过了所谓的"六部立法"和"财政契约"，欧盟成员国，特别是欧元区的成员，承诺在国家法律中引入一系列财政规则并建立独立机构来监督实施的政策与这些规则的一致性。

2011年9月，意大利政府提出了一个宪法修正案，来引入一个结构性项目的平衡预算要求，并建立一个独立财政机构。这个机构依附于国会，其任务是评估财政趋势并监督财政规则的执行。2012年春季，国会通过了这项修正案，之后又进行了使这些规定变得可操作的必要的立法工作。

在这一章中，以意大利当前的财政框架和过去的财政表现为背景，我们讨论了在意大利建立独立财政机构的好处，也讨论了该机构的任务、组织、资金及其与其他公共机构的关系。本章安排如下：13.2节简要介绍了1998—2008

年期间意大利的财政表现（不包括最近几年的情况，最近的结果主要是受到屡次发生的全球金融危机的影响）；13.3节介绍了当前的财政框架；13.4节讨论了在意大利引入独立财政机构的潜在好处；13.5节讨论了未来建立独立财政机构的组织方面和操作方面的细节；13.6节对主要结论进行了总结。

13.2　1998—2008年期间的财政表现[①]

　　1997—2005年，意大利政府每年发布《经济和财政规划文件》（EFPD），其中列出了中期规划，但中期规划的执行情况相当不理想。即使提前3年设定的基本盈余目标逐渐变得不那么雄心勃勃，但是2000—2007年的财政结果仍未达到目标，且与目标有较大程度的差距（平均占GDP的3%）。只有2005年《经济和财政规划文件》中设定的2008年的目标（最保守的目标），最终实现了，而这主要归因于比预期情况更好的经济增长（图13-1）。

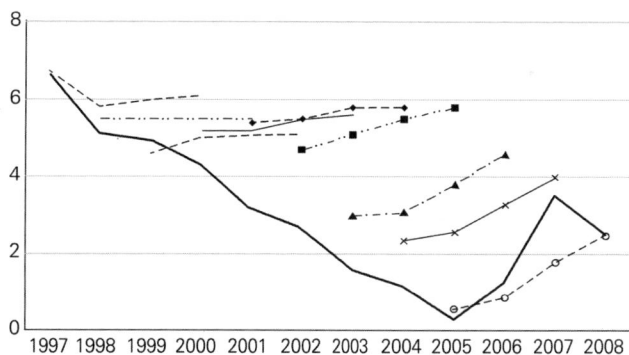

图13-1　意大利：1997—2008年一般政府基本盈余目标及结果（占GDP的百分比）

　　注释：实线表示每年的结果。其他线表示3年后的年度目标，1997—2005年每年的中期《经济和财政规划文件》（EFPD）中设定了这些目标。

　　资料来源：Balassone、Franco和Zotteri（2011）。

　　[①]　Balassone等（2002）及Franco和Rizza（2009）对意大利过去20年的经济政策进行了更广泛的分析。Balassone、Momigliano和Rizza（2011）关注了在2008年经济衰退之前10年中的财政目标以及对目标的偏离。

规划总是从乐观的财政展望开始。平均而言，规划中预测的基本盈余比实际结果要高，差距几乎达到GDP的1%。因此，在第一年就已经出现了对中期目标的显著偏离。一般而言，随后的《经济和财政规划文件》没有提供纠正措施。在t年规划的、t+1年的财政努力（余额的计划改善），基本与t年余额（当年的评估值）和t−1年设定的目标之间的差距无关。因此，基本盈余占GDP的比例从1997年的6.6%下降到2005年的0.3%。

1998—2008年，平均而言，每份《经济和财政规划文件》规划的第一年所得到的基本余额的变化，未达到目标，与目标的差距约为GDP的0.6%；支出和收入高于预期的幅度分别为GDP的0.8%和0.2%。对于上述差距，名义GDP的预测误差只有很小的影响。1998—2008年，平均而言，与预测值相比，名义GDP的增长率低了0.4个百分点。假设做一个粗略的近似，即短期中，基本支出与价格和实际宏观经济变化无关（即基本支出对GDP的弹性是零），那么，如果GDP的增长与预测相符，支出的超支仍会达到0.6个百分点。

1998—2008年，对目标的偏离程度主要取决于名义的基本支出。除了2002年和2008年以外，每年基本支出的实际增量都大于上一年的规划值。在整个期间，基本支出的平均名义增长率是4.5%，略高于名义GDP的增长率（4.4%），而目标是3%。

用占GDP的比例来衡量（进而扣除了宏观经济预测的误差），收入通常高于规划水平，这部分地反映了基于税收的补充预算的执行，补充预算的引入是为了部分地弥补对目标的偏离。此外，对预算整固措施的乐观评估也促进了对目标的偏离。

13.3 预算制度与流程

上一节介绍的糟糕的财政表现主要反映了政策制定者的决策。然而，一些技术缺陷也在其中发挥了重要的作用。第一，不同层级政府的不同的会计核算做法、数据报告的拖延、公共账户和国民经济账户之间对账的复杂性，都妨碍了人们对公共财政现状和未来变化的正确感知。第二，乐观的偏差损害了财政预测的可靠性，而乐观偏差源于定义基准的准则的不透明性。第三，缺少一个真正自上而下的预算编制过程、估计新法案的财政影响的成本评估过程较薄弱、未来年份的财政目标的地位较弱（更多的是预测而非目标），使财政目标的界定十分困难。最后，当年信息的质量较低、缺少财政规划（年度目标没有被转化成年内的参考值路径）、在偏离基准路径时缺少一个自动校正机制，使目标的监督和执行受阻。

虽然在近几十年，需要遏制赤字和债务的认知促进了财政框架的重大改革，但是，意大利行政机构典型的、形式主义的管理公共资源的方法，对这些改革的效果产生了负面的影响。[①]

13.3.1 公共账户和预测

（1）一般政府账户

一般政府账户（综合性的中央政府单位、次国家级政府单位和社会保障机构）由国家统计局（ISTAT）根据欧洲账户体系（ESA95）来编制。t年的统计数据，在t+1年的3月第一次发布。国家统计局也提供了季度数据（基期结束后的一个季度）。意大利银行，即中央银行，负责编制公共债务的数据（包括分部门的数据）。t年底的一般政府债务和t年相应的借款需求的统计数据，在t+1年的2月中旬第一次发布。意大利银行还编制了月度数据（基期结束后的45天）。国家统计局和意大利银行基于不同的数据集、分别从线上和线下的角度（即非金融交易和金融交易）独立运作。在过去发生一些摩擦之后[②]，现在的任务划分保障了赤字和债务的统计数据的可靠性。在欧盟的监督程序下，意大利国家统计局还和欧盟统计局进行互动（一年汇报两次赤字和债务的数据）。

在编制统计数据时，国家统计局使用的数据，来源于经济和财政部（MoE）、次国家级政府单位、社会保障机构和其他公共机构。然而，数据集

---

① De Ioanna和Goretti(2008)分析了意大利的预算制度框架。

② 参见 Balassone、Franco和Zotteri(2007)。

（尤其是次国家级政府的数据）并不总是完整的、及时可得的。①不同层级的政府之间、同一层级的不同机构之间，会计核算方法都是不同的。中央政府单位、地区及其他地方政府的预算，不共用同一张会计科目表。对于相关的数据拖欠，没有系统性的收集，这使权责发生制账户（只有一些地方政府机构实行权责发生制，特别是医院和其他的地方医疗单位）的编制更为复杂。

《经济和财政文件》（EFD）在每年4月发布，其中公布了经济和财政部编制的、上一年的、详细的现金统计数据。这些统计数据（收入、支出和余额）与中央政府（国家预算的合并现金交易、其他中央政府单位的预算和国库单一账户）及一般政府有关。

在每年的6月，对于上一年一般政府的综合账户，国家统计局将现金数据和ESA95数据（权责发生制和现金制的混合）进行对账。对于国家预算，也进行了这种对账（尽管并没有公布以中央政府作为一个整体的对账结果）。这种对账并不简单。特别是，国家预算包括了一些基金（地区政策的基金及激励企业的基金），其机制十分复杂，进而使人难以理解已经花费的支出和仍在进行中的支出。规章（通常有一定程度的延迟）规定了资源在各部委和次国家级政府之间的分配。收到了资金的行政机构，必须建立项目介绍、评估和挑选的程序。有时，行政机构必须在其他的接收资金机构之间分配资源（例如，经济发展部管理的地区发展基金要分配给基础设施部和地区政府），然后其他机构再对资金进行分配（如分配给市级单位）。

由于存在这些复杂的管理程序，在上述基金中，某一基金的最终报告中所列出的某项支出，可能对应着某一年的最终支出（外部代理人），或者对某一领土地区的支出（如地区或市），或者对预算内其他平行项目的支出。预算项目和国库单一账户体系中的子账户并不匹配，使问题进一步复杂化。在编制统计数据时，上述方面会带来问题，而且会对数据集的质量产生负面影响（下面将进行讨论），而这些数据集是财政预测和监督公共财政的基础。

---

① 一个极端的例子是卡拉布利亚,地方政府在2011年2月才通过了2008年的财政报告(本应在2009年6月通过)。审计法院经常提到地方报表报送的延迟。

（2）宏观经济和财政预测

在经济和财政部中，财政部（DT）负责进行宏观经济预测，并将预测结果报送给总会计部（RGS），作为其进行财政预测的一个投入要素。到2009年，每年至少发布3次预测结果，其时点为：4月发布第一份季度现金报告时（QCRs），该报告展示了上一年的情况；6月发布《经济和财政规划文件》时，该文件确定了中期财政策略（MTFS）；9月发布中期财政策略的更新。2009年的预算框架法只预见到了两个官方预测回合，其时点为：4月的《经济和财政文件》（取代了《经济和财政规划文件》）和9月（《经济和财政文件》的更新）。

对于官方的政府预测，没有独立的审计；私人预测都没有被正式地作为官方预测的基准。在多年出现乐观偏差之后，在过去的10年中，宏观经济预测的质量已经有所改善。目前，官方预测结果与独立机构的预测结果并无显著差别。这可能也反映了来自于欧盟监督的越来越大的压力。未来数年的预测期的估计值的可靠性仍然存在一些问题，但是，这似乎更多的是一个与预测有关的一般性问题，而不是政府在预测中的一些具体做法。

2007年以来，在每年的1月和7月，意大利银行都发布当年和下一年的宏观经济预测。直到2010年，意大利经济分析研究所（ISAE）都在承担准备并发布宏观经济和财政预测的任务。虽然该研究所受经济和财政部的监督，但其活动有一定程度的独立性。技术性的报纸经常引用该研究所的报告，而且该研究所的负责人也经常受邀出席国会听证会。2010年，该研究所被废除，据说是为了理顺公共机构并且更有效地利用资源。私人预测机构的可见性有限。

在财政方面，欧盟委员会根据超额赤字程序，对政府的估计值进行了独立的评估。欧盟委员会每年公布两次预测结果。意大利银行没有公布全面的财政预测，但是在其出版物中、国会听证会上以及与行长的交流中，经常指明了财政趋势。立法预算委员会的下属技术雇员（SB）的任务最近被扩展，包括了准备关于规划文件的报告，报告中包括预测。这些报告并没有提出不同的观点，而只是对政府的基准结果进行评论并将其与其他现有的数字进行比较。一些因素（下面将进行讨论），包括任务有限、资源不足及缺乏专业化，阻碍了立法预算委员会在财政领域做出有效的贡献。

根据法规，通过加总主要子部门的收入和支出，财政基准情景应呈现一般政府和公共部门的情况，并且同时用现金形式和ESA95的形式来呈现，也要明确披露所采用的技术假设。2009年的预算框架法在透明度方面引入了一些重要的创新，包括数据集的介绍。2010年以来提出的规划文件确认了提高信息质量的工作正在进行。然而，不同文件中展示的加总数据之间的一致性，仍不清楚。实际上，总体而言，官方预测的主要缺点是其使用的方法和假设的公开信息不完整，以及缺少系统性的独立评估，这损害了官方预测的可信度。

此外，将"法律保持不变"作为基准，使官方基准情景的稳健性的评估变得更为复杂。在大多数国家，基准情景都是基于"政策保持不变"的假设，进而包括了支出和收入的变化，这些变化被认为是必要的（虽然还没有写入法律），以避免政府活动的不连续性。在意大利的情况中，提到资本支出，这两种方法之间的差异就全部呈现出来了；资本支出通常在快要到期的法律中予以拨款，通常持续3~5年。由于"法律保持不变"的预测只包括了已经拨付的项目，随着预测年份向前推进，支出的"预测"水平下降。而对于资本支出的"政策保持不变"的预测，会以一个技术假设为基础，其中暗含了投资的连续性。对于工资，也会出现相似的问题：在"法律保持不变"的基准情景下，新的工资协议没有被考虑。与"政策保持不变"相比，"法律保持不变"的情景会得到更客观的预测，因为它不需要引入任何"技术"调整。然而，如果保持当前政策所必需的资源数量的有关信息没有被提供，那么，与政府可能面对的情况相比，"法律保持不变"的预测往往会得到更美好但更不现实的财政趋势前景。

实际上，1999年之前，"政策保持不变"是基准假设。后来，它被"法律保持不变"的假设所取代，是因为：（1）"法律保持不变"的假设，被认为与预算政策的正式（会计）程序更为一致；① （2）"政策保持不变"预测中所使

---

① 根据法律规定，预算法案的起草以"法律保持不变"作为假设；新的财政措施，在一个单独的法案中提出，这些措施可能会减少或增加预算余额，因此，加总两个法案，可得到每年的拨款数额。

用的技术假设的灵活性，被认为鼓励了财政松弛，因为它允许将超额支出视为过去政策的后果，而非现任政府的责任，对"政策保持不变"原则的负面看法主要源于对该原则的使用不透明并且存在机会主义；（3）在关于新预算的谈判中，"政策保持不变"的基准中所包括的项目将享有特权以及更强的政治地位，这使财政整固的可能性受限。

　　2011年预算框架法的修正案部分地纳入了稳定计划实施守则的规定，为欧盟监管做好了准备。基准情景仍然使用"法律保持不变"的假设，但是，同时应具备"一般政府主要项目的'政策保持不变'预测的信息"。2011年4月，在第一次执行新预算法时，《经济和财政文件》第一次展示了一张表，其中列出了"政策保持不变"准则下的主要预算项目。然而，只是从2014年以后才标出了保持政策不变所需的额外资源，2012年和2013年所需的资源没有呈现出来。据称，对于2012年和2013年，所需资源在其他项目上得到了补偿，因此没有影响预算余额。2012年的《经济和财政文件》也采用了相似的策略。这暗示着，对于"政策保持不变"准则的理解，仍然是混乱的。这也表明，财政目标不应只是用预算余额这个大标题来表示，应考虑更多的变量。

13.3.2　政策规划

（1）确定财政目标

　　原则上，意大利拥有一个出色的制度机制，来确定财政政策。1988年以来，中期财政策略文件（最初是《经济和财政规划文件》，现在是《经济和财政文件》）是预算过程的起点。这些文件中确定的4年滚动策略，包括宏观经济和财政基准，解释实际结果和之前目标的差异，而且对财政目标进行更新，使其与新的宏观环境保持一致。通过国会决议的投票，财政目标对行政机构和国会都施加了约束。政府有责任制定年度预算的提案，并使预算与中期财政策略中的预算余额保持一致。国会必须抵消在预算环节提出的所有修正案的财政影响，这无异于一个现收现付规则。这意味着，中期财政策略约束了年度预算，并且减少了违反财政纪律的空间。

在实践中，这种设计已被证明是非常有问题的。在大多数情况下，这是由于存在前面各小节已经讨论的局限性：年内财政信息的质量较差，影响了预测的可靠性；一般政府和中央政府的预算数字之间的对账，十分复杂；基准预测的透明度不足。其他问题来自对调整措施的乐观评估。最后，这种中期的方法被证明是非常薄弱的；特别是在设置未来多年的目标时，通常没有详细说明为了实现这些目标所必须采取的措施。①

虽然在20世纪80年代晚期，意大利引入了一个目标余额来指导预算过程，但是，意大利从来没有开发一种合适的、自上而下的方法。不论是在预算编制和批准过程中，还是在年内的支出法案中，当前的程序都没有对支出和收入的总量施加任何约束。因此，相对于最初的预测值，预算的规模及预算内资源的分配，都可以自由地变动。在过去，建议引入支出规则或支出上限的提案都被系统地否决了。对这些工具的厌恶，其根源可能在于，对现有法案和新法案中隐含的支出需求进行评估的技术能力较弱，以及与可利用的资源相比，优先支出需求的资源不足。

2010年6月政府提出、随后国会在7月批准的财政措施，为整改措施的不透明的评估提供了一个例子。这些措施（修订现有法律的56项条款）旨在将2011年一般政府赤字减少大约240亿欧元。这些措施没有伴随着宏观经济和财政预测的更新，即使最新的官方宏观经济预测要追溯到4月，而且国际环境显示，与之前的预测值相比，已经出现了显著的变化。在一些国会听证会上，有人指出，这些措施可能对经济增长产生负面影响。尽管要求提供新的宏观经济预测，这些措施还是在没有弄清相关的中期宏观经济和财政前景的情况下就批准实施了。

（2）支出立法

在原则上，意大利的支出和收入的立法遵从现收现付规则：任何新的支出

---

① 另请参见 Stolfi、Goretti 和 Rizzuto（2010）。

或者收入的减少都必须得到充分的补偿。①1988年以来，对于新法案成本的评估，预算法设定了正规的程序。评估周期始于一些报告（RT），报告内容是各部委编写的、总会计部核实的新规定对预算产生的影响。这些报告是将政府法案或修正案提交给国会的一个先决条件。国会预算委员会可能要求政府对国会法案（几乎是无关紧要的，占获批法案的比例低于1%）或国会修正案提交报告。正如国会的程序规则所要求的，对公共预算产生财政影响的任何法案，都必须由国会预算委员会进行审查，并由委员会的技术雇员提供技术支持。审计法院对评估周期进行总结，每4个月编制一份所有报告的概要。

在1988年改革之后不久，预算委员会的技术雇员成立了一个预算委员会现有雇员之外的独立办公室，其目标是在成本评估周期中对行政机构建立技术制衡。在一些争论之后，最后的选择是建立两组技术雇员（一组在众议院，一组在参议院），并限制其任务是评估行政机构提交的报告。新成立的技术雇员开始在恶劣的环境下工作，资源极其有限，而且主要都是非专业的人员。这些因素使得总会计部在应用现收现付规则方面保留了主导的影响力和自由裁量权。尽管存在上述局限性，在意大利狂热的立法环境中，技术雇员的表现相当好。

还应指出的是，正规程序只涉及新立法提案的影响，而不包括任何其他功能（审查或准备基准预测和政策预测、部门分析等）。

13.3.3 实施和监督财政政策

虽然法律承认了监督预算执行的重要性，但是，实施缺乏及时性和有效性。1988年以来，如前所述，季度现金报告展示了一般政府及其子部门的现金数字。2009年的改革也引入了中央政府的月度现金报告，在每个月结束后的30天之内发布（改革也对地方政府和社会保障机构的汇总信息提供月度报告，但没有对综合性的一般政府提供月度报告）。不幸的是，在年内数据的发

---

① 当向国会提交法案时,必须在事前证明补偿(为本段提到的报告提供依据),而且补偿必须在一个永久性的基础上发生,在报告中可以用3年来反映永久性的情况。

布中，经常发生严重的延迟。例如，对2010年9月结束的这一季度的季度现金报告在2011年5月才发布。延迟发生的原因是，数据仍通过周期性的、非自动的传输渠道在接收。①

监督的不充分也是因为年内的数据集与规划文件中的预测不完全一致。季度现金报告展示的结果是以现金形式表示，而中期财政策略提出的一般政府的目标是基于ESA95。同时，中央政府的月度报告格式也与《经济和财政文件》中设定的目标不完全一致。另外，年度目标没有转化成一个月度或季度的执行计划，因此，整个过程缺少一个可在年内使用的基准。此外，支出规则的缺失（以及真正的支出和收入目标的缺失），不利于识别支出（或收入）偏离初始预测值的原因（预测误差或立法决策失误）。

对于超支，提前传递的信号较弱；同时，对实际超支的反应程序更薄弱。1988年以来，预算框架法强制要求，在某个项目超支的情况下，负责该项目的部长必须通知经济和财政部，然后经济和财政部必须通知国会并采取必要的纠正措施。2002年以来，一项保障条款和现收现付规则规定，增加支出的任何法案，除非事前确定了补偿性项目，否则必须指出，如果事后出现了超支，就要削减项目的开支（无需国会额外批准）。然而，没有机制来补偿与现有法律相关的、由预测误差引起的预算超支。

总之，过去的经验表明，无论是在新法案的语言中，还是在预算执行期间的实施中，上述规定的执行力度都较弱。2009年的预算改革确定了保障条款，也有一些有限的变化，至于这些变化是否有效，还有待时间来检验。

13.4 独立财政机构发挥什么作用？

如上所述，意大利的财政框架的主要缺点是：在决策过程中使用的数据的质量和透明度不理想；基准估计不可靠，包括基本假设和方法的披露不完全；

---

① SIOPE，是一个所有现金交易的数据库（由商业银行作为公共机构的会计来记录）。在10年前就推出了这个数据库，但目前尚未全面运行。

缺乏权威性的、以证据为基础的分析，来支持政策设计；较差的信息系统阻碍了有效的监督；出现偏离目标的情况时，松散的协议使反应延迟。正如本书中一些章节所展示的，建立一个独立财政机构，并赋予其明确的任务，让其监督财政政策的制定和执行，可以消除上述很多缺点（包括相关的赤字偏差和顺周期性）。

然而，与此同时，前面提到的不透明性以及有效信息系统的缺失，又会妨碍独立财政机构的行动。这表明，独立财政机构的引入只是更广泛的制度和程序改革的一部分。这也引发了对改革的政治承诺的问题，这是确保独立财政机构的有效性的主要条件之一。政治家必须愿意接受对政策制定的约束，而且承认合适的技术评审有助于制定良好的政策。有效的独立财政机构与一些政治家并存，这些政治家认识到，透明度和独立评估有助于建立他们的公信力。如果透明度不受重视，那么，制度设计的改进并不能保证决策的进步。

近年来，对财政政策透明度以及更有效的技术支持的需要，一直是政治辩论的主旋律。然而，讨论仅限于一个相对较小的范围内，包括政治家、公务员和财政专家，很少接触媒体和公众。引入独立财政机构的第一份提案，可追溯到2005年。①在一些失败的尝试之后，2009年，在对新预算法的辩论中，再次提出了这个问题。最后一次提到这个问题，是在2011年的3月，当时正在修订预算法。所有的提案都被否决了。

各个政治党派都曾提出建立独立财政机构的建议。提案并不总是很好地进行了阐述，也不总是做好了实施的准备。在意大利建立独立财政机构的愿望，通常被视为国会的需求，并且得到了反对党的支持，而政府一般采取一个消极的态度。潜在的敌意极少被公开表达。这可能反映了一个观点，即独立财政机构将对决策的速度和有效性施加限制。在使决策变得容易以及避免令人恼火的辩论和来自游说集团的压力等方面，控制财政信息似乎被认为是有用的。虽然反对党支持政策的透明度和独立评估，但是他们一旦成为政府的执政党，就不

---

① 当时,关于财政透明度不足,国际货币基金组织对意大利进行了警告(IMF,2005)。

会将这些问题纳入议程。

2009 年的预算改革开启了一个旨在提高透明度的但谨小慎微的过程，要求不同层级政府的会计方法协调、数据交流更快、披露财政预测使用的基本假设以及国会办公室可获得相关数据。但是最近，受到外部环境波动的影响，即主权风险溢价跃升、需要在国家法律中引入与新欧盟治理一致的财政规则和制度，政府的态度可能已经有所改变，增强了提高透明度的动力。2011 年 9 月，政府提出了一项宪法修正案，来引入结构性项目的平衡预算要求（有一个偏离校正机制提供支持）和独立财政监督机构。次年春季，该提案在国会快速投票通过（宪法 n.1, 2012 年 4 月 20 日），而且 2012 年夏季，起草了使这些规定具备操作性所需的法案。

13.5 独立财政机构的挑战和尚未解决的问题

2012 年 4 月通过的宪法修正案，为以规则为基础的财政框架拉开了一个新序幕。它设想建立一个独立财政机构，该机构附属于国会，负责评估财政趋势并监督财政规则的执行。虽然其他方案也是可行的，而且也可以被更广泛地、更公开地研究和讨论，①但是，现在采用的模式是一致的欧盟规定②，而且和加拿大、荷兰及美国的独立财政机构的组织结构相似。

到 2013 年 2 月，通过有效多数投票将通过一项基本法，其中规定了新的独立财政机构的主要特征。对于独立财政机构的有效性而言，关键的因素是其任务的界定和治理的设计，以保障足够的地位和独立性。为此，独立财政机构负责人的任命标准和雇员的选拔标准以及充足的财政资源及人力资源，是至关重要的。对新机构的作用及特征进行公开讨论，可以加强对建立新机构这个倡议

---

① 显然，将现在已经废除的意大利经济分析研究所转变为一个独立财政机构，就是另一种方案。在宏观经济和财政方面,经济分析研究所具有良好的分析和研究能力。这种转变将要求改变经济分析研究所的治理,而且对其活动进行结构调整,包括商业调查。

② 目前,关于一项规定的提案(所谓的"两部立法")正在讨论之中,设想每个欧盟成员国都应建立一个独立财政委员会来监督国家财政规则的执行。

的政治承诺，也可以增强公众的理解。国际经验，特别是 OECD 关于独立财政机构的原则（附录1.A），有助于新独立财政机构的制度设计。

13.5.1 任务

根据宪法修正案，独立财政机构的任务是监控财政趋势和财政规则的实施，虽然这些任务的确切性质目前还未确定。监控财政趋势需要有进行独立的中期宏观经济和财政预测的能力（同时在"法律保持不变"和"政策保持不变"的假设下进行预测），也要有评估新法案的财政效应的能力。对长期预测的详细阐述也是十分重要的，因为这可以明确现有政策和拟议政策的持续性。监督财政规则的实施有着广泛的影响。这项任务包括评估中期财政策略和年度预算提案与财政规则的事前一致性，以及对预算执行情况的年内监控和结果的事后评估。

在上述任务中，本书已经评论过的独立财政机构，或多或少地承担了大部分任务。[1]与大多数独立财政机构一样（比利时和瑞典的委员会除外），赋予即将成立的意大利独立财政机构的任务，不包括对财政政策的独立评估以及提出具体的政策建议。在意大利，在政治环境高度极化的情况下，如果提出具体的政策建议，会将独立财政机构从技术领域拉到政治舞台。这并不是说，当需要采取进一步的措施来实现目标时，意大利的独立财政机构必须克制发出相关信号，而是该机构不能建议采取具体措施来填补政策的空白。

对政策设计过程提供一个有效的投入，要求对经济和财政部施加一个严格的透明度要求。独立财政机构需要有访问经济和财政部数据库的全部权限，以及获得与分析相关的任何行政管理信息的全部权限。虽然在大多数国家，独立财政机构能够自动、及时获取对预算提案进行实时评估所必需的所有信息，但是，在其他国家（如匈牙利和英国），独立财政机构和主要政府部门之间要签订谅解备忘录，详细列出已达成一致的工作关系和数据权限。意大利可能复制这种方法，尽管预算框架法已经提供给国会（及其雇员）自由访问任何现有数

---

[1]　例外情况是，在财政规则缺失的情况下，美国的国会预算办公室和加拿大的国会预算办公室都没有依据这些规则指明的目标来评估财政表现。

据库和信息的权力，而这应含蓄地延伸到独立财政机构。

国际经验（如匈牙利、英国、美国和现在的葡萄牙）都强调了让独立财政机构尽快开始履行职责以及快速在能力和相关性方面建立声誉的重要性。优先级应分配给宏观财政预测的评估（或编制）以及对预算提案的合理性和一致性及中期预算计划的实时评估。未能及时完成上述任务，往往会迅速削弱人们对独立财政机构的信心，而且国会和媒体会对是否需要这样的机构产生怀疑。

在一个定义明确的中期范围内，对于提议的支出项目和税收变化所产生的财政影响，独立财政机构会支持和开发相关的成本核算（或评估）。其他的任务包括债务持续性的分析和财政表现的事后监控。在本书所调查的国家中，对财政表现的事后监控，通常由国家审计署负责进行。在进行年内监控时，独立财政机构最初可以重点指明一个有效的监督活动所缺少的因素，并提出可能的解决方案，而不是直接进入监督活动。①在意大利，在经常达不到目标的情况下，对财政结果的事后遵从度进行监控，包括查明偏离规划目标的原因和责任，将成为独立财政机构活动的一个主要特征。实际上，新的财政框架设想了一个自动的、事后校正机制，来校正对目标的偏离，该机制的激活将依赖对偏离既设目标的原因的评估。

独立财政机构应该公开其所有的分析。其有效性将取决于，在决策者实施顺周期的政策和赤字偏差的政策时，机构提高他们的声誉成本的能力。主要通过媒体，与公众进行交流，将是一个关键因素。"已经强调并且再次强调，良好的[公共]财政离不开对公民的智慧维护。预算法案的规则有助于使行政机构在限制范围内活动；但是，只有在一个积极且开明的社会中，由民意来强制行政机构履行责任时，才能实现谨慎的支出、生产性的并且公平的税收以及收入和支出之间的平衡"（Bastable，1927：761）。相反地，通过提高公共财政的透明度，独立财政机构可以帮助政府提高在选民中和市场中的

---

① 在这个领域，各级政府之间的财政协调十分紧迫，当需要采取纠正措施时，对财政情况相对于目标水平的变化的独立理解，可能会避免紧张气氛和抱怨。

声誉，这是为什么在最近的危机之后很多欧洲国家建立并接受独立财政机构的一个主要原因。

13.5.2　独立性和人员配置

新宪法将独立财政机构纳入了宪法自治国会组织规则的所辖范围，因此使其免受行政机构的干预。国会机构的独立性传统（见组织规则的第1条），将支持新的独立财政机构。然而，在议会制中，独立财政机构应同时独立于行政机构和立法机构。在党纪严格的情况下，这一点尤为重要。[①]

就其本质而言，独立财政机构的作用往往将其放在了政府的对立面，然后政府可能会试图限制独立财政机构的活动，因为政府希望有一个无能的机构。过去，在意大利建立独立财政机构的提案遭到了反对，因为新机构将不得不履行一些职能，而这些职能被认为是过于敏感的而且属于当选代表的政治责任。存在一种风险，即在政治派系的基础上，评估候选人（独立财政机构的负责人和雇员）的压力可能变得很大。

一些安排可能有助于保障独立财政机构的独立性。这些安排包括完全列明选拔标准、任命程序、任期长度和解聘独立财政机构负责人的条件，以及提供充足稳定的资金并使雇员选拔过程免受外界干扰。

管理中央银行独立性的规定可以作为参考。这些规定通常包括完全禁止政府的干预以及让中央银行的管理人员拥有较长的、不可续任的任期（最好与政治周期分离），另外还包括限制政府无故解聘中央银行的管理人员以及影响其选拔的可能性。

在意大利，也可以从其他独立公共机构的程序中，获得灵感。例如，意大利统计局（ISTAT）的局长由共和国总统任命，任命遵从经济部的提议和国会委员会的有效多数赞成意见。沿着这些思路，与委员会相比，一个独裁的解决方案也可以预先防止出现下述风险：独立财政机构的管理人员的组成在政治派系方面达到均衡，成为任命的主要标准。

---

① 参见 Kopits（2011）。

从国际经验来看，财力匮乏一直频繁地威胁着独立财政机构的独立性。匈牙利、加拿大和瑞典的情况，便是如此。分配给独立财政机构的资源，应该在多年的基础上来决定（例如，英国的预算责任办公室从财政部获得了4年的资金配置），而且在预算过程中不被动用，也可能通过参考一些自动机制来确定。

只有在熟练技术雇员的支持下，独立财政机构才能履行职责。独立财政机构应有自己的雇员，规模与分配的任务相称，而且通过公开竞争来招聘。在实践中，独立财政机构雇员的规模在不同国家有显著差异，这反映了任务的差异。独立财政机构可能有一个小型的行政秘书处（爱尔兰和瑞典），也可能有大量雇员（在荷兰和美国都超过200人）。在上述极端情况中间，独立财政机构可能有中等规模的长期雇员（在加拿大和英国都是最多20人）。

在意大利，公共财政的现状和财政整固的相关政策不应限制建立新机构时可用的财力和人力资源。然而，通过使独立财政机构小型化所节约的当前资金，比一个有效的独立财政机构通过加强财政纪律所带来的收益（其中最明显的是降低公共债务的成本），要低好几个数量级。①意大利的独立财政机构，应该配备至少30名专业技术人员，来履行职责。雇员应该通过公开竞争来挑选，挑选范围包括在国会、其他公共机构、国际组织、大学和私营部门工作的专家。公开市场选择雇员，应该成为规则。

在一些国家，独立财政机构的雇员还有外部顾问的专业知识来做补充。与加拿大和美国的专家顾问小组相似，建立一个科学顾问委员会，将对加强意大利独立财政机构的权威性和公信力做出重要贡献。这个科学顾问委员会将对独立财政机构的预测、成本计算和分析进行评审，并提出建议。委员会的成员可能包括著名经济学家和著名专家，可能由其他利益相关机构如审计法院、意大利银行和国家统计局来指定委员会的成员。此外，为了完成某些项目，独立财政机构可能从其他机构聘请专业人士。虽然这类专家提供了大量援助，但是独

---

① Kopits（2011）分析了英国预算责任办公室的建立和匈牙利财政委员会的废除对主权债券利率的影响。

立财政机构应该对其工作的专业素质全权负责。

13.6 结论

在未来几年中,对于意大利的经济政策,财政政策的设计和执行将是其中最重要的一个方面。意大利必须确保其公共财政水平处于一个可持续的路径上,符合平衡预算的新宪法规则,而且遵从强化的欧盟财政框架。这将需要无偏和透明的宏观经济和财政预测、对财政提案成本核算的实时评估、及时的年内监控、一个真正的中期框架以及有效的校正机制。在过去的10年中,意大利已经取得重大进步,但是现在还需采取进一步的举措。一个有效的独立财政机构可以发挥至关重要的作用,但是,如果没有更广泛的改革,它将无法成功运行。

其中有三方面较为突出的措施。第一,在各级政府提供财政数据时,有必要提高透明度、可比性和及时性。"法律保持不变"情景应该更透明。第二,应该在2001年宪法改革的基础上,完整地界定次国家级政府的规则。从旧规定向新规定的过渡时间太长,导致责任不清、激励不恰当。第三,近期宪法改革的要点,应向公众提供合理解释。在允许周期性波动和异常事件适当例外的情况下,保持预算平衡,可以改进问责制并且避免重复过去发生的财政错误。对于公共资源的管理,在一个更有效的预算过程的支持下,财政纪律将会实行一种新方法。

本书调查的所有独立财政机构的经验表明,在此背景下,独立财政机构可以发挥十分重要的作用,因为它在技术能力和政治中立方面赢得了不容置疑的声誉。这要求拥有专业的领导和雇员。关于任命、招聘和融资的实际问题,是至关重要的。独立财政机构的建立不会破坏政治代表的作用;相反,它会加强其财政纪律承诺的可信度。另外,它也不会削弱财政政策领域现有参与者的作用。实际上,它会促使他们提高标准并补充他们的功能。在财政政策的设计和执行中,经济和财政部的雇员仍将起到关键作用。审计法院将保持其基本的审计和控制职能,包括在审查预算执行情况及对法律的遵从度方面,发挥事后监督的作用。

　　建立独立财政机构为意大利提供了一个机会，使意大利可以提高财政决策的整体质量和可信度。一个有效的独立财政机构也是意大利下决心保障公共债务持续性的一个明确信号。这一机会不容错过。

参考文献

Balassone, F., D.Franco, S.Momigliano, and D.Monacelli(2002).'Italy:Fiscal Consolidation and Its Legacy.'In The Impact of Fiscal Policy, proceedings of the 4th Banca d'Italia Workshop on Fiscal Policy, Perugia March 21–23, <http://www.bancaditalia. it/studiri-cerche/convegni/periodici/list>.

Balassone, F., D.Franco, and S.Zotteri(2007).'The Reliability of EMU Fiscal Indicators: Risks and Safeguards.'In'Fiscal Indicators', Proceedings from the Directorate-General for Economic and Financial Affairs, Workshop, Brussels, 22 September 2007, *European Economy.Economic Papers*, no.297.

Balassone, F., D.Franco, and S.Zotteri(2011).'Achilles Catches up with the Tortoise:an Expenditure Rule to Bridge the Gap between Fiscal Outturn and Targets.'In *Rules and Institutions for Sound Fiscal Policy after the Crisis*, Proceedings from the Banca d'Italia, Workshop, Perugia, 31 March–2 April, <http://www.bancaditalia.it/studiricerche/convegni/periodici/list>.

Balassone, F., S.Momigliano, and P.Rizza(2011).'Italy:Medium-Term Fiscal Planning Under Frequent Government Changes.' In Mauro, P.(ed.), *Chipping Away at Public Debt.* Hoboken New Jersey:John Wiley & Sons, Inc., 153–76.

Bastable, C.F.(1927).*Public Finance*, London:Macmillan.

De Ioanna, P., and C.Goretti(2008).*La decisione di bilancion in Italia.*Bologna:Il Mulino.

Franco, D., and P.Rizza(2009).'Ensuring a Sustainable Fiscal Consolidation.'In Buti M.(ed), *Italy in EMU:The Challenges of Adjustrnent and Growth.*Basingstoke:Palgrave.

International Monetary Fund(2005).*2005 Article IV Consultation–Concluding Statement*, November 2<www.imf.org>.

Kopits, G.(2011).'Independent Fiscal Institutions:Developing Good Practices.'*OECD Journal of Budgeting*, 11(3):35–52.

Stolfi, F., C.Goretti, and L.Rizzuto(2010).'Budget Reform in Italy:Importing'Enlightened 'Ideas in a Difficult Context.'In Wanna, J., L.Jensen, and J.de Vriew(eds), *The Reality of Budgetary Reform in OECD Nations.*London:Edward Elgar Publishing.